W0281375

Kd.-Nr. 6390882 14246
Frau
Marietta Binner-Ehsan
Volkshochschule
Am Turbinenhaus 11
27749 Delmenhorst

NEU: Französisch auffrischen mit "Préférences"

Ernst Klett Sprachen
Kundenservice
Postfach 102645
70022 Stuttgart

Tel 0711 · 6672-10 10
Fax 0711 · 6672-2080

www.klett.de

September 2004

Sehr geehrte Frau Binner-Ehsan,

"Préférences" ist das neue Lehrwerk für alle, die auf anregende und effektive Art und Weise ihre Französisch-Kenntnisse ausbauen und vertiefen möchten. "Préférences" ist dabei unabhängig von zuvor verwendeten Lehrwerken einsetzbar!

Für Ihre Kursleiter/innen heißt Unterrichten mit "Préférences":
- klar und sicher auf vorhandenen Kenntnissen aufbauen,
- ideenreich und mit Herz unterrichten,
- aktive Kommunikation im Unterricht.

Überzeugen Sie sich: Ihr Prüfexemplar von "Préférences" mit Audio-CD erhalten Sie in dieser Sendung!

Übrigens: Gerne präsentieren wir Ihnen "Préférences" persönlich. Fordern Sie den kostenlosen Klett-Beratungsservice an (Faxformular auf der Briefrückseite)!

Ich wünsche Ihnen einen erfolgreichen Start in das neue Semester!

Mit herzlichen Grüßen
Ernst Klett Sprachen, Redaktion Erwachsenenbildung

Manfred Semder

Dr. Manfred Semder

Fax-Antwort

Fax-Nummer: 0711 · 6672-20 39

Absender:

Kd.-Nr. 6390882 14246
Frau
Marietta Binner-Ehsan
Volkshochschule
Am Turbinenhaus 11
27749 Delmenhorst

Service und Beratung:

Ich habe Interesse an einer Präsentation von „Préférences". Bitte senden Sie mir eine Einladung für folgende Veranstaltung:

- ☐ 30.10.2004 Klett-Treffpunkt Berlin
- ☐ 05.11.2004 Klett-Treffpunkt Köln
- ☐ 06.11.2004 VHS Duisburg
- ☐ 12.11.2004 Münchner Volkshochschule
- ☐ 19.11.2004 Klett-Treffpunkt Hannover
- ☐ 20.11.2004 VHS Halle
- ☐ 26.11.2004 Klett-Treffpunkt Stuttgart
- ☐ 03.12.2004 Klett-Treffpunkt Dortmund
- ☐ 09.04.2005 VHS Potsdam

Zu diesen Veranstaltungen können Sie sich auch verbindlich über das Internet anmelden unter **www.klett.de**, dann „Erwachsenenbildung", „Veranstaltungen", „Bundesland" und „Sprache" auswählen.

Außerdem bestelle ich – bitte ISBN ohne Bindestriche eintragen:

Préférences

Französisch auffrischen

von
Martine Delaud
Jacqueline Sword

Ernst Klett Sprachen

Barcelona Budapest
Ljubljana London Posen Prag
Sofia Stuttgart

Préférences

Französisch auffrischen

von
MARTINE DELAUD, M.A., Kursleiterin
an FH und VHS München
JACQUELINE CORNILLE-SWORD, M.A., Fachbereichsleiterin
für Sprachen an der Leine-VHS

Beratende Mitarbeit:
MARIA BAUHAUS, Köln
DR. ELISABETH GÖRG, Esslingen (Grammatik)
KATRIN LEHMANN, Freiburg
GABRIELE LEIST, Oberwolfach
EDITH VOLLE, Stuttgart (Vokabular)

Illustrationen: PIERRE BIZALION

1. Auflage 1 4 3 2 1 | 07 06 05 2004

Alle Drucke dieser Auflage können im Unterricht nebeneinander benutzt werden, sie sind untereinander unverändert. Die letzte Zahl bezeichnet das Jahr dieses Druckes.

Internetadresse: http://www.klett.de

Redaktion: Michèle Périgault
Umschlaggestaltung: Marion Köster
Gestaltung: Achim Hutt
Reproduktion: Meyle + Müller, Medien-Management, Pforzheim.
Druck: Druckhaus Götz GmbH, Ludwigsburg

ISBN 3-12-529191-7

ISBN 3-12-529191-7
9 783125 291911

Liebe Kursteilnehmerinnen und Kursteilnehmer,

Préférences ist das ideale Lehrbuch für Sie,
- wenn Sie nach einer längeren Pause Ihr Französisch wieder auffrischen wollen
oder
- wenn Sie nach einigen Semestern Ihre Kenntnisse noch einmal festigen möchten
oder
- wenn Sie sich auf eine DELF-Prüfung (DELF A3 oder A4) vorbereiten wollen.

Sieben thematische Einheiten (*unités*), die jeweils in drei Lektionen (*leçons*) unterteilt sind, geben Ihnen die Gelegenheit, Wortschatz, nützliche Wendungen und Ihre Grammatikkenntnisse systematisch zu reaktivieren.

Nach und nach finden Sie über interessante Texte und kurzweilige Aktivitäten in die Sprache zurück, Sie entdecken die Grammatik wieder und merken, wie Ihnen das freie Sprechen wieder leichter fällt. Durch die Arbeit mit *Préférences* erreichen Sie das Niveau DELF A4 und sind bestens für das Niveau B1 des Europäischen Referenzrahmens gerüstet.

In drei kurzen Wiederholungslektionen (die *bilans* nach den *unités* 3, 5 und 7) können Sie Ihre aufgefrischten Kenntnisse noch einmal spielerisch testen.

Wenn Sie sich gezielt auf eine DELF-Prüfung vorbereiten möchten oder neugierig sind, wie diese Prüfung aussieht, machen Sie die Modelltests für die Prüfungen DELF A3 und DELF A4 im Anhang.

Die eingelegte CD enthält alle entsprechend gekennzeichneten Texte, außerdem finden Sie im Anhang die Transkriptionen der Hörtexte und die Lösungen zu den Übungen. So können Sie zu Hause selbstständig arbeiten und gut etwas nachbereiten, wenn Sie einmal nicht zu Ihrem Französischkurs gehen konnten.

In der systematischen Grammatik, dem Vokabular nach Lektionen und der alphabetischen Wortliste können Sie gezielt nachschlagen, wenn doch noch Fragen auftauchen.

Ihrem Wiedereintauchen in die französische Sprache steht nun nichts mehr im Wege!
Lassen Sie sich Zeit, auch wenn Sie vieles „doch schon einmal wussten", und bedenken Sie: Auch andere Kursteilnehmerinnen und Kursteilnehmer haben in dem einen oder anderen Bereich wahrscheinlich noch Lücken. Helfen Sie sich gegenseitig auf die Sprünge und lernen Sie gemeinsam ganz nach Ihren Vorlieben, eben Ihren *préférences*.

Ihr *Préférences*-Team

50 - 51 Hören; unterhalb des Symbols ist die jeweilige Track-Nummer zu finden.

mit Internet arbeiten

Gruppenarbeit

Inhaltsverzeichnis

Loisirs et plaisirs : Préférences 1

- Qu'est-ce que ces photos évoquent pour vous ?
- Quand vous regardez ces photos, vous pensez peut-être aussi à des goûts, des odeurs. Racontez.
- Avec quelle photo vous identifiez-vous le plus ?

Communication
faire connaissance / se présenter
présenter qn à qn / donner son avis
parler de ses préférences en sports / loisirs et sorties

Grammaire
les verbes de goût / le pronom *y* / *faire du, de la…*

1

1+2 **Ecoutez. Prenez des notes.**

Martine et Jacqueline, les auteurs de votre manuel, parlent de leurs préférences.

Martine
J'aime les gens qui ont de l'humour, les repas et discussions entre amis. J'adore la mer et les odeurs de ma Provence natale.
Je déteste le mauvais temps et le stress.
Je préfère la lecture et… le repos.

Jacqueline
J'aime les projets avec les copines, l'aventure.
J'aime beaucoup rire… et faire rire.
Je déteste la musique dans les supermarchés ou les restaurants. J'adore bouger et je trouve que le sport, ça fait du bien.

Entraînement

2

Aimer et autres verbes ▶ **§ 1.1, p. 105**

a Retrouvez les verbes utilisés par les auteurs pour exprimer leurs goûts.

1. J'……………… l'aventure et faire rire.
2. J'……………… la mer.
3. Je ……………… la musique dans les restaurants.
4. Je ……………… le repos.

Le port de Marseille

b Complétez.

Nous aimons	……………	sport,
	……………	mer,
	……………	aventure,
	……………	discussions.

! Pour parler de vos goûts, utilisez les verbes de **a**.
Après ces verbes, employez toujours l'article défini.

c Dites quels goûts vous avez en commun avec Jacqueline et Martine.

A la piscine

3

a Quels sports, quels loisirs connaissez-vous ?

b Dites ce que vous aimez et ce que vous n'aimez pas.

Comme sports,	j'aime…	je n'aime pas (trop)…
Comme loisirs,	j'adore…	je déteste…

Pour le plaisir

4

Présentez-vous à votre voisin(e) et dites à tour de rôle ce que vous aimez et ce que vous n'aimez pas. Prenez quelques notes. Présentez votre partenaire à la classe.

Se présenter

- Je m' appelle…
  Et toi/vous ?
- ◆ Moi, je suis… / Moi, c'est…
- Enchanté(e) / Bonjour ! / Bonsoir !

- Moi, j'aime… / je préfère… / j'adore… / je n'aime pas (trop)… / je déteste…
  Et toi/vous ?

Présenter quelqu'un à quelqu'un

- Voilà… / C'est… / Je vous présente…
- ◆ Il/Elle aime… / préfère… / adore… / n'aime pas trop… / déteste…

1.2 Le sport et vous

1

Quel type de personne êtes-vous ? Faites-vous du sport ou préférez-vous regarder le sport à la télé ?

Regardez le tableau et parlez de vos goûts et de vos habitudes.
Exemple : Le sport, j'adore. Je fais souvent du jogging. J'en fais au moins deux fois par semaine.

Le sport, j'adore…	Le sport, j'aime bien…	Le sport, je n'aime pas ça…
– J'en fais beaucoup / souvent / … fois par semaine.	– le regarder (à la télé).	– Je ne suis pas très sportif(-ive).
– J'en fais pour avoir un beau corps.	– J'en fais pour rester en forme.	– Ça ne m'intéresse pas du tout.
		– Je n'ai pas le temps / envie d'en faire.
– J'en fais pour connaître mes limites.	– Ça me fait du bien.	– Je n'en fais jamais.
	– en faire en équipe.	

◆ Vous faites **du jogging** ?
● Oui, j'**en** fais.
○ Moi, je n'**en** fais jamais. Je n'ai pas le temps d'**en** faire.

2

3

Ecoutez et lisez.

Le sport, c'est la mort !

Le tennis, le jogging, le ski, je laisse ça aux autres. Je préfère l'après-ski au ski et la relaxation à la musculation. Le sport en salle, j'en ai plein le dos !

Et puis, faire du sport, c'est dangereux : entre les blessures, les fractures et les courbatures, quelle torture !

Pourquoi faire de l'alpinisme quand il y a des téléphériques ? Pourquoi courir dans une forêt si on peut s'y promener ? Et pourquoi descendre une piste à toute vitesse si c'est pour ensuite faire la queue pendant une heure pour remonter ? Effort ou confort, devinez mes préférences…

Un bon bouquin dans les mains, un coussin sous la tête, un petit verre pas loin. Ça, c'est le bonheur !

Le sport, c'est beau à la télé, mais dans la vie – vous l'avez compris – je choisis le cinéma, la lecture, la sieste…

Et plutôt que de courir, je préfère rire. Ça, c'est bon pour le moral !

Une ennemie du sport

3

a **A tour de rôle, choisissez un mot du texte. Expliquez ou mimez. Les autres devinent.**

b **Associez les éléments qui vont ensemble.**

1. Pour se reposer sur un canapé,
2. Si on fait rarement du sport,
3. Dans une bibliothèque,

☐ on a des courbatures.
☐ on trouve des bouquins.
☐ on prend des coussins.

c **Qu'est-ce que ça veut dire ? Cochez la bonne réponse.**

1. En avoir plein le dos
☐ avoir le dos plein de muscles
☐ en avoir assez
☐ avoir des courbatures dans le dos

2. Faire la queue
☐ faire une grimace
☐ faire de longues discussions
☐ attendre son tour

4

a Relisez le texte 2, p. 10 et répondez.

1. Quels sont les arguments de la lectrice du magazine contre le sport ?
2. Expliquez pourquoi vous êtes d'accord ou pas avec ses arguments.
3. A votre avis, qu'est-ce qui est bon pour le moral ?

b Relisez la phrase du texte 2, p. 10 : « Pourquoi courir dans une forêt si on peut s'y promener ? » Que remplace le pronom *y* dans cette phrase ?

c Imaginez de quels lieux il est question.

1. On y fait de la natation.
2. On y va pour voir un film.
3. Les gens y vont après le sport.
4. On y passe plusieurs heures chaque nuit.
5. Je n'y vais jamais !
6. Dans une vieille chanson française « on y danse, on y danse… »
7. Vous y allez pour apprendre le français.

5

a Formez trois groupes (sport, santé, repos). Chaque groupe cherche dans le texte 2, p. 10 le vocabulaire de sa catégorie.

groupe 1 : domaine du sport

groupe 2 : domaine de la santé

groupe 3 : domaine du repos

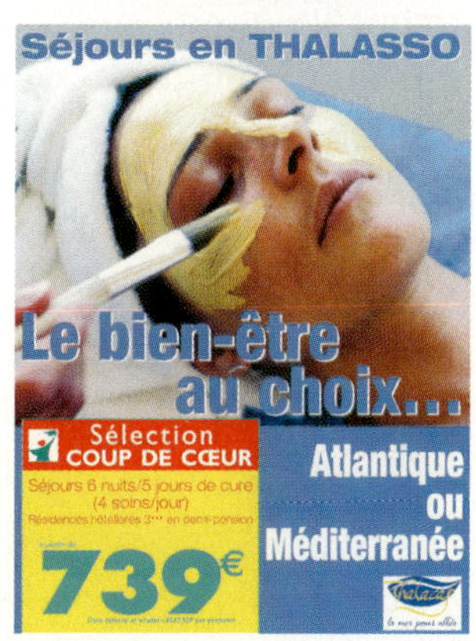

b Chaque groupe a deux minutes pour compléter ce vocabulaire avec d'autres mots connus. Pour chaque mot exact, vous obtenez un point. Vous pouvez ensuite ajouter des mots dans les deux autres listes et ainsi gagner des points supplémentaires. Le groupe gagnant est bien sûr celui qui totalise le plus de points.

Pour le plaisir

6

Sous le titre « Le sport, j'adore ! », écrivez un petit texte pour répondre à l'ennemie du sport.

Entraînement

7

Préférer ▶ § 1.13, p. 113

a Aidez-vous du texte de l'exercice 2, p. 10 pour compléter les deux phrases.

Je préfère .... relaxation .... musculation.

Je préfère .... après-ski .... ski.

b Et vous, qu'est-ce que vous préférez ? Complétez la liste si nécessaire et discutez.
Exemple : Moi, je préfère le théâtre au cinéma.

le bricolage	le tennis	la sieste	le cinéma	l'alpinisme
les concerts	le jardinage	la lecture	la télé	le VTT*
les repas au resto	le théâtre	la natation	les promenades	le rafting
les jeux vidéo		la gym	les repas à la maison entre amis	

* le VTT [vetete] = le vélo tout-terrain

8

a Observez. ▶ §§ 2.2, 2.3, p. 114, 115

J'aime **la** natation.	Je fais **de la** natation.	J'aime faire **de la** natation.
J'aime **l'**équitation.	Je fais **de l'**équitation.	J'aime faire **de l'**équitation.
J'aime **le** tennis.	Je fais **du** tennis.	J'aime faire **du** tennis.

b Complétez.

1. Julie fait .... jogging trois fois par semaine.
2. Son copain Jean-Yves fait .... musculation.
3. David adore .... marche et .... VTT.
4. On habite en Bavière, alors on fait souvent ..... ski et .... alpinisme.
5. Les enfants vont chaque année en colo pour faire .... équitation et .... rafting.
6. Ma copine Anne n'aime pas .... gym en salle. Elle préfère .... sports de plein air.
7. Pour avoir des muscles, il faut faire .... sport. Un point c'est tout !

c Résumez les informations de b.
Exemple : Julie aime **faire du** jogging.

Jean-Yves David ~~Julie~~ Anne Les enfants	aimer (mieux) adorer préférer

d Et vous, qu'est-ce que vous faites pour rester en forme ?

1

Posez-vous des questions sur ces loisirs.

aller au cinéma ✦ faire de la photo ✦ aller voir des expos ✦ aller au théâtre ✦ aller au concert
faire du jardinage ✦ aller danser ✦ faire la fête ✦ se promener ✦ regarder la télé ✦ lire ✦ les nouveaux médias
les repas à la maison entre amis ✦ faire du bricolage ✦ faire de la couture ✦ ne rien faire ✦ naviguer sur Internet
faire de la musique ✦ chanter dans un groupe ✦ les jeux vidéo

Exemple :
◆ Tu aimes / Vous aimez aller au cinéma ?
● Oui, ça me détend. / Non, pour moi, c'est ennuyeux !

intéressant	reposant / ça me détend	bon pour la santé / le moral	ennuyeux (barbant)	une perte de temps
...				

Donner son avis

A mon avis...
Pour moi...
Je trouve / pense que...

2

a **Regardez ces documents. Qu'est-ce qui vous intéresse ? Dites pourquoi.**

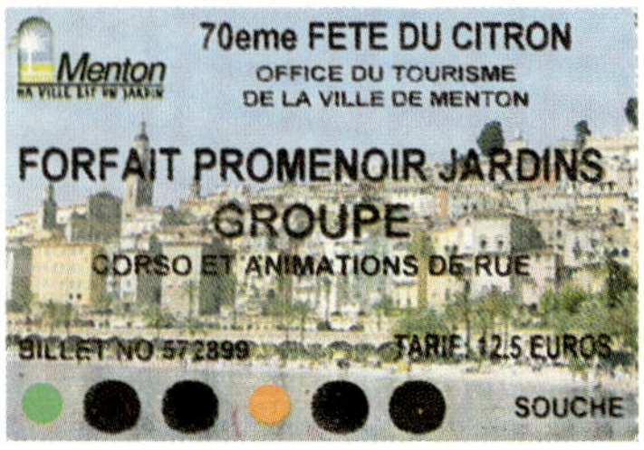

b **Sortez-vous souvent ? Que faites-vous ? Pourquoi ?**

3

Une sortie

Ecoutez et cochez.

4

	vrai	faux
1. Pascal propose une sortie.	☐	☐
2. Pascal préfère aller à son séminaire.	☐	☐
3. Claire adore le patinage artistique.	☐	☐
4. Le spectacle commence à 20 h.	☐	☐
5. Les amis se retrouvent directement à Bercy.	☐	☐

Se donner rendez-vous

Tu as quelque chose de prévu... ?
Tu as envie de voir / d'aller... ?
Où est-ce qu'on se retrouve ?
Rendez-vous à ... heures devant / chez...

4

Quelle sortie (spectacle, exposition, etc.) recommandez-vous actuellement ? En groupes de trois, proposez une sortie commune. Fixez le jour, l'heure, le lieu, etc.

Pour le plaisir

5

Jeu : Qui est-ce ?

Tout le monde écrit son nom sur une feuille de papier, la plie et la donne au professeur. Puis chacun(e) tire un nom (sans le montrer) et présente la personne avec tout ce qu'il/elle a appris sur elle. Les autres devinent qui est décrit.

Mon bilan personnel

Je sais maintenant

- me présenter ☐
- présenter / décrire une personne ☐
- donner mon avis ☐
- parler de mes préférences en sports / loisirs et sorties ☐
- utiliser les verbes de goût ☐
- utiliser les pronoms *y* et *en* ☐
- parler de mes activités avec : *faire du, de la...* ☐

On parle français ! 2

A

B

C

D

E

F

G

H

I

1

2

3

4

5

6

7

8

9

- Regardez les timbres et associez-les aux régions représentées sur les photos. Dites de quelles régions il s'agit. Identifiez les lieux qui ne sont pas en France métropolitaine.
- Nommez des spécialités de certaines villes ou régions de France. Le reste de la classe devine la ville ou la région d'origine.

Communication
parler d'une ville, d'une région / dire pourquoi on apprend le français / s'informer sur un séjour / comprendre une description touristique / rédiger une annonce, une lettre, un prospectus / exprimer un souhait, une intention / justifier un choix

Grammaire
les nombres / les adjectifs possessifs *son, sa, ses, leur(s)*
les adjectifs démonstratifs *ce, cet, cette, ces*
les pronoms relatifs *qui, que, où, dont*

2.1 Wimereux sur la Côte d'Opale

1

a Imaginez que la classe est une carte de France. Sans rien dire, une personne après l'autre va se mettre dans une ville ou région de France qu'il/elle connaît. Le reste du groupe devine de quel endroit il s'agit.

b Regardez les photos de Wimereux et imaginez la région de France où se situe cette ville. Placez-vous dans cette région et expliquez pourquoi vous situez cette ville dans ce coin de France.

Le front de mer à Wimereux

La Côte d'Opale

2

Lisez le texte et regardez la carte de France sur la page de couverture au début de votre livre. Situez exactement Wimereux. Situez aussi les autres régions de France mentionnées p. 15.

Wimereux
TOUTE L'ANNEE

Tous les plaisirs vous attendent, toutes les tentations aussi : lèche-vitrines, galeries de peinture, boutiques de souvenirs… Venez découvrir cette petite ville avec ses belles villas du XIXe siècle et sa longue digue, ses habitants et leur accueil chaleureux.

Wimereux
LA TYPIQUE

Station balnéaire de 8 000 habitants aux portes de Boulogne-sur-Mer, Wimereux est située à deux pas de l'Angleterre et de la Belgique.

Wimereux
LA SPORTIVE

Tous les plaisirs vous y attendent : golf et voile, gastronomie de la mer, terrasses de cafés et restaurants, expositions, fêtes et festivals divers…

3

a Notez dans l'exercice 2 les mots qui montrent qu'il s'agit d'une station au bord de la mer.

b Que signifie « faire du lèche-vitrines » ?

c Que suggère le mot « tentation » ?

4

a Qu'est-ce qui vous donnerait envie d'aller à Wimereux ?

b Travaillez par paires. Imaginez votre week-end dans cette petite station balnéaire. Qu'est-ce que vous y faites ? Qu'est-ce que vous rapportez comme souvenir ?

5
Au pair dans une famille de Wimereux

5

a Ecoutez le dialogue.

b Répondez.

1. Que fait Mélanie à Wimereux ? Dans quel but ?
2. Pourquoi est-ce qu'elle parle mieux français maintenant ?
3. Pourquoi est-ce qu'elle voudrait améliorer son français ?
4. Où peut-elle faire une excursion?
5. Que choisit-elle ? Et pourquoi ?

6

a Trouvez ensemble des raisons pour apprendre le français.

b Et vous, quelles sont vos motivations ? Promenez-vous dans la classe et posez cette question aux autres participants.

c Présentez les raisons d'une personne interviewée.
Exemple : Elle/Il apprend le français / suit un cours de français parce qu'elle/il aimerait / voudrait…

Entraînement

7
Les adjectifs possessifs : *son, sa, ses, leur, leurs* ▶ § 2.4, p. 115

! *une amie, une école*
son‿amie, son‿école

a Relisez le texte de l'exercice 2 et complétez le tableau.

	objet féminin singulier	objet masculin singulier	objet pluriel
la ville **(singulier)**	…… longue digue	**son** climat	…… belles villas
les habitants **(pluriel)**	…… bonne humeur	…… accueil	**leurs** traditions

b Reconstituez les phrases.

1. Mélanie est très contente
2. Les enfants corrigent les fautes
3. Mélanie va à Bruxelles
4. La Belgique est renommée
5. Les familles aiment passer
6. Benoît vient à Wimereux
7. Les étudiants étrangers peuvent faire

- ☐ pour son chocolat.
- ☐ pour faire de la planche avec ses copains.
- ☐ leur week-end à Wimereux.
- ☐ de sa famille française.
- ☐ leurs études en France grâce à ERASMUS.
- ☐ de leur fille au pair.
- ☐ avec son amie Teresa.

8

A tour de rôle, faites des observations sur les participants de votre classe. Utilisez des adjectifs possessifs.
Exemple : Petra prend **sa** voiture pour venir au cours. Andreas et Kerstin n'ont pas **leurs** livres aujourd'hui.

9
Découvrez d'autres régions et villes de France.

6

Ecoutez et prenez des notes. Par paires, devinez la région ou la ville évoquée.
Exemple : Une côte sauvage, des falaises, des villes fortifiées et la mer couleur opale. *(la Côte d'Opale)*

1

Regardez ces annonces pour des activités dans différentes régions de France. Laquelle choisissez-vous si vous voulez :

1. faire un séjour au bord de la mer ?
2. apprendre la grande cuisine ?
3. découvrir des artistes régionaux ?
4. apprendre les danses traditionnelles ?
5. découvrir la France à pied ?
6. combiner sport et visites culturelles ?
7. suivre des cours de français ?
8. avoir une période de réflexion ?

Cuisinez comme un chef après une semaine dans le Périgord !

Faites les courses à la ferme.
Achetez viande et vin directement chez le producteur.

Préparez ensemble des plats régionaux
(sous les conseils de « Maître » Jacques !)
Dégustez dans la bonne humeur
(malgré les critiques de « Maître » Jacques !)

Si cette offre vous intéresse, appelez le 05-65-34-11-03. a

Randonnées pédestres sac à dos

Etudiez la faune et la flore des Pyrénées avec un guide expérimenté dans ce genre de circuit.

Tél. : 05-59-24-23-06

b

Venez découvrir avec nous les écrivains et peintres d'Auvergne

circuits de 6 jours entre avril et juin
Tél. : 04-73-98-65-00 c

Le français pour le plaisir

- Suivez des cours tous les matins
- Participez à des visites l'après-midi et détendez-vous sur la plage
- Habitez dans une famille
- Découvrez la région le week-end

L'université d'été de Boulogne-sur-Mer vous attend !
Tél. : 03-21-35-28-77 d

Tour en vélo dans la Loire

A la découverte de la Touraine, de son histoire et de ses célèbres châteaux

Tél. : 02-47-70-37-37

e

f

Ecole « Les pieds dans l'eau »

Apprendre dans la détente !
Cours de français et cure de thalasso (Bretagne)

De novembre à mars

Tarif spécial

Séjour de 2 semaines minimum

Informations / Inscription :
Tél. : 02-99-64-11-03

g

Méditation

Monastère de Dorlac (Bourgogne)

Retrouvez le calme et le sens de la vie.

Tél. / Fax : 03-86-22-08-14

Sur le pont d'Avignon, on y danse, on y danse

Découvrez les régions de France par la danse.

Ce cours de danses traditionnelles s'adresse aux amateurs de tous niveaux et de tout âge.
Du 8 au 15 mai : Avignon

Cours du lundi au vendredi et rencontres avec d'autres groupes folkloriques le week-end

Consultez notre programme :
www.dansesfolklo.fr

h

2

a **Retrouvez les mois cités dans les annonces. Nommez les mois qui manquent.**

b **Quelle saison / Quel mois est-ce que vous préférez ? Dites pourquoi.**
Exemple : Moi, je fête mon anniversaire en mai, c'est le printemps, il fait beau, il y a des fleurs partout. C'est mon mois préféré.

c **Citez dans chaque annonce un mot ou une expression**
– qui vous donne envie de vous inscrire
– qui vous fait fuir.
Donnez vos raisons.

3

a **Formez des groupes de trois ou quatre. Chaque groupe prépare une fiche sur un des séjours proposés, p. 18, 19 : le programme, les dates, le nombre d'heures par jour, les prix, le nombre de participants, l'hébergement, etc.**

b **Mettez-vous d'accord sur le séjour à choisir et demandez aux participants d'un autre groupe des renseignements sur le programme et les conditions du séjour qu'ils proposent. Ensuite, à eux de vous poser des questions !**

Demander des renseignements

Est-ce que vous pourriez me dire...
Je voudrais / J'aimerais savoir...
- combien (de).../ comment...
- de quelle heure à quelle heure... / quand...
- où... / d'où...
- quel(s)... / quelle(s)...
- si...

Serait-il possible de...
Auriez-vous...

c **Choisissez un séjour et écrivez une lettre pour demander des renseignements. Précisez que...**

vous voulez emmener votre chien ✦ vous êtes allergique aux poils de chat ✦ vous êtes végétarien(ne)
vous voulez habiter dans une famille sans enfants ✦ vous voulez une chambre tranquille
vous voulez louer un vélo...

Ajoutez d'autres souhaits si vous le désirez !

Entraînement

4

L'adjectif démonstratif ▸ **§ 2.5, p. 116**

a **Relisez les annonces, p. 18, 19 et complétez les exemples avec les adjectifs démonstratifs.**

- C'est **une** offre intéressante. « Si .... offre vous intéresse, appelez le 05-65-34-11-03. »
- Nous proposons **un** cours de danses traditionnelles dans un endroit idyllique. « .... cours s'adresse aux amateurs de tous niveaux. »
- Voici **des** offres de séjours. « Regardez .... offres. »

Marcel Pagnol est **un**‿**écrivain** provençal. Connaissez-vous des romans de **cet**‿**écrivain** ?

b **Complétez la règle avec les adjectifs démonstratifs qui conviennent.**

.... accompagne un nom féminin singulier, ... un nom masculin singulier, ... un nom masculin singulier qui commence par une voyelle et .... accompagne tous les noms au pluriel.

c **Commentez les annonces de l'exercice 1, p. 18, 19.**
Exemple : **Ce** tour en vélo dans la Loire m'intéresse parce que je ne connais pas du tout **cette** région.

Justifier un choix

...m'intéresse(nt)
...ne m'intéresse(nt) pas du tout
...est pratique / n'est pas pratique
...j'ai déjà fait...
...je voudrais / ne voudrais pas aller / faire

Pour le plaisir

5

a **Formez des groupes de trois. Votre classe a gagné un prix : un séjour en France. Chaque groupe tire au sort un séjour et cherche tous les arguments possibles pour convaincre la classe que c'est ce séjour qu'il faut faire.**

b **A l'aide de tous ces arguments, mettez-vous d'accord sur le séjour que vous voudriez faire.**

1

Lisez le texte.

Connaissez-vous la Réunion, l'île à grand spectacle ?
C'est un département français pas tout à fait comme les autres.

C'est une île sur fond de volcans avec des habitants d'origine européenne (les Créoles), indienne et chinoise qui y vivent en harmonie. Les couleurs vives de ses fleurs et de ses fruits tropicaux, le bleu turquoise de la mer, le vert intense des collines et le parfum de vanille qui flotte dans l'air ont un charme irrésistible.
Et puis, cette île dont le relief impressionne tous les voyageurs, offre un grand choix d'activités pour les sportifs comme pour les vacanciers stressés.
De la randonnée au farniente sur la plage en passant par le canyoning, il y en a pour tous les goûts.

On peut y aller toute l'année car même en hiver - de mai à novembre là-bas - le soleil brille douze heures par jour.
A la fois exotique et très française, c'est une île où vous passerez des moments inoubliables et que vous quitterez avec regret.

Surtout ne cherchez pas cette île sur une carte de France, car ce département français est à... onze heures de vol de Paris !

7 **Ce texte se trouve sur le CD audio.**

2

a Relevez le vocabulaire concernant

le relief	la végétation	les couleurs	les habitants	le climat

b Quels sont parmi ces mots ceux qui, pour vous, évoquent l'exotisme ? Cherchez-en d'autres.

c Cherchez des slogans pour une région exotique.

d A la maison, préparez une page de pub pour présenter votre île de rêve.

3

Les régions exotiques : paradis ou pas ?

a Formez deux groupes. Un groupe fait la liste des côtés positifs des pays exotiques (le « paradis »), l'autre des côtés négatifs (tout ce qui se cache derrière ces clichés de « paradis »).

paradis ?	ou pas ?

b Discutez des raisons d'aller ou de ne pas aller dans des régions exotiques.

4

Les nombres de 1 à l'infini

a Complétez le tableau

1	un	11	onze	21	vingt et un	100	cent
2	deux	12	....	22	vingt-deux	101	cent un
3	trois	13	treize	30	trente	200	deux cents
4	quatre	14	quatorze	40	quarante	300	trois cents
5	cinq	15	quinze	50	....	1000	mille
6	......	16	....	60	soixante	2000	....
7	......	17	dix-sept	70	....	2012	deux mille douze
8	huit	18	dix-huit	80	quatre-vingts	10 000	dix mille
9	neuf	19	dix-neuf	81	quatre-vingt-un	400 000	quatre cent mille
10	dix	20	vingt	90	quatre-vingt-dix	1 000 000	un million

8

b Ecoutez et complétez ces informations sur la Réunion.

3 ✦ XVI ✦ 24 ✦ 40 ✦ 200 ✦ 210 ✦ 880 ✦ 1000 ✦ 1663 ✦ 1946
3069 ✦ 9180 ✦ 685000

Surgie de l'océan il y a .... millions d'années, l'île de la Réunion est située dans l'océan Indien à .... km de Paris exactement, à .... km de Tananarive sur l'île de Madagascar et à .... km de l'île Maurice.
Découverte au ....e siècle, elle est habitée par les Français à partir de .... Depuis ...., elle fait partie des DOM-TOM, c'est-à-dire les départements et territoires d'outre-mer.
Aujourd'hui, elle compte .... habitants (des Créoles, des Européens, des Indiens et des Chinois) qui vivent dans .... villes ou villages.
Cette île très montagneuse offre .... km de sentiers de randonnée. Son plus haut volcan s'appelle le piton des Neiges et fait .... m. Les amoureux de la mer y trouveront plus de .... km de côtes et des plages sur une longueur de près de .... km.

5

a Quel est le but de cette annonce ?
Imaginez où elle a été passée.

La Chambre de Commerce et de l'Industrie de la Réunion
recrute jeunes stagiaires dans la restauration

Adressez votre candidature à
CCI
5 bis, rue Paris
97400 Saint-Denis

9

b **Ecoutez cette conversation entre deux stagiaires. Dites quels éléments sont en rapport avec l'annonce.**

c **Notez ce qu'on apprend sur les lieux suivants :**

Thonon	l'hôtel	Québec	la Réunion	Tahiti	Genève

d **Présentez vos informations.**

6

9

a **Ecoutez de nouveau le dialogue de 5 b. Notez comment Pascal et Denis formulent leurs intentions.**

Pascal : « J'. . . . . avoir le temps de faire des balades dans la montagne. »

Denis : « Moi, j'. . . . . aller au Québec. »

Pascal : « Moi, je . . . . aller à Tahiti. »

b **Et vous, où voudriez-vous aller ? Qu'est-ce que vous aimeriez faire là-bas ?**

Entraînement

7

Les pronoms relatifs *qui, que, où, dont* ▸ **§ 5.5, p. 123**

a **Reliez les phrases en vous aidant du texte sur la Réunion, p. 21.**

1. C'est une île avec des habitants de différentes origines. Ces habitants y vivent en harmonie.
   → C'est une île avec des habitants . . . . vivent en harmonie.
2. C'est un endroit de rêve. Vous quitterez cet endroit avec regret.
   → C'est un endroit . . . . vous quitterez avec regret.
3. C'est une île. Vous passerez des moments inoubliables sur cette île.
   → C'est une île . . . . vous passerez des moments inoubliables.
4. Le relief de l'île impressionne les voyageurs.
   → La Réunion est une île . . . . le relief impressionne les voyageurs.

b **Complétez la règle.**

. . . . est **sujet** } du **verbe** qui suit.
. . . . est **complément** }

Les pronoms relatifs ***qui*** et ***que*** s'utilisent pour des **personnes** comme pour des **choses.**
. . . . s'utilise pour marquer le **lieu,**
. . . . s'utilise à la place d'un nom précédé de la préposition ***de.***

! N'oubliez pas de mettre un sujet dans les propositions relatives introduites par *que, où* et *dont* !

c **Travaillez par paires. A tour de rôle, chacun(e) donne une définition d'un mot de la liste.**
Votre partenaire nomme le lieu décrit. Commencez vos phrases par : C'est un endroit / un lieu / une région où…
Exemple : C'est un endroit où on peut acheter des journaux et des cartes postales. → un kiosque

un hôtel ◆ un château ◆ un port ◆ une école ◆ un office de tourisme ◆ une plantation
un restaurant ◆ une plage ◆ une banque ◆ un département ◆ une cabine de bains ◆ un musée

8

a Formez des groupes. A l'aide des informations trouvées dans le module 2, complétez les phrases avec des propositions relatives.

Exemple : Lille est une ville **qui** est située à égale distance de Londres et de Paris.
que je ne connais pas encore.
où j'aimerais aller.
dont les habitants sont sympathiques.

qui que / qu'
où dont

1. Mélanie est une jeune fille…
2. Wimereux est une station balnéaire…
3. La pétanque est un jeu…
4. Le Périgord est une région…
5. Cuisiner est une activité…
6. Le bleu turquoise est une couleur…
7. Un visa est un document officiel…

b Comparez vos résultats avec les autres groupes.

9

Finissez les phrases.

1. Un pays dont je garde un très bon souvenir, c'est…
2. L'objet dont j'ai le plus besoin, c'est…
3. Un événement dont on parle beaucoup en ce moment, c'est…
4. Une chose dont tout le monde a envie, c'est…

10

Cherchez sur Internet des informations supplémentaires sur la Côte d'Opale et les DOM-TOM.

Pour le plaisir

11

Formez des groupes. Une personne pense à un endroit précis. Les autres lui posent des questions pour deviner de quel endroit il s'agit.

Exemple : C'est en Europe ? En Afrique ? En Amérique ? C'est une ville ? Une région ? Au nord ? Au sud ? Il y a la mer ? On y parle français ?

Mon bilan personnel

Je sais maintenant

- décrire une ville, une région ☐
- dire mes motivations pour apprendre le français ☐
- m'informer sur un séjour ☐
- comprendre une description touristique ☐
- rédiger une annonce, une lettre, un prospectus ☐
- exprimer une intention, un souhait ☐
- utiliser les nombres ☐
- justifier un choix ☐
- employer les possessifs *son, sa, ses, leur(s)* ☐
- utiliser le démonstratif *ce, cet, cette, ces* ☐
- utiliser les pronoms relatifs *qui, que, où, dont* ☐

Amour et amitié 3

Regardez la photo.
- Quelle est la situation ?
- Que regarde-t-il ? Et elle ?
- A quoi pensent-ils ?

Communication
parler des relations humaines
caractériser des personnes, des choses
parler de son expérience personnelle
juger une situation / comprendre une chanson

Grammaire
les adjectifs qualificatifs / le comparatif
la négation / le présent des verbes en *-ir* et *-dre*

3.1 Les grands mots d'amour

1

Lisez les citations et dites ce qu'elles vous inspirent.

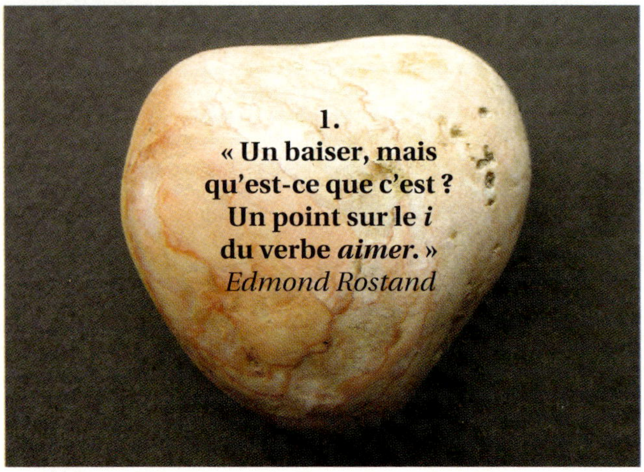

2

a **Retrouvez dans les cœurs les mots qui manquent.**

1. .... pour ...., dent pour dent. (*pl :* des yeux)
2. Quand on pleure, les .... coulent.
3. Quand on embrasse quelqu'un, on donne un ....

Mon fils est très en avance. Il sait dire des gros mots en plusieurs langues.

b **Les adjectifs donnent leur sens aux expressions suivantes. Retrouvez la traduction qui correspond.**

1. des grands mots	☐	Schimpfwörter
2. des gros mots	☐	Koseworte
3. des petits mots	☐	große Worte

3

a **Ecrivez les numéros des cœurs dans les cases. Quel est, pour vous, le cœur le plus...**

☐ réaliste	☐ amusant	☐ poétique
☐ triste	☐ beau	☐ vrai

b **Dites quel cœur vous préférez.**

Entraînement

4

L'adjectif qualificatif ▶ § 3, p. 117

a **Trouvez dans les cœurs deux exemples pour chaque catégorie.**

– En général, les adjectifs prennent un **– e** au féminin : ....

– Certains adjectifs ont la même forme au masculin et au féminin : ils se terminent par un **– e** : ....

....

– Généralement, les adjectifs prennent un **– s** au pluriel : ....

! Les adjectifs *beau* et *nouveau* se terminent au masculin pluriel par un **-x**.

b **Faites des phrases avec des adjectifs qui ont la même forme au masculin et au féminin.**

c **Complétez le tableau avec le féminin des adjectifs.** ▶ § 3.1, p. 117

masculin	**féminin**
franc	
acti**f**	
séri**eux**	

! Pour certains adjectifs, la consonne finale est doublée au féminin :
gros – gro**sse**, bon – bo**nne**, rationnel – rationne**lle**, coquet – coque**tte**

5

La place de l'adjectif qualificatif ▶ § 3.2, p. 118

a **Observez le cœur n°3 et complétez.**

des .... mots, des .... mots, des .... mots.

b **Trouvez les contraires et complétez la règle de grammaire.**

.... ≠ grand   bon ≠ ....

.... ≠ vieux

! Ces adjectifs ainsi que *beau*, *joli* et *gros* se placent .... le nom.

c Observez les phrases et complétez la règle de grammaire.

1. Je travaille avec des gens sympathiques.

2. Son amie a des yeux verts magnifiques.

Les autres adjectifs sont le plus souvent placés .... le nom.

6

Remettez les éléments suivants dans le bon ordre et accordez les adjectifs, si nécessaire.

1. il / femme / une / avec / joli / sort / blond
2. très / petit / charmant / est / son / ami
3. bleu / préfère / hommes / aux / yeux / elle / brun / les
4. aime / romantique / les / dans / j' / soirées / bon / un / restaurant
5. un / femme / grand / et / c'est / une / jeune / d'amour / vieux / histoire / homme / entre / une
6. femmes / élégant / beaucoup / les / séduit / cet / charmant / homme

7

Trouvez des adjectifs pour caractériser les mots suivants.

une .... politique	des .... entreprises ....
un .... article de journal	un .... enfant ....
une .... maison	une .... soirée ....
un .... hôtel	un .... film ....
des .... vacances	une .... valise ....
un .... chef	une .... relation de couple ....
un .... ami	des .... chiens ....

8

10

a Ecoutez les déclarations de ces personnes et prenez des notes.

Gilles :	Véronique :
Loïc :	Audray :
Fabrice :	Marina :
Paul :	Alice :
Denis :	Laure :

b Dites ce que ces personnes font par amour pour leur partenaire.

c Citez d'autres preuves d'amour.

Pour le plaisir

9

a Trouvez tous ensemble des mots qui riment avec *amour*. Affichez-les dans la classe.

b Faites un court poème sur le thème de l'amour en utilisant au moins quatre de ces mots.

1

a Reconstituez les déclarations de ces six personnes qui répondent à la question : « La sympathie, qu'est-ce que c'est pour vous ? »

1. *Sarah :*	Oh !... je n'en sais vraiment rien ! C'est difficile de dire	☐	a. qui sont moins passionnés que moi en tout.
2. *Bertrand :*	A mes yeux, l'amitié est aussi importante que l'amour et dans les deux cas, je fonctionne à l'intuition : ou j'aime quelqu'un tout de suite,	☐	b. un visage ouvert, des yeux expressifs, un sourire franc, ce sont pour moi des signes de sympathie.
3. *Mathilde :*	La première fois, que je vois quelqu'un, le physique joue un grand rôle pour moi :	☐	c. pourquoi on trouve quelqu'un sympa.
4. *Justine :*	C'est drôle, mais je suis toujours attirée par des personnes	☐	d. les gens trop sérieux.
5. *Daniel :*	Pour moi, l'amitié n'est pas possible avec des gens	☐	e. plus décontractées, plus actives que moi.
6. *Alex :*	Moi, j'aime rire, alors je ne supporte pas	☐	f. ou je sais dès le départ que ça ne va jamais marcher entre nous.

11 **b Ecoutez le CD et contrôlez vos réponses.**

2

a Notez les mots du texte de l'exercice 1 a qui caractérisent :

le physique	le caractère

b Complétez la liste avec des mots que vous connaissez.

3

Sondage dans la classe

Donnez votre avis.

1. Avec quelle personne du texte de **1 a** est-ce que vous vous identifiez le plus ?
2. Qu'est-ce que vous remarquez en premier chez une personne ?

4

Travaillez par paires. Quels traits de caractère ont les personnes avec qui vous faites en général des expériences positives/ négatives ? Echangez vos opinions.

Parler de son expérience personnelle

J'apprécie les gens…
Je m'entends mieux avec…
J'ai souvent des problèmes avec…
Je ne supporte pas…
…, ça dépend de la situation.

Entraînement

5

Le comparatif ▶ § 3.3, p. 118

a Ajoutez les mots du texte de l'exercice 1 a, p. 29 dans ces comparaisons, puis formulez la règle.

1. « […] l'amitié n'est pas possible avec des gens qui sont .... passionnés .... moi en tout. »
2. « […] je suis toujours attirée par des personnes .... décontractées, ... actives .... moi. »
3. « A mes yeux, l'amitié est .... importante .... l'amour. »

Pour former le comparatif, on utilise .... , ... ou .... devant l'adjectif et .... devant l'élément comparé.

b Par paires, utilisez le tableau pour parler des personnes que vous connaissez. N'oubliez pas d'accorder les adjectifs.

A mes yeux,

		jeune	
mon meilleur ami		élégant	
ma meilleure amie		dynamique	
notre professeur		timide	
mes collègues		compétent	
mon/ma partenaire	est plus / moins / aussi sont plus / moins / aussi	intelligent	que…
mon mari/ma femme		amusant	
mes enfants		charmant	
mon docteur		difficile	
…		communicatif	
		moderne	

6

La négation ▸ § 1.10, p. 112

a Notez les négations utilisées dans l'exercice 1 a, p. 29
Complétez les phrases et la règle.

« Oh ! Je .... en sais vraiment .... ! »
« Ou j'aime quelqu'un tout de suite, ou je sais dès le départ que ça .... va .... marcher entre nous. »

Ne se place ....
Pas, jamais et les autres négations se placent .... } la forme conjuguée du verbe.
Quand le verbe commence par une voyelle ou un h, *ne* devient ....

b Complétez les réponses avec la négation qui convient.

ne ... pas ✦ ne ... rien ✦ ne ... personne ✦ ne ... plus ✦ ne...jamais

1. – Ils sont mariés ? – Non, ils ...., ils vivent ensemble.
2. – Ils sont **encore** / **toujours** ensemble ? – Non, ils .... depuis deux mois.
3. – Elle sort **parfois** / **souvent** avec Fabrice ? – Non, elle .... avec lui. Il est trop ennuyeux.
4. – Tu connais **déjà** sa nouvelle copine ? – Non, ... encore.
5. – Tu invites **quelqu'un** pour ton anniversaire ? – Non, je ....
6. – Vous savez **quelque chose** sur cette affaire ? – Non, je ....

Dans la langue parlée, on supprime souvent *ne.*
! Après *ne... pas / plus / jamais* on utilise ***de*** devant le nom, même au pluriel.
Exemple : Ils **n'**ont **pas d'**amis. Elle **n'**a **plus de** problèmes avec son mari. Nous **ne** parlons **jamais d'**argent.

c Faites le portrait du contraire de vous-même. Voici quelques verbes ou expressions pour vous aider :
Exemple : Je ne parle pas beaucoup, je n'aime pas...

contrôler mes émotions	parler beaucoup	supporter le bruit	bien m'habiller
réfléchir longtemps	aimer les voyages	m'énerver facilement	oublier le travail
me lever tôt	rester à la maison	improviser	...

3.3 En France, tout finit par des chansons !

1

Donnez des noms de chanteurs/de chanteuses de langue française ou des titres de chansons que vous connaissez.

2

Sondage en classe

Quelle est, à votre avis, la base d'une bonne relation de couple ? Chacun(e) choisit parmi ces verbes et expressions les trois qui peuvent garantir une bonne relation. Quel est le résultat pour toute la classe ? Discutez.

s'aimer ✦ se faire confiance ✦ se comprendre ✦ se dire la vérité (ne pas se mentir)
se respecter ✦ ne pas vouloir changer son/sa partenaire ✦ s'accepter avec ses qualités et ses défauts
bien s'entendre ✦ surprendre l'autre ✦ rire des mêmes choses ✦ dialoguer
avoir des caractères similaires

3

12

a Ecoutez la chanson une première fois. Qu'est-ce qui vous plaît ? Parlez du rythme, de la mélodie.

b Ecoutez la chanson une deuxième fois. Faites une liste des mots que vous reconnaissez. Citez-les.

c Ecoutez une troisième fois. Quelles phrases reconnaissez-vous ? Présentez votre interprétation de l'histoire.

4

12

a Ecoutez et lisez le texte de la chanson.

Ne pas

Progresser, se développer
Se concentrer, bien s'exprimer
Anticiper, évoluer
Et toujours rationaliser

Apprendre, réapprendre
Comprendre, entreprendre
Se reprendre, te surprendre
S'étendre, se détendre [...]

Refrain : Si tu pouvais m'accepter mon amour
sans toujours me refaçonner
Si tu pouvais m'accepter sans détour
sans chaque jour me demander

De ne pas gémir, de ne plus mugir
Pas ralentir, plus m'abrutir
De ne pas te contredire
Ne pas mentir comme je respire
seulement parce que je veux séduire

Ne pas avoir la tête en l'air
Ne pas me complaire, solitaire
Ne plus claquer les portes
Ne pas rire quand tu t'emportes
Ne pas regretter le passé
Ne plus te demander de m'épouser

Refrain : . . . . . .

De ne pas fumer, ne pas boire
Ne pas me garer sur le trottoir
Ne pas avoir le cafard
Ne pas être contradictoire
Possessive, excessive, impulsive, agressive
Hystérique, romantique, ridicule, pathétique

Ne pas manger entre les repas
Pas oublier le bac du chat
Ne pas dire ça ne m'intéresse pas
Ne pas te reprocher tout ça
Ne plus te dire que je ne comprends pas
Comment nous en sommes arrivés là

Musik und Text: Clercq, Karin/Guillaume Jouan,

5

a A deux, trouvez dans la chanson les mots qui correspondent.

1. faire des choses stupides pour ne pas penser	☐ sans détour (l. 11)
2. parler	☐ séduire (l. 17)
3. ne pas dire la vérité	☐ se garer (l. 25)
4. directement	☐ refaçonner (l. 10)
5. ranger sa voiture dans la rue	☐ mentir (l. 16)
6. vouloir plaire à quelqu'un	☐ contradictoire (l. 27)
7. changer quelqu'un	☐ se complaire (l. 19)
8. faire des critiques	☐ s'abrutir (l. 14)
9. se mettre en colère	☐ gémir (l. 13)
10. aller plus lentement	☐ anticiper (l. 3)
11. s'imaginer le futur	☐ s'exprimer (l. 2)
12. pousser des cris de douleur	☐ s'emporter (l. 21)
13. se contredire : être…	☐ ralentir (l. 14)
14. trouver du plaisir, de la satisfaction	☐ reprocher (l. 33)

b Cochez la bonne réponse. A votre avis…

Avoir le cafard se dit quand
- ☐ on est déprimé.
- ☐ on a envie de café.
- ☐ on a de la chance.

Avoir la tête en l'air se dit de quelqu'un qui
- ☐ est très grand.
- ☐ oublie beaucoup de choses.
- ☐ est un génie.

6

a En petits groupes, cherchez les informations dans le texte de la chanson et répondez.

1. Qu'est-ce qu'elle fait qu'il n'aime pas ?
2. Qu'est-ce qu'il fait qu'elle n'aime pas ?

b Décidez en classe du problème le plus important et du problème le plus insignifiant.

Juger une situation «

Ça, c'est exagéré. Il faut être tolérant(e).
C'est typiquement féminin/masculin.
Il/Elle m'énerve quand…
Ça, ce n'est vraiment pas grave.

Pour le plaisir

7

Travaillez par paires. Mettez-vous à la place de la chanteuse. Ecrivez une lettre positive à votre partenaire.

Mon chéri,
Moi, je t'accepte comme tu es.
Je t'aime même quand tu fumes comme un fou, quand tu…

3.3 En France, tout finit par des chansons !

Entraînement

8

Le présent des verbes en *-dre* ▶ § 1.1, p. 105, 130

1. Le verbe *prendre*

a Retrouvez dans la chanson, p. 32 le verbe qui convient.

« Ne plus dire que je ne .... pas. [. . .] »

comprendre se conjugue comme ***prendre***	
je pren**ds**	nous pren**ons**
tu pren**ds**	vous pren**ez**
il/elle/on pren**d**	ils/elles pren**nent**

b Retrouvez dans la chanson tous les autres verbes qui se conjuguent de la même façon.

.... prendre	.... prendre
.... prendre	.... prendre
.... prendre	

2. Le verbe *se détendre*

a Complétez la conjugaison du verbe *se détendre*. Comparez avec *prendre*.

Singulier	**Pluriel**
je me déten.....	nous nous déten**dons**
tu te déten.......	vous vous déten**dez**
il/elle/on se déten......	ils/elles se déten**dent**

b Quels autres verbes de ce type connaissez-vous ?

9

Jetez un dé et conjuguez les verbes.

2 = tu apprends

4 = nous apprenons

1 = j'apprends

apprendre	détendre	perdre
attendre	entendre	répondre
défendre	entreprendre	surprendre
descendre	s'étendre	vendre

10

Le présent des verbes en *-ir* ▶ § 1.1, p. 105, 128

a Cherchez les verbes en *-ir* dans la chanson, p. 32. Décidez ensemble s'ils sont du type *finir* ou *sortir*. Notez-les sous la bonne conjugaison.

finir		**sortir**	
je fin**is**	nous fin**issons**	je sor**s**	nous sort**ons**
tu fin**is**	vous fin**issez**	tu sor**s**	vous sort**ez**
il/elle/on fin**it**	ils/elles fin**issent**	il/elle/on sor**t**	ils/elles sort**ent**

....

b Trouvez d'autres verbes en *-ir* et classez-les selon le schéma de 10 a.

11

a Par paires, posez-vous des questions et répondez à la forme affirmative ou négative suivant vos habitudes. Vous pouvez commencer comme ça :

Comment vous comportez-vous…

… devant un gros problème ?
se concentrer perdre la tête prendre du chocolat gémir

… pendant une dispute ?
arrêter de parler bien argumenter parler fort claquer la porte

… si vous arrivez en retard ?
mentir se justifier s'excuser longuement être énervé/e

… si vous avez le cafard ?
téléphoner aux amis s'abrutir devant la télé beaucoup fumer être énervé/e

… pendant le week-end ?
sortir avec des amis entreprendre beaucoup de choses apprendre le français se détendre au maximum

b Communiquez à la classe une ou deux réponses de votre partenaire.

12

a Faites deux groupes : un groupe prend le point de vue des hommes, l'autre celui des femmes. Quels sont les reproches typiques que…

… les femmes font aux hommes ?   … les hommes font aux femmes ?

b Choisissez les reproches qui vous semblent les plus typiques et faites un bilan. Ecrivez un article de journal à partir de ces éléments.

Mon bilan personnel

Je sais maintenant

- parler de relations humaines ☐
- parler de mon expérience personnelle ☐
- caractériser une personne ☐
- juger une situation ☐
- comprendre une chanson / un texte avec du vocabulaire inconnu ☐
- utiliser les adjectifs qualificatifs ☐
- utiliser le comparatif ☐
- utiliser la négation ☐
- conjuguer les verbes en *-ir* et *-dre* ☐

1

Ecrivez dans la grille les activités de loisirs correspondant aux définitions et trouvez le mot caché.

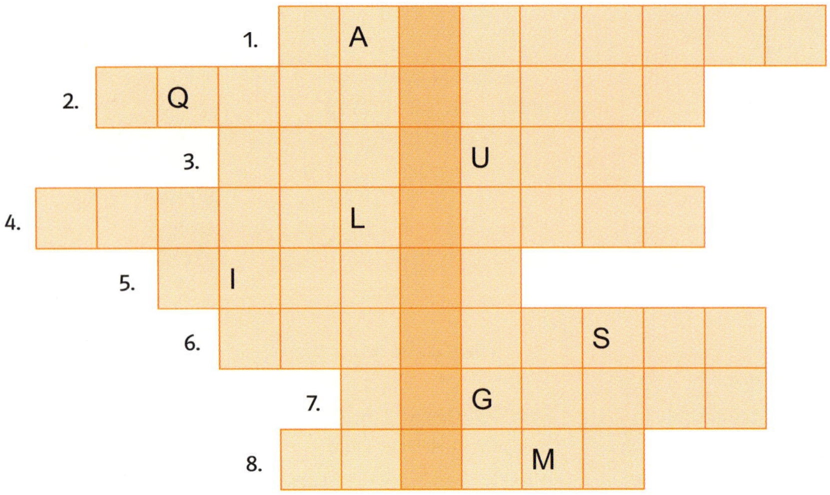

1. une longue promenade sportive
2. Ce sport se pratique sur un cheval.
3. C'est le fait de lire.
4. body-building en français
5. un petit repos après le repas de midi
6. un sport de montagne
7. C'est le fait de courir plus ou moins vite.
8. On y va pour voir des films.

2

Que dites-vous dans ces situations ? Que répondez-vous ?

Une personne vous dit :

1. – Bonjour, je m'appelle Catherine. *Vous : …*
2. – Moi, j'aime les promenades. *Vous : …*
3. – Je regarde la télé presque tous les soirs. *Vous : …*

Une personne vous demande :

4. – Quel mois est-ce que vous n'aimez pas ? *Vous : …*
5. – Où aimeriez-vous passer vos prochaines vacances ? Et pourquoi là ? *Vous : …*
6. – De quelle heure à quelle heure avez-vous cours de français ? *Vous : …*

3

Complétez les phrases.

une balade ✦ une cure ✦ du lèche-vitrines ✦ un séjour ✦ un stage ✦ un tour ✦ de la voile

1. Il a des problèmes de santé et fait .... dans une station thermale.
2. Pour finir son diplôme, notre fille doit faire .... dans une entreprise.
3. Je voudrais m'acheter des vêtements. Tu viens avec moi faire .... ?
4. Les parents de Gérard ont un bateau, alors ils font souvent .... ensemble.
5. Nous, on n'aime pas prendre la voiture pendant le week-end. On préfère faire .... à pied ou .... en vélo.
6. Avec le programme ERASMUS, les étudiants font .... de quelques mois à l'étranger.

4

a Retrouvez et écrivez (avec l'article) les neuf mots qui décrivent une région.

MON	CÔ	CAN	CÉ	NE	GÉ	O	AN	GNE	TA	SE			
LE	COL	LAI	TA	LIEF	TE	VOL	VÉ	RE	Î	TION	FA	LI	

une . . . un . . .

b Complétez les phrases avec les mots de 4 a.

1. La Corse est une ....
2. En Auvergne, il y a des anciens ....
3. Le Mont Blanc est la plus haute .... de France.
4. En France, il y a 3120 km de ....
5. En Normandie, les touristes viennent admirer les .... d'Etretat.
6. L'.................. Atlantique borde la côte ouest de la France.
7. A la Réunion, on trouve un .... et une .... typiques des pays tropicaux.
8. La butte Montmartre est une petite ....

5

Les déterminants possessifs et démonstratifs ▸ § 2.4, p. 115 ; § 2.5, p. 116

Complétez les phrases avec *son, sa, ses, leur, leurs* ou *ce, cet, cette, ces*.

1. Chaque année, Ralf passe .... vacances à Wissant. 2. Il vient en camping-car et il a toujours ...... planche à voile avec lui. 3. .... plage est connue pour ...... grosses vagues. 4. Les amateurs de .... sport y retrouvent .... amis, saison après saison. 5. Ils comparent .... équipement et se racontent .... exploits sportifs. 6. En août, il y a un grand concours de planche à voile. Ralf et .... copains attendent .... événement avec impatience. 7. Ralf prend .... entraînement très au sérieux, mais comme beaucoup de .... fanatiques de sport, il en fait trop et ça finit souvent par des blessures.

6

Les pronoms relatifs ▸ § 5.5, p. 123

Combinez les éléments. Plusieurs réponses sont possibles.

			que beaucoup de jeunes adorent utiliser.
1. La lecture		une île	où j'aimerais passer mes prochaines vacances.
2. Un téléphérique		un sport	qui se pratique en salle.
3. Internet		un sujet	que je voudrais absolument visiter.
4. Un(e) stagiaire	est	un moyen de transport	dont on parle beaucoup dans l'unité 2.
5. La Réunion		une activité	qu'on utilise en montagne.
6. La musculation		une personne	qui ne coûte pas cher.
		un instrument	qui apprend un métier.
			dont on a souvent besoin aujourd'hui.

7

Remue-méninges

Retrouvez dans les unités 1 – 3 le plus de mots possible en rapport avec les sujets donnés.

- la réunion
- activités culturelles
- apprendre le français
- l'amour
- Wimereux
- stages proposés dans l'unité 2
- le sport

8

Les adjectifs ▶ **§ 3, p. 117, 118**

Formez des paires contraires. Ecrivez dans les cases les chiffres qui correspondent.

1. moderne		a. mauvais(e)
2. facile		b. négatif (-ive)
3. bon (bonne)		c. ancien (-ienne)
4. amusant(e)		d. difficile
5. vrai(e)		e. bête
6. positif (-ive)		f. sérieux (-se)
7. impulsif (-ive)		g. faux (fausse)
8. intelligent(e)		h. réfléchi(e)

9

Trouvez dans la grille les dix mots en rapport avec le thème de l´unité 3. Ces mots se cachent horizontalement ou verticalement.

P	A	R	T	E	N	A	I	R	E	C
M	R	E	N	C	O	N	T	R	E	H
E	E	N	E	A	P	C	F	O	I	A
P	S	Y	M	P	A	T	H	I	E	R
O	P	P	I	H	S	E	R	G	R	M
U	E	V	T	B	S	Q	N	L	R	E
S	C	O	N	F	I	A	N	C	E	S
E	T	W	E	M	O	T	I	O	N	T
R	O	D	S	I	N	A	M	O	U	R

10

Trouvez l´intrus.

a Dans chaque série, trouvez l'intrus (le mot qui ne va pas avec les autres).

1. la bouche – les yeux – le visage – la rencontre
2. se détendre – se garer – se relaxer – se reposer
3. gentil – sympa – agressif – agréable
4. progresser – reprocher – évoluer – se développer

b Dans la partie a de l'exercice, remplacez l'intrus par un mot qui complète la série.

11

Les verbes en *-dre* ▶ **§ 1.1, p. 105 ; p. 130**

Complétez les verbes. Retrouvez les éléments qui vont avec ces verbes. Faites des phrases complètes.

1. J'atten. . . . .
2. Tu pren. . . . .
3. Notre chef descen. . . . .
4. Les élèves ne compren. . . . . pas
5. Vous ven. . . . .
6. Tu répon. . . . .
7. Elle défen. . . . .
8. Tu per. . . . .
9. Pourquoi est-ce que vous appren. . . . .
10. Mes amis pren. . . . .

au téléphone ? ✦ bien ses idées.
depuis un quart d'heure.
vite patience. ✦ le français ? ✦ l'avion.
toujours dans le même hôtel.
un petit apéritif ? ✦ cette phrase.
aussi des télécartes ?

Voyage 4

Communication
parler voyages, vacances, lecture
prendre position / défendre un point de vue / donner son avis sur les moyens de transport / se renseigner à la gare

Grammaire
le passé composé
être en train de / avant de / après...
le pronom indéfini *tout*

- Décrivez la photo.
- Qu'est-ce qu'elle évoque pour vous ?

1

Regardez le dessin.
Racontez la scène.

2

a Lisez et complétez le poème avec les verbes de la liste.

démarré
claqué
mis (2 x)
rassemblé
rangé
disparu
resté
fait (2 x)
dit (2 x)
embrassé
monté

Départ

Les vacances sont terminées
on a …………… les affaires
on a …………… les jouets
on a …………… les valises
on a …………… au revoir
on a tout …………… dans la voiture
on s'est …………… une dernière fois
Papa s'est …………… au volant
et maman à côté
on a …………… « on s'écrira »
on est …………… dans l'auto
on a …………… les portières
La voiture a ……………
on a encore …………… un geste
La voiture a ……………
et nous, on est …………… deux

13

b Ecoutez et comparez avec la version audio.

c Trouvez un autre titre pour le poème.

3

Répondez.

a 1. Quel est dans le texte le sens du mot « affaires » ? Connaissez-vous un autre sens ?
2. Quelle est la différence entre « porte » et « portière » ?

b Qui est « on » ? Qui part ? Qui reste ?

4

Faites une liste des choses à faire avant de partir en vacances pour ne rien oublier.

- *fermer le gaz et l'électricité*
- *...*

5

Jeu de la valise

Dites ce que vous mettez dans votre valise avant de partir en voyage.

Continuez.

6

a Formez quatre groupes. Chaque groupe prépare ses affaires pour un des séjours suivants. Qu'est-ce que vous décidez d'emporter ?

- pour quinze jours dans un gîte rural
- pour une croisière sur un paquebot
- pour une semaine au ski
- pour la traversée du Sahara en dromadaire

b Décidez ensemble des trois choses les plus importantes à emporter pour chacun de ces séjours.

Prendre position «

Moi, j'estime que c'est...
... indispensable / inutile / superflu / nécessaire.
Je pense la même chose. / Je suis du même avis.
Je ne suis pas d'accord avec...

Pour le plaisir

7

a Ecrivez un petit poème sur le modèle de *Départ* pour raconter une arrivée.

b Lisez vos productions.

Ce qu'il y a de plus beau
dans un voyage,
c'est le retour [...]

Benoît Peeters. *Poussière de voyages,*

Au Sahara

Au-dessus de Château-d'Œx

Entraînement

8

Le passé composé ▶ § 1.3, p. 104

a Complétez les phrases du poème et formulez la règle.

« On .... rang ... les affaires. »

« On .... fait les valises. »

« La voiture .... démarr ..... . »

Le passé composé se forme avec .... conjugué au présent et le participe passé du verbe.

! Pour quinze verbes, le passé composé se forme avec *être*. Dans ce cas, le participe passé s'accorde avec le sujet.
Exemple : Les touristes **sont** allé**s** à Paris.
Il**s sont** venu**s** voir Effy.

b Retrouvez le verbe qui convient. Complétez les phrases avec un verbe au passé composé.

arriver ✦ descendre ✦ entrer ✦ monter ✦ mourir ✦ naître ✦ partir ✦ sortir ✦ tomber

! Les verbes *devenir, passer, rentrer, revenir* se conjuguent aussi avec *être*.

9

Posez-vous des questions avec :

- ◆ Est-ce que vous avez déjà... ?
- ◆ Est-ce que vous êtes déjà... ?

- ● Oui, j'ai déjà... / Non, je n'ai jamais...
- ● Oui, je suis déjà... / Non, je ne suis jamais...

- rencontrer une personne célèbre
- toucher un animal sauvage
- vivre dans un autre pays
- camper dans un désert
- monter dans une montgolfière
- manger des escargots
- faire de la plongée sous-marine
- aller en Afrique
- partir en voyage sans bagages / seul(e)
- gagner au loto

10

Le passé composé des verbes pronominaux (= avec « se ») ▶ § 1.3, p. 107

Retrouvez les formes utilisées dans le poème et complétez la règle.

s'embrasser : On .... embrassé(s) une dernière fois. *

se mettre : Papa .... mis au volant.

Au passé composé, les verbes pronominaux se conjuguent avec ....
! N'oubliez pas d'accorder le participe passé avec le sujet.
* Dans le langage parlé, *on* est souvent employé pour dire *nous*. Dans ce cas-là, on peut accorder le participe passé.

Exemple : **se préparer**

je **me suis**	
tu **t'es**	préparé**(e)**
il/elle/ on **s'est**	préparé**(s)**/préparé**(es)**
nous **nous sommes**	
vous **vous êtes**	préparé**(s)**/préparé**(es)**
ils/elles **se sont**	

11

Par paires, posez-vous des questions sur vos activités pendant le dernier week-end.

Commencez comme ça : – Vous avez passé un bon week-end ? / Est-ce que vous… ?

- se lever plus tard / tôt que d'habitude
- se reposer
- s'acheter quelque chose
- s'ennuyer
- se disputer
- se coucher tôt / tard
- se promener

! **Rappel**
Je me suis…
Je **ne** me suis **pas**…

12

Par paires, posez-vous des questions sur votre dernier voyage. Utilisez le passé composé.

Où (est-ce que)… Comment (est-ce que)… Qu'est-ce que…
Quand (est-ce que)… Combien de temps (est-ce que)…

13

14 **a Ecoutez le dialogue et cochez la bonne réponse.**

	vrai	faux
1. M. et Mme Lefèvre font des projets pour leurs vacances de Noël.	☐	☐
2. Ils vont emmener leurs enfants avec eux.	☐	☐
3. Ils sont déjà allés en Afrique.	☐	☐
4. Ils ne connaissent pas encore l'Antarctique.	☐	☐
5. M. Lefèvre va partir en Amazonie.	☐	☐
6. Mme Lefèvre va passer ses vacances à l'île Maurice.	☐	☐

14 **b Ecoutez le dialogue une deuxième fois et répondez aux questions.**
1. Quels sont les intérêts de M. et Mme Lefèvre ?
2. Quelle solution choisissent-ils pour leurs vacances ?
3. Avec qui vous identifiez-vous le plus ?

c A leur retour, M. et Mme Lefèvre se racontent leurs vacances. Travaillez à deux. Faites le dialogue et jouez-le.

1

a Lisez le texte publicitaire.

Dans les rayons du soleil levant,
le château d'eau juste après Meaux
semblait paré d'une auréole.
J'ai pris mon livre (de ce type
qui a obtenu un grand prix littéraire)
et j'ai lu quelques pages.
Après avoir parcouru la Chine
du Nord au Sud,
j'ai retrouvé ....

b Qu'est-ce que la voyageuse a retrouvé ? Imaginez la fin du texte.

2

a Complétez avec les mots du texte publicitaire.

1. Le soleil a des ....
2. Le contraire de « soleil couchant », c'est ....
3. On représente un(e) saint(e) avec une ....
4. Pendant les vacances, nous avons .... 3 000 kilomètres.

b A votre avis, quel produit ou service ce texte publicitaire accompagne-t-il ? Faites des hypothèses et discutez.

15 **c Ecoutez le texte. Quel groupe est le plus proche de la réalité ? Quel groupe a la réponse la plus originale ?**

3

Répondez.

1. A quel moment de la journée se passe le voyage ?
2. Comment est-ce que la personne a parcouru la Chine ?
3. Dans quelle région s'est passé le voyage ?

4

Par paires, discutez de vos lectures.

Qu'est-ce que vous lisez ? Pour quelles raisons ?
Qu'est-ce que vous avez lu dernièrement ?

Parler de la lecture «

C'est pas mon truc.
Je n'aime pas la fiction, je préfère lire le journal ou une revue.
Je viens de lire un article sur…
Je lis de préférence des romans (policiers / historiques / de science-fiction / d'amour…).
Ça me permet de rêver / de m'évader.

5

a **Lisez ce texte qui accompagne le texte publicitaire de 1.**

b **Cherchez les adjectifs synonymes.**

1. tous les jours = ...
2. qui arrive à l'heure = ...
3. qui garantit plus de sécurité = ...

TRANSILIEN EST EN TRAIN
DE CHANGER VOTRE TRAIN QUOTIDIEN
EN LE RENDANT PLUS SÛR,
PLUS PONCTUEL ET PLUS CONFORTABLE.

* « Transilien » vient de « train » et de « Francilien » (nom des habitants de l'Ile de France). C'est le nom d'un programme de modernisation des gares et des trains en Ile de France (Paris et sa région).

c **Répondez.**
1. Quel est le but du programme « Transilien » ?
2. Quels adjectifs utiliseriez-vous pour caractériser le train dans votre pays ?

Entraînement

6

Etre en train de ▶ **§ 1.6, p. 109**

a **Complétez cette phrase du texte sur le « Transilien ».**

« Transilien .... changer votre train quotidien. »

La structure ***être*** .... + **infinitif** signifie qu'une action se déroule au moment où on parle.

b **Dites ce que ces personnes sont en train de faire.**

7

Avant et après ▶ § 7.2, p. 125, 126

a Observez les structures et complétez les exemples.

Avant de + infinitif
Après + **avoir/être** + participe passé

1. **Avant** ...... partir, elle a acheté un livre.
2. **Après** .... parcouru la Chine, elle a retrouvé sa gare de l'Est.
3. **Après** .... arrivée à la gare de l'Est, elle a pris le métro.

! Attention ! Ces structures s'utilisent seulement si **le sujet** est le même dans les deux propositions.

b Associez pour faire des phrases sur le modèle donné.
Exemple : Après avoir quitté le bureau, Damien est passé chez lui.

1. quitter le bureau	☐	s'endormir
2. repasser quelques chemises	☐	fermer la porte à clé
3. appeler un taxi	1	passer chez lui
4. arriver à la gare	☐	ouvrir son livre
5. trouver son compartiment	☐	faire sa valise
6. lire quelques pages	☐	se retrouver à Nice au lieu de Marseille !
7. faire un beau rêve	☐	boire une bière

c Transformez les phrases de b pour utiliser *avant de*.
Exemple : Avant de faire sa valise, Damien a repassé quelques chemises.

Pour le plaisir

8

a Quel est pour vous le mot-clé du texte « Dans les rayons... », p. 44. Notez-le.

b Regroupez-vous par mot-clé trouvé et notez dix mots que vous y associez.

c Echangez vos listes et écrivez un petit texte avec ces dix mots.

1

a **Lisez le texte de la pancarte.**

b **Répondez.**

1. Où peut-on lire cette pancarte ?
2. Quel est le message de cette pancarte ?
3. Pouvez-vous imaginer une pancarte similaire dans votre pays ? Pourquoi ?

2

a **Lisez le commentaire qui accompagne la pancarte. Notez les deux mots qui sont, à votre avis, les plus importants.**

ON EST TOUS DANS LE MÊME TRAIN.
VANDALISME ET CRIMINALITÉ SONT TROP FRÉQUENTS DANS LES GARES, LES TRAINS ET SUR LES VOIES.
LA SNCF FAIT TOUT SON POSSIBLE POUR LES RÉDUIRE, MAIS TOUT NE DÉPEND PAS D'ELLE.

b **Répondez.**

1. « On est tous dans le même train. » Quel est le sens de cette phrase ?
2. Pourquoi est-ce que la SNCF a fait cette campagne ?
3. Est-ce que vous avez fait des expériences négatives dans les transports publics ? Racontez.
4. Evoquez des expériences personnelles plus positives dans les transports en commun.

Donner son avis «

Il y a de plus en plus de... / trop de... : violence, indifférence, criminalité

Il y a trop de... / Il n'y a pas assez de... : contrôles, vidéocaméras

3

a **Cherchez ensemble des arguments pour / contre les transports publics / la voiture**

1. pour aller au travail
2. pour partir en vacances

b **Faites quatre groupes. Chaque groupe reçoit un thème à défendre. Préparez des arguments.**

transports publics pour aller au travail	**voiture** pour aller au travail
transports publics pour partir en vacances	**voiture** pour partir en vacances

c **Défendez le point de vue de votre groupe.**

Défendre un point de vue «

Ça permet de :
– se reposer
– gagner du temps

On est plus libre.
On a plus de...
On est plus / moins...

4

16

a Ecoutez le dialogue et complétez la grille.

Gares de départ et d´arrivée	Jour et date demandés	1re proposition : jour/ heure	2e proposition : jour/ heure	Prix du billet

b Par paires, choisissez une situation et jouez la scène.
- Vous avez un chien.
- Vous voulez emporter votre vélo.
- Vous ne voulez pas voyager de nuit.
- Vous souhaitez avoir quatre couchettes dans le même compartiment mais vous réservez à la dernière minute.

Se débrouiller à la gare «

J´aimerais réserver une place en 1re/2e classe.
Fumeur/Non-fumeur
Je peux régler par Carte Bleue ?
Je voudrais être dans le sens de la marche.
Y a-t-il une réduction pour les moins de 25 ans / pour les seniors / si on voyage à deux ?

Paris : Gare de Lyon

Entraînement

5

Le pronom indéfini *tout* ▶ § 5.6, p. 123

a Relisez les phrases du texte de l'exercice 2 a, p. 47 et complétez avec le pronom *tout*.

1. La SNCF fait son possible, mais .... ne dépend pas d'elle.
2. On est .... dans le même train.

La SNCF fait des offres spéciales. Elles sont **toutes** valables pendant un mois.

! **tout** [tu] *(m. sg.)* désigne **un ensemble** indéfini et abstrait.
tous [tus] *(m. pl.)* et **toutes** [tut] *(f. pl.)* sont des pronoms qui remplacent **des personnes** ou **des choses**.

b Retrouvez les phrases qui vont ensemble.

1. Il y a eu une panne pendant le voyage ?		a. Non, **tout** est complet.
2. Il y a encore des places dans le train pour Paris ?		b. Non, non, j'ai **tout**.
3. Tu n'as rien oublié ? Ton portable ? Ton billet ?		c. Ah non, ils s'arrêtent **tous** à la gare de l'Est.
4. J'ai bien compris, il y a encore un supplément à payer ?		d. Oui, on est **tous** arrivés en retard.
5. Ces trains vont jusqu'à la gare Montparnasse ?		e. Non, désolé, elles sont **toutes** réservées.
6. Ces places sont libres ?		f. Vous avez **tout** compris !

6

a Complétez les réponses avec *tout, tous, toutes*.

1. Tu as les billets du groupe ?	Oui, je les ai .... dans mon sac.
2. Vous connaissez toutes les villes de France ?	Pas ...., mais beaucoup.
3. Tu te rappelles à quelle heure part la correspondance?	Attends, j'ai .... noté.
4. Pourquoi est-ce qu'il y a tant de monde aujourd'hui ?	Parce qu'ils vont .... au salon de l'électronique.
5. Vous pouvez me réserver une couchette ?	Ça va être dur : elles sont .... réservées.
6. Vous avez fait bon voyage ?	Oui, ... s'est bien passé.
7. La SNCF fait grève ce week-end ?	Malheureusement oui, il faut .... annuler.

b Par paires, lisez à voix haute les questions et les réponses. Faites attention à la prononciation des pronoms.

17 **c Comparez avec la version audio.**

Pour le plaisir

7

Sur le modèle de l'affiche de 1 a, imaginez d'autres affiches amusantes.

Il n'est pas interdit de . . . .
Même si . . . .

8

Cherchez sur Internet (www.sncf.fr).

1. Combien de temps faut-il pour aller
   - de Paris à Marseille ?
   - de Bordeaux à Toulouse ?
2. Quels sont les prix ?
3. Quelles sont les possibilités de réduction ?

Bordeaux

Toulouse

Mon bilan personnel

Je sais maintenant

- parler de vacances / voyages ☐
- donner mon avis ☐
- prendre position ☐
- défendre mon point de vue ☐
- parler de moyens de transport ☐
- parler de mes lectures ☐
- me renseigner sur les trains ☐
- utiliser le passé composé ☐
- utiliser les structures *être en train de, avant de, après…* ☐
- me servir du pronom indéfini *tout* ☐

Un métier pour la vie ? 5

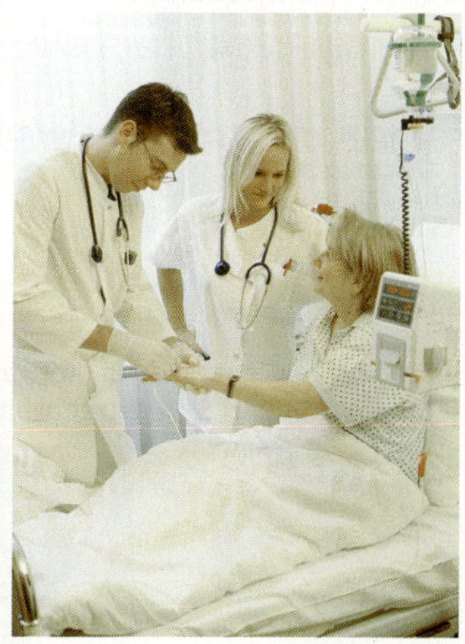

- Quels sont les métiers représentés sur cette page ?
- Quels autres métiers connaissez-vous ?
  Faites deux groupes et trouvez en deux minutes le plus de métiers possible. Affichez ces noms de métiers au tableau. Le groupe qui a trouvé le plus de métiers a gagné.

Communication
parler de son métier / donner les raisons du choix d'un métier / dire comment trouver du travail / présenter un CV
parler de sa formation, de son parcours professionnel
avoir un entretien d'embauche / organiser une rencontre professionnelle

Grammaire
les pronoms toniques *moi, lui...* / le futur simple
le conditionnel présent / les pronoms objets *le, la, les, lui, leur*

1

Définissez un métier. Les autres le devinent.
Exemples : « Ecrire et rencontrer des gens, ça me plaît beaucoup. » *(journaliste)*
« J'ai toujours aimé faire rire. » *(clown)*

2

a Lisez le texte d'introduction à l'article « Pourquoi faites-vous ce métier ? ». Relevez les noms de métiers.

Comment êtes-vous devenu employé à la banque Durand ? Par vocation ? Certainement pas. Par hasard ? Peut-être pas. En tout cas, si vous, vous êtes incapable de l'expliquer, d'autres, eux, savent exactement pourquoi ils se sont retrouvés dentiste, fleuriste ou comptable.

b Retrouvez dans le texte de a les mots qui conviennent. Complétez les phrases.

1. Quand on se sent né(e) pour faire un métier, c'est une ....
2. Si quelque chose arrive sans raison apparente, on dit que c'est le ....

c Et vous, votre métier, c'est le résultat d'une vocation ou du hasard ? Discutez à deux.

3

a Précisez la vocation ou la motivation de ces personnes célèbres.
Exemple : Albert Schweitzer avait une vocation : la médecine.

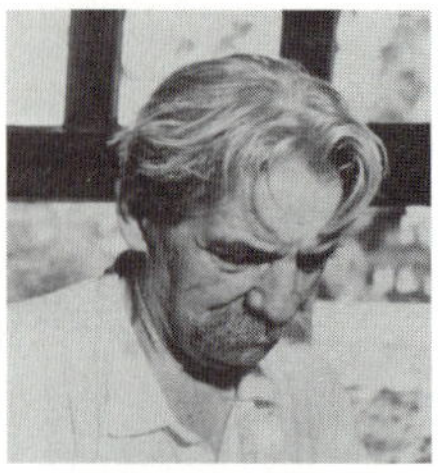
Albert Schweitzer

Niki de Saint-Phalle

Gustave Eiffel

Coco Chanel

Monet

Marie Curie

Georges Simenon

Edith Piaf

le commandant Cousteau

b Citez quatre autres personnes célèbres avec leur vocation.

4

a Les mots suivants correspondent à trois métiers. Ecrivez les chiffres correspondants aux métiers dans les cases.

1 professeur | **2 écrivain** | **3 infirmière**

cours ☐ romans ☐ hôpital ☐ enseigner ☐ hospitalisé ☐
littérature ☐ mathématiques ☐ livres ☐ matheux ☐

b Replacez les mots de a dans le texte correspondant et notez le métier des trois personnes après leur prénom et leur âge.

1. Louis, 38 ans, ...

Pour les psychologues, je suis un sociophobique. La sociophobie se caractérise par une peur phobique des rapports sociaux et des contacts avec les autres. C'est pourquoi j'ai construit ma vie professionnelle en fonction de ces troubles. Depuis une dizaine d'années, je produis ce qu'on appelle avec un certain mépris de la .... de gare : des .... érotiques, au début, et maintenant des .... d'horreur. Je gagne peu d'argent, mais c'est assez pour nourrir deux chats, un labrador et un psychologue !

2. Catherine, 32 ans, ...

A six ans, six ans et demi peut-être, je suis allée avec mon père et ma mère, voir mon grand-père, qui était .... à Broussais à la suite d'un infarctus. Ça a été mon premier contact avec l'.................... . Et le déclic, je crois. Depuis, je n'ai jamais voulu faire autre chose.

3. Jean, 38 ans, ...

J'ai grandi avec quatre sœurs aînées. Pour moi, la seule façon d'exister parmi elles a été de réussir là où elles avaient des difficultés, c'est à dire en .... Je suis donc devenu le .... de la famille. J'ai toujours adoré expliquer aux autres : on se sent alors très important, très intelligent. Par la suite, j'ai donné des .... pour arrondir mon argent de poche. C'est comme ça que je me suis retrouvé à l'Education Nationale à faire la seule chose pour laquelle je suis doué : .... les maths.

18-20 **c Comparez vos réponses avec le CD audio.**

5

a Relisez les textes 1 à 3 de 4b. Retrouvez les mots qui correspondent aux définitions suivantes.

Texte 1	**Texte 3**
1. une peur incontrôlée des gens :	1. avoir du succès : ....
2. un sentiment de peu d'estime pour qn / qc :	2. les premiers (enfants) nés dans une famille : ....
3. des problèmes de santé :	3. avoir plus d'argent de poche : ....
Texte 2	
1. être à l'hôpital : être	
2. un moment-clé :	

b **Travaillez à deux. Préparez une interview de Louis, Catherine ou Jean. Jouez la scène.**

Qu'est-ce qui vous plaît dans votre métier ?	Pourquoi êtes-vous devenu(e)... ?
Vous gagnez bien votre vie ?	Quel est votre rythme de travail ?

6

a **Faites quatre groupes. Choisissez une des rubriques suivantes. Trouvez pour la rubrique choisie un métier. Justifiez votre choix.**

vocation	hasard	déclic	autres raisons
...			

b **Présentez vos résultats à la classe.**

Donner des raisons

J'ai toujours rêvé d'être...
On m'a conseillé de (prendre) ...
J'ai toujours été bon(ne) en...
/doué(e) pour...
Dans ma famille, il y a beaucoup de...

Entraînement

7

Les pronoms toniques ▸ § 5.1, p. 121

a **Complétez les phrases et le tableau avec les pronoms utilisés dans les textes de 2 a, p. 52 et 4 b, p. 53.**

(2a) « En tout cas, si ...., vous êtes incapable de l'expliquer, d'autres, ..., savent exactement pourquoi [...].

(4b : *Jean*) Pour ...... la façon d'exister parmi .... a été [...].

.........., je...
Toi, tu...
Lui, il...
.........., elle...
Nous, nous...
.........., vous...
.........., ils...
Elles, elles...

Le pronom tonique s'utilise devant un pronom sujet :
Exemple : **Moi, je** travaille par plaisir.
Il s'emploie aussi après une préposition (*avec, sans, pour, devant,* etc.) :
Exemple : **Avec lui**, tout est facile. **Sans elle**, il est perdu.

8

Au bureau

Complétez les phrases par les pronoms toniques qui remplacent les mots en italique.

L'assistante de direction, Mme Demaria, doit rencontrer le directeur *M. Godard*. Elle a rendez-vous avec **lui** à 16 h dans son bureau pour accueillir des clients. Mais elle a beaucoup de choses à régler avant cette rencontre.

1. ● Catherine, appelez *Mme Robert et Mme Brun* s'il vous plaît. J'ai besoin d' .... immédiatement.

2. ◆ Où sont donc *mes documents ?* Sans ...., je suis perdue !

3. ● Mme Demaria, est-ce que vous avez lu les candidatures ?
   ◆ Oui, j'ai retenu *trois candidates* mais c'est difficile de faire un choix parmi ....

4. ● Où est-ce que je peux trouver *Mme Legal ?* Ah, *elle* travaille seulement le matin maintenant, c'est plus pratique pour ....

5. ◆ *Chantal*, est-ce que ...., tu pourrais m'aider ?

6. ● C'est toujours *M. Kerner* qui s'occupe de *nos clients allemands ?*
   ◆ Non, ce n'est plus ...., maintenant, c'est Mme Chatel qui s'occupe d' ....

9

21-23

a Ecoutez une première fois ce que ces trois personnes disent d'elles-mêmes et de leur travail. Complétez la grille.

	âge	profession exercée	depuis quand ?	où ?	salaire	éloignement du lieu de travail	horaires
Jean-Claude							
Marie							
Sylvie							

21-23

b Ecoutez une deuxième fois les déclarations des trois personnes sur les avantages et les inconvénients de leurs professions et notez les lettres M (Marie), S (Sylvie), J-C (Jean-Claude) dans la case qui convient.

- ☐ bons contacts avec les clients
- ☐ réductions
- ☐ horaires flexibles
- ☐ autonomie
- ☐ travail sous pression
- ☐ pas de contact avec les collègues
- ☐ primes
- ☐ enrichissement intellectuel
- ☐ salaire minimum (SMIC*)
- ☐ repas moins chers
- ☐ éloignement minime
- ☐ bon salaire
- ☐ activités variées
- ☐ beaucoup conduire
- ☐ sécurité de l'emploi
- ☐ plaisir

*SMIC : salaire minimum interprofessionnel de croissance

c Et vous, quels sont les avantages et les inconvénients de votre profession ? Notez-les et discutez-en.

Arriver tous les jours à son travail avec une heure de retard est un signe de ponctualité.

Jacques Sternberg

1

a **A votre avis, quelles qualités sont nécessaires pour réussir dans sa vie professionnelle ? Classez-les de 1 à 10 par ordre d'importance.**

Il faut avoir

- ☐ de l'expérience
- ☐ de la persévérance
- ☐ le sens de l'organisation
- ☐ un esprit combatif
- ☐ une bonne formation
- ☐ de la créativité
- ☐ l'esprit de décision
- ☐ du savoir-faire
- ☐ de l'habileté manuelle
- ☐ de l'éloquence

b **Citez les deux ou trois qualités les plus importantes dans les métiers suivants :**

dentiste ✦ journaliste ✦ mécanicien ✦ employé(e) de banque ✦ professeur ✦ chirurgien
conducteur de TGV ✦ détective ✦ vendeur (-euse)
écrivain ✦ acteur (-trice) ✦ acrobate

c **Quelles sont les qualités exigées dans votre métier ?**

2

a **Observez la publicité et formulez des hypothèses.**

b **Complétez, comme vous le pensez, le texte qui accompagne cette publicité.**

monster.fr

Etes-vous sûre d'être sur la bonne voie ?
Pour votre avenir, consultez nos milliers d' . . . .
d'emploi sur monster.fr, le leader . . . .
de l'emploi sur Internet.
Vous y trouverez le poste de vos . . . . !

24 **c** **Comparez avec la version audio.**

3

a **A votre avis, quel produit ou service propose monster.fr ?**

b **Comment trouvez-vous cette publicité ?**

Entraînement

4

Le futur simple ▶ § 1.7, p. 110

a Complétez le tableau à l'aide de la publicité de 2 a.

je trouver**ai**	nous trouver**ons**
tu trouver**as**	vous ....
il/elle/on trouver**a**	ils/elles trouver**ont**

Le futur simple des verbes en *-er* se forme à partir de la **1re personne singulier du présent** de l'indicatif avec les terminaisons : -. . . ., -. . . ., -. . . ., -. . . ., -. . . ., -. . . . .

b Le futur simple des verbes en *-ir* et *-re* se forme à partir de l'infinitif (sans le *-r*) : je *parti* . . . . , tu *fini* . . . . . . , nous *mett* . . . . , vous *prend* . . . .

c Regardez le futur des verbes irréguliers et retrouvez leur infinitif.

je ferai :	nous enverrons : ....
tu devras :	vous viendrez : ....
il sera :	ils voudront : ....
elle aura :	elles verront : ....
il faudra :	

! Dans le langage parlé, le futur composé (*aller* + infinitif) s'utilise aussi souvent que le futur simple.

5

a Travaillez par paires. Organisez le séjour de M. Fabret, directeur commercial d'une entreprise de Genève, qui veut rendre visite à votre patron. Avant sa visite, vous téléphonez à son assistante, Mme Lando, pour avoir des détails sur ces différents points.

moyen de transport ✦ heure d'arrivée ✦ durée du séjour
début de la réunion ✦ matériel pour la réunion
sortie le soir, etc…

Comment est-ce qu'il viendra ?
- Il prendra le train. / Il arrivera en avion.

b Imaginez que vous téléphonez directement à M. Fabret.
Jouez la scène.
Exemple: Est-ce que vous viendrez en avion ou en train ?

6

Imaginez la vie professionnelle de la candidate de 2 a quand elle aura ce poste. Parlez de ses pensées.
Exemple : Quand j'aurai ce poste, je gagnerai beaucoup d'argent.

voyager à l'étranger ✦ prendre des décisions importantes ✦ avoir des responsabilités ✦ être le chef, etc.

7

Le conditionnel présent ▶ § 1.8, p. 110, 111

Le conditionnel présent se forme comme le futur simple, avec les terminaisons suivantes :
-rais, -rais, -rait, -rions, -riez, -raient.

a **Conjuguez les verbes *aimer* et *vouloir* au conditionnel présent.**

b **Retrouvez le conditionnel de ces verbes.**
aller, avoir, être, devoir, envoyer, falloir, faire, venir, voir, vouloir

! Le conditionnel présent s'utilise pour exprimer un souhait ou une hypothèse.

8

a **Faites quatre groupes. Chaque groupe choisit un des métiers suivants : acrobate, professeur, président de la République, écrivain. Comment serait votre vie ?**

Exemple :
acrobate
→ Je ferais un métier dangereux.
→ Je travaillerais dans un cirque.
→ Je voyagerais beaucoup.
→ Je devrais m'entraîner tous les jours.
→ Les gens viendraient m'admirer…

b **Chaque groupe présente ses résultats.**

Pour le plaisir

9

Faites une publicité. Imaginez
- une scène dans le même esprit que la publicité de monster.fr, p. 56
- une version plus classique.

1

Comment fait-on pour trouver du travail ?

2

a Lisez le CV (curriculum vitae) de cette personne connue et devinez de qui il s'agit.

Nom : ....
Né le 4 avril 1945
Marié / un fils

FORMATION

1967 – 1968	Etudes de sociologie à Nanterre (France)
1966 :	Bac à Odenwald (Hessen)

EXPÉRIENCE PROFESSIONNELLE

Depuis 1994	Eurodéputé pour les Verts
1994 – 2003	Présentateur d'une émission littéraire télévisée
1989	Conseiller municipal de Francfort
1979 – 1993	Publiciste et même cinéaste
1969 – 1978	Instituteur en maternelle / libraire

LANGUES LUES, PARLÉES, ÉCRITES

Français – Allemand – Anglais

LOISIRS

Football

b Racontez la vie de cette personne.

c A votre avis, quelles professions seraient encore possibles avec ce CV ?

Parler de la biographie de quelqu'un

Il/Elle est né(e)...
Il/Elle est allé(e) à l'école...
Il/Elle a fait des études de...
Il/Elle s'est marié(e)...
Il/Elle a vécu à...
Il/Elle a travaillé comme...
Il/Elle est devenu(e)...

3

a Choisissez un personnage célèbre et présentez-le. Les autres devinent de qui il s'agit.

Exemple : Elle est née à Paris et a vécu aux Etats-Unis.
C'est une artiste dont vous pouvez voir les œuvres entre autres à Paris, Nice et Hanovre.
Elle est morte en 2002 en Californie.
Qui est-ce ?

Niki de Saint-Phalle
Les Nanas

4

Entretien d'embauche

25 Ecoutez le CD et complétez la fiche de ce candidat.

Nom : ....

Age : ....

Profession : ....

Etudes : .... ans, à ....
université

Stage : .... en ....
durée pays

Emploi actuel : .... à ....
ville entreprise

Expérience professionnelle : ....

Motivation : ....

Disponible : à partir du ....

5

a A quelle annonce auriez-vous envie de répondre ? Donnez les raisons de votre choix.

CROISIERES SEINE recherche hôtesse-guide trilingue pour accueil et commentaires à bord

Agence spécialisée dans la protection rapprochée recherche garde du corps ceinture noire de karaté

Haras en Camargue recherche spécialiste du dressage de chevaux difficiles

GUIDE GASTRONOMIQUE
Recherche inspecteurs pour région Alsace-Lorraine

EDITIONS ROMANTICA
recherche auteur/auteure de romans-photos

L'association **GUERIR PAR LE RIRE** recherche clowns pour spectacles en hôpital

b Regroupez-vous par métier choisi et préparez des arguments pour vous présenter.

c Jouez la scène de l'interview avec l'employeur potentiel.

Entraînement

6

Les pronoms compléments d'objet direct et indirect ▸ § 5.2, p. 122

26

a Ecoutez ces passages de l'entretien d'embauche et complétez les phrases.

« J'ai lu vos références. Je .... trouve excellentes. »

« Comme vous le savez, nous cherchons quelqu'un pour le service distribution dirigé par Mme Chalon.

Vous .... connaissez, je crois ? Vous .... avez déjà parlé ? »

« Je ne peux pas vous donner de réponse tout de suite, j'ai encore deux candidats à voir.

Je .... ai donné rendez-vous juste après vous. »

Rappel

Complément d'objet direct (= COD) — **verbe + Ø + personne / chose**

Exemple : Il connaît **Mme Chalon.**

Complément d'objet indirect (= COI) — **verbe + à + personne**

Exemple : Il téléphone **à Mme Chalon.**

• Le pronom complément d'objet direct remplace **une chose ou une personne** :

masculin singulier → **le** ; féminin singulier → ...... ; masculin ou féminin pluriel → ....

• Le pronom complément d'objet indirect ***lui*** remplace **une personne** au masculin ou au ....

.... (toujours sans **s** !) remplace un nom au pluriel.

Les autres pronoms compléments : ***me, te, nous, vous*** ont la **même forme** comme **COD ou COI.**

Les pronoms compléments sont directement placés .... le verbe conjugué ou devant l'infinitif, s'il y en a un.

Exemple : Le directeur des ressources humaines ? Je **le** connais. Je **lui** ai déjà parlé. Je vais **le** revoir dans deux jours.

b Associez les éléments des deux colonnes.

1. Mon CV ?		a. Je voudrais les photocopier.
2. L'entretien ?		b. Vous allez le rencontrer dans quelques minutes.
3. Les documents ?		c. Je vais leur offrir un pot.
4. Ma profession ?		d. Je vais l'envoyer à plusieurs entreprises.
5. Le directeur des relations humaines ?		e. Je vais lui annoncer votre arrivée.
6. Les nouveaux collègues ?		f. Je vais vous la présenter après le déjeuner.
7. La responsable du service comptabilité ?		g. Il va le passer mardi matin.
8. Vous avez rendez-vous avec M. Fabret ?		h. On va leur faire passer un test d'aptitude.
9. Cette cravate à pois ?		i. C'est un peu difficile de la résumer en deux mots.
10. Les candidates ?		j. Tu ne peux pas la mettre avec ce costume !

Pour le plaisir

7

Deux personnes sortent. Les autres choisissent un métier. Les personnes qui doivent deviner ce métier reviennent et posent à tour de rôle dix questions au maximum. Quand le métier a été deviné, deux autres personnes sortent.

Exemples : ◆ Est-ce que c'est un métier dangereux ?
- ● ... un métier où on voyage beaucoup ?
- ◆ ... où on travaille avec ses mains ?
- ● ... où on porte un uniforme ?

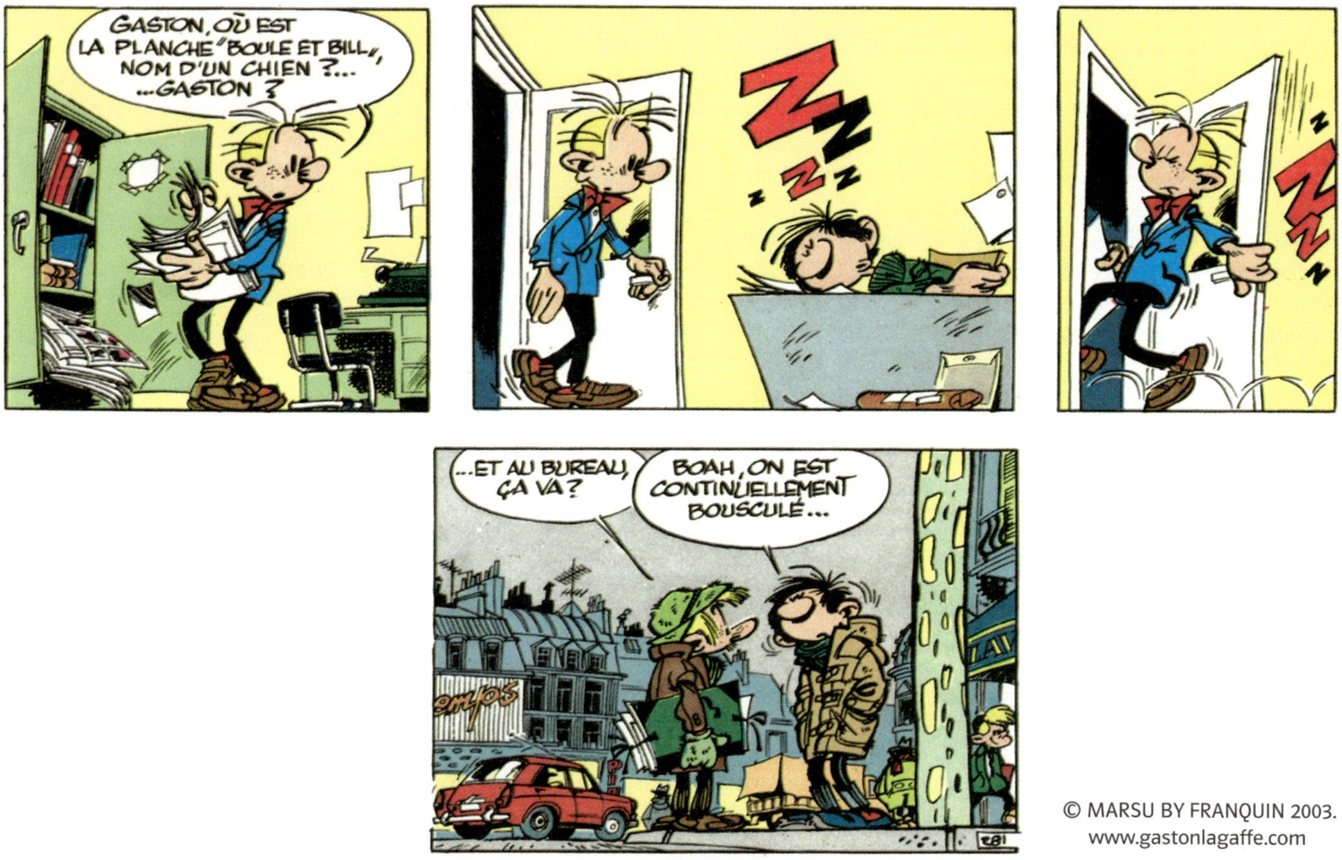

Mon bilan personnel

Je sais maintenant

- parler de mon travail/métier ☐
- écrire et présenter mon CV ☐
- parler de ma biographie ☐
- me préparer pour un entretien d'embauche ☐
- organiser une rencontre professionnelle ☐
- parler de ce que j'aimerais faire ☐
- utiliser les pronoms toniques *moi, toi, lui...* ☐
- utiliser les pronoms compléments ☐
- conjuguer et utiliser le futur simple ☐
- conjuguer et utiliser le conditionnel présent ☐

1

a Cochez les phrases qui correspondent à vos goûts.

lire	voyager
☐ La lecture m'aide à m'évader.	☐ Je voyage beaucoup à cause de mon travail.
☐ Ça m'ennuie.	☐ Je n'aime pas prendre l'avion.
☐ Je lis pour m'informer.	☐ Je voyage pour m'évader du train-train quotidien.
☐ Je ne trouve le temps de lire que pendant les vacances.	☐ Je voyage beaucoup parce que ma famille habite loin.
☐ J'ouvre un livre quand j'ai envie d'être seul(e).	☐ Voyager, pour moi, c'est un vrai plaisir.

b Lecture ou voyage ? Choisissez un thème et écrivez un texte d'environ 150 mots qui parle de vos préférences.

2

Le passé composé ▶ **§ 1.3, p. 106-108**

Complétez les phrases par les verbes donnés au passé composé.
M. et Mme Lefèvre se retrouvent après leurs vacances séparées.

M. Lefèvre : Comment .... (se passer) tes vacances, chérie ?

Mme Lefèvre : J' .... (bien profiter) de ces deux semaines dans la jungle amazonienne ! Avec mon groupe, on .... (aller) en pirogue sur le fleuve Amazone. Notre guide nous .... (montrer) la végétation luxuriante et avec lui, on .... (découvrir) la faune amazonienne. J' .... (manger) de la viande de crocodile ! Excuse-moi, je ne parle que de moi ! Dis-moi, est-ce que tu .... (rencontrer) des gens sympas à l'île Maurice ?

M. Lefèvre : Oui, je .... (bien s'entendre) avec des touristes suisses et autrichiens. Ensemble, nous .... (faire) de la plongée sous-marine. Imagine-toi, nous .... (voir) des requins ! J' .... (prendre) plein de photos. En tout cas, je .... (bien s'amuser) et j' .... (pouvoir) réviser mon allemand. Mais, pour être honnête, tu m' .... (beaucoup manquer).

3

Le passé composé ▶ **§ 1.3, p. 106-108**

Complétez cette biographie avec le verbe qui convient. Utilisez le passé composé.

devenir ✦ vivre ✦ naître ✦ aller ✦ commencer ✦ faire ✦ se marier ✦ passer ✦ réussir ✦ partir ✦ rencontrer ✦ entrer

1. Antoine .... le 6 octobre 1974 à Bordeaux. 2. Jusqu'à l'âge de 11 ans, il .... dans cette ville. 3. En 1985, sa famille .... de Bordeaux pour s'installer à Toulouse. 4. A 12 ans, il .... au collège. 5. A 18 ans, il .... son bac et, la même année, il .... son permis de conduire. 6. De 18 à 24 ans, il .... des études d'ingénieur. 7. Après ses études, il .... en Allemagne. 8. Là, il .... à travailler comme ingénieur en informatique. 9. Très vite, il .... la femme de sa vie, Claudia. 10. Quelques mois plus tard, ils .... 11. Et il y a deux semaines, il .... papa d'un beau petit garçon.

4

Trouvez l'intrus.

a Dans chaque série, entourez le mot qui ne va pas avec les autres.

1. un CV – un entretien – un V.T.T. – le profil – une lettre de motivation
2. une infirmière – un écrivain – un ingénieur – un comptable – une ambulance
3. la passivité – la persévérance – le sens de l'organisation – la créativité – l'enthousiasme
4. les études – les vacances – le baccalauréat – l'apprentissage – le stage

b Associez les groupes de mots de a à la catégorie qui convient.

☐ la formation ☐ des métiers ☐ des qualités professionnelles ☐ la candidature

5

Les pronoms compléments d'objet direct et indirect ▶ § 5.2, p. 122

Refaites les phrases. Imaginez le mot remplacé par les pronoms dans ces phrases.

Exemple : Ils **lui** ont acheté une voiture. → Ils ont acheté une voiture **à leur fils/fille**.

1. Je **les** écris **toutes** le dernier jour des vacances.
2. Elle va **les** attendre à la gare.
3. Il faut absolument **la** visiter !
4. On vient souvent ici, c'est pourquoi on **les** connaît presque **tous**.
5. On **leur** a demandé la permission.
6. Ils sont **tous** présents pour ce grand événement.
7. Tu ne voudrais pas **la** faire à ma place ?
8. Elle a réussi à **les** mettre **tous** dans sa valise.

6

Le futur simple ▶ § 1.7, p. 110

Imaginez une suite possible et utilisez le futur simple.

1. Normalement, nous partons toujours au mois d'août, mais cette année, nous…
2. Jusqu'à présent, tu as eu de la chance d'avoir de bonnes notes sans trop travailler. Mais pour avoir ton bac, …
3. D'habitude, il pleut chaque fois que j'organise une fête, mais j'espère que pour mon mariage, ….
4. Pour l'instant, les enfants passent encore leurs vacances avec nous, mais dans un an ou deux, ils...
5. En principe, il déteste les voyages, mais pour lui faire plaisir, il...

7

Conjugaisons ▶ p. 128-130

Ajoutez les formes des verbes qui manquent.

infinitif	présent	passé composé	futur simple	conditionnel
être	nous	nous	nous **serons**	nous
	je **crois**	j'	je	je
	vous	vous **avez choisi**	vous	vous
	ils	ils	ils	ils **prendraient**
	tu as	tu	tu	tu
	elle	elle	elle **ira**	elle
	on **vient**	on	on	on

6 Affaire de goût

- Regardez ces photos. Qu'est-ce qui vous ferait envie ?
- Quelle photo correspond le plus à vos goûts et habitudes alimentaires ? Expliquez pourquoi.

Communication
parler de ses habitudes alimentaires et des tendances actuelles en diététique / formuler des conseils
commander un menu / évoquer des souvenirs, des traditions / parler de l'éducation des enfants

Grammaire
le gérondif / le superlatif / l'imparfait

1

a Interviewez votre voisin(e) sur ses habitudes alimentaires.
Exemple : Vous mangez / Tu manges souvent de la viande ?
Vous buvez / Tu bois...

Pour répondre aux questions

J'en prends à peu près...
J'en mange beaucoup trop !
Je n'aime pas ça : je n'en mange / bois jamais.
J'ai horreur de ça : c'est trop...

de la viande ✦ du poisson ✦ du pâté ✦ de la charcuterie ✦ des légumes
du chocolat ✦ du vin ✦ de la bière ✦ de la glace
des fruits ✦ des gâteaux ✦ des chips

b Par paires, répartissez les aliments de a (et d'autres que vous avez trouvés) dans la colonne qui correspond.

La santé vient...	
en mangeant...	**en ne mangeant pas de...**

c Par paires, faites le bilan de vos habitudes alimentaires. Cochez la catégorie dans laquelle vous vous situez et commentez votre choix.

2

a Regardez la publicité. De quoi s'agit-il ?

b Répondez.

1. A qui s'adresse ce guide ?
2. Pourquoi une brochure de ce genre est-elle nécessaire ?

c Expliquez.

1. « Dévorez les chapitres » : qu'est-ce qu'on dévore généralement ?
2. « On parle de vous » : expliquez ce que veut dire cette phrase.

d Répondez.

1. A votre avis, qu'y a-t-il dans ces chapitres ?
2. Et vous, qu'est-ce que vous faites quand vous voulez perdre du poids ?

Photographie: Peter Lippmann, pour l'INPES (Institut National de Prévention et d'Education pour la Santé)

Ah, que c'est bon de commencer la gym !

Entraînement

3

Le gérondif ▶ **§ 7.2, p. 126**

a Observez les exemples.

1. ● **Comment** gardez-vous la ligne ?
   ◆ Je garde la ligne **en faisant** régulièrement du sport.

2. ● **Comment** avez-vous perdu 3 kilos ?
   ◆ J'ai perdu 3 kilos **en** ne **mangeant** plus de pain.

3. ● **Quand** est-ce qu'on pense à faire un régime ?
   ◆ On pense souvent à faire un régime **en voyant** arriver les beaux jours.

4. ● Qu'est-ce que tu fais **pendant que** tu bois ton café ?
   ◆ Je bois mon café **en lisant** le journal. / Je lis le journal **en buvant** mon café.

Le gérondif s'emploie pour exprimer :
- la manière, les conditions, les circonstances
- la simultanéité

! Le gérondif s'emploie seulement quand les deux actions sont faites par la même personne.
Il se forme à partir de la première personne du pluriel du présent.
Exemple : nous **pren**ons, **all**ons, **fais**ons, **maigriss**ons → **en** pren**ant**, **en** all**ant**, **en** fais**ant**, **en** maigriss**ant**

Formes irrégulières du gérondif : être → **en étant**, avoir → **en ayant**, savoir → **en sachant**

b Regardez les illustrations et faites des phrases en utilisant le gérondif.

1. *faire la cuisine / écouter la radio*

2. *manger / regarder la télévision*

3. *rencontrer beaucoup de gens / faire les courses*

▶

c Par paires, posez-vous des questions. Utilisez le gérondif dans la réponse.
Exemple : ● Comment avez-vous connu votre ami ?
◆ **En naviguant** sur Internet.

1. avoir appris le français / suivre un cours d'été
2. avoir pu s'offrir une voiture de luxe / jouer au loto
3. avoir eu envie de voir la maison de George Sand / lire ses romans
4. avoir obtenu ce poste / bien se préparer pour l'entretien
5. avoir eu une place dans ce cours / s'inscrire assez tôt
6. avoir retrouvé du temps pour lire / ne plus regarder la télé
7. avoir fait des économies depuis des années / ne pas acheter de voiture

4

a Par paires, posez-vous la question : « A votre / ton avis, comment fait-on pour maigrir ou rester en forme ? » Utilisez le gérondif dans la réponse.
Exemple : A mon avis, on maigrit en (ne) mangeant (pas) / (ne) buvant (pas de)...
On reste en forme en...

ne plus manger de pommes de terre
se peser tous les jours
sauter un repas
supprimer le chocolat
arrêter de manger du fromage
éviter l'alcool
déjeuner à la cantine
boire beaucoup d'eau
manger beaucoup de légumes
ne pas prendre de petit déjeuner
faire trois repas par jour
pratiquer un sport
beaucoup nager
lire des livres de diététique

b Vous en avez assez de trouver des régimes dans tous les magazines. Ecrivez une lettre de lecteur pour expliquer votre point de vue sur les régimes.

Pour le plaisir

5

a Regardez l'illustration de la couverture du magazine (exercice 3 a, p. 67) et décrivez-la.

La bouche, c'est du ....
Le nez, c'est ....
Les yeux, ...
Les cheveux, ...

b Imaginez un personnage composé d'aliments que vous aimez. Décrivez les différentes parties du corps.

La bouche, c'est du ....
Le nez, c'est ....
Les bras, ...
Les jambes, ...

c Comparez vos résultats avec ceux des autres groupes.

1

Lisez les phrases suivantes et complétez-les avec les mots qui manquent. Finissez ces phrases comme vous le pensez et discutez-en.

dramatique ✦ se nourrir ✦ saine ✦ mode de vie

1. L'alimentation des juniors n'est pas adaptée à leur .... parce que / parce qu'ils ....

   ....

2. Mais la situation n'est pas trop .... puisque ....

   ....

3. On peut tout à fait avoir une alimentation .... et variée sans / en ....

   ....

4. On ne mange pas seulement pour ...., mais aussi ....

   ....

2

Lisez l'article et retrouvez les phrases 1 – 4 de l'exercice 1. Comparez le contenu du texte avec ce que vous avez écrit.

Le hit-parade des aliments préférés de nos enfants a de quoi nous inquiéter ! Non seulement l'alimentation des juniors n'a rien du raffinement gastronomique qui fait notre fierté, mais elle n'est pas non plus adaptée à leur mode de vie : trop grasse et trop sucrée chez les enfants téléphages qui préfèrent le canapé au terrain de sport. Encore plus s'ils sont seuls à la maison et à proximité d'un frigo qui n'a rien à envier à la supérette du coin ! De quoi culpabiliser les mères qui, activité professionnelle oblige, passent moins de temps à la cuisine.

Pourtant, les spécialistes sont unanimes : comme la lecture ou le vélo, l'équilibre alimentaire, ça s'apprend.

Mais la situation n'est pas si dramatique puisque « l'espérance de vie a progressé de vingt ans depuis 1936 en France », rappelle le sociologue Claude Fischler. Et cette longévité est due en partie à une meilleure alimentation.

A force de lire que nos habitudes alimentaires s'américanisent, on finit par prendre peur. Mais la simplification des repas et l'explosion de l'offre des plats cuisinés les plus variés ne sonnent pas pour autant la fin d'une alimentation équilibrée. On peut tout à fait avoir une alimentation saine et variée sans passer la moitié de la journée dans la cuisine : des tomates, du bon jambon, du pain complet et des fruits peuvent constituer un dîner, à partir du moment où il y a plaisir et convivialité. Ne l'oublions pas, on ne mange pas seulement pour se nourrir. Mais aussi pour partager de bons moments avec ses proches ou ses copains, surprendre ses papilles, voyager...

27+28 Ce texte se trouve sur le CD audio.

3

a Complétez les définitions.

1. Une supérette est un petit ....
2. Un enfant téléphage est un enfant qui .... beaucoup la ....
3. Quand des gens sont unanimes, ils sont tous du même ....
4. Une évolution irréversible est une évolution dont on ne peut plus .... le cours.
5. Quand on culpabilise quelqu'un, on lui donne .... conscience.
6. Les papilles permettent de sentir le .... des aliments.

b Imaginez et décrivez

1. le contenu d'un frigo qui n'a « rien à envier à une supérette »,
2. des façons de surprendre ses papilles,
3. des façons de voyager en mangeant.

4

a Résumez en cinq phrases le contenu de l'article de l'exercice 2, p. 69.

b Mettez-vous d'accord sur les deux phrases les plus importantes de l'article. Justifiez votre choix.

5

a Faites le hit-parade des dix aliments préférés des enfants de votre pays.

29 **b Ecoutez les dix plats préférés des petits Français. Ce hit-parade vous surprend-il ? Pourquoi ?**

6

a Lisez le début de ces conseils donnés par un magazine pour apprendre aux enfants à mieux manger. Imaginez comment on pourrait les compléter.

1. Minimisez les pièges dans le réfrigérateur : ...
2. Apprenez-leur la règle des « ou » et non des « et » : ...
3. Proposez-leur de vous accompagner au marché : ...
4. Invitez-les une fois par semaine à mettre la main à la pâte : ...
5. Faites des repas des moments privilégiés : ...
6. Habituez-les à dire pourquoi ils aiment ou n'aiment pas un aliment / un plat : ...
7. Résistez à leurs pressions : ...

30+31 **b Comparez vos textes avec la version audio.**

c Et vous ? Avez-vous d'autres conseils à donner ?

Au marché

Entraînement

7

Le superlatif ▶ § 3.4, p. 118

a Complétez avec les superlatifs utilisés dans l'article de l'exercice 2, p. 69.

« Et cette longévité est due en partie à une .... alimentation. »

« [...] l'explosion de l'offre des plats cuisinés .... variés ne sonnent pas [...] la fin [...]. »

b Observez l'exemple.

Les épinards sont les légumes **les moins** appréciés des enfants.

Complétez la règle.

On forme le superlatif en utilisant l'article défini **le** / ..... / .... suivi de .... ou .... placés en général **après** le substantif.

!
Le meilleur est le superlatif de ....
Le pire est le superlatif de *mauvais*.
Tous deux se placent **devant** le substantif.

« J'ai les goûts les plus simples du monde, je me contente du meilleur. »

Oscar Wilde

8

Formez des groupes de trois ou quatre. Donnez votre avis personnel en choisissant parmi les adjectifs proposés.

agréable ✦ cher ✦ connu ✦ exotique ✦ facile à faire ✦ fort ✦ frais ✦ gras
lourd ✦ raffiné ✦ rapide ✦ riche en calories ✦ simple

Pour moi,

		le/la	plus/moins	adjectif	
1.	l'odeur	.....	....	....	, c'est l'odeur de ....
2.	la boisson	.....	....	....	, c'est ....
3.	l'aliment	.....	....	....	, c'est ....
4.	le fruit	.....	....	....	, c'est ....
5.	la recette	.....	....	....	, c'est la recette de ....
6.	le restaurant	.....	....	....	, c'est ....
7.	la viande	.....	....	....	, c'est ....
8.	le légume	.....	....	....	, c'est ....

9

a Faites deux groupes. Chaque groupe se pose des questions pour trouver la personne qui...

- déjeune dans la meilleure cantine
- a la plus vieille bouteille de vin
- a l'habitude alimentaire la plus bizarre
- a le meilleur conseil pour maigrir
- connaît le restaurant le moins cher
- a le frigo le plus rempli
- prend le petit déjeuner le plus rapide
- connaît la recette la plus facile

Exemple : ● Qui de vous pense déjeuner dans la meilleure cantine ?

b Comparez vos résultats avec ceux de l'autre groupe.

10

Créez un des menus proposés par ce restaurant qui s'est spécialisé dans les « repas sur mesure ».

Nous proposons un menu pour sportifs, un pour gourmets pressés et un pour végétariens.

Prix : ....

Menu : ....

Entrée : ....
ou ....

Plat principal : ....
ou ....

Fromages : ....
ou ....

Desserts : ....
ou ....

11

Au resto

32

a Ecoutez la scène et cochez la bonne réponse.

	vrai	faux
1. Les clients n'ont pas réservé.	☐	☐
2. Les clients prennent le même apéro.	☐	☐
3. Les clients prennent une entrée.	☐	☐
4. Le poulet créole leur rappelle des souvenirs.	☐	☐
5. Le serveur est très sérieux.	☐	☐
6. Ils commandent du vin et de l'eau.	☐	☐
7. M. Lefèvre prend une terrine de canard.	☐	☐
8. Ils choisissent les desserts tout de suite.	☐	☐

b Jouez une scène semblable. Utilisez au moins un des éléments suivants :

Vous n'êtes pas contents parce que…
- les autres clients sont servis avant vous.
- la soupe est froide.
- l'addition est plus élevée que prévu.

Le serveur n'est pas content parce que…
- les clients ne veulent ni vin, ni entrée, ni dessert.
- une personne ne veut rien manger.
- les clients ne sont pas polis.

Pour le plaisir

12

a Devinez la signification de ces expressions grâce aux dessins.

raconter des salades

faire le poireau

ne pas avoir un radis

tomber dans les pommes

s'occuper de ses oignons

dévorer un livre

b Racontez une histoire brève en utilisant toutes ces expressions.

6.3 Les habitudes du dimanche

1

33

a Ecoutez ces personnes parler de leur dimanche. Qui parle de quoi ? Notez les prénoms dans les cases.

la promenade .... la télé .... le tiercé .... les gâteaux ....

l'apéritif .... la messe .... la grasse matinée .... le repas familial ....

b Et vous ? Qu'est-ce que vous associez avec le dimanche ?

c Travaillez par paires. Posez-vous la question : « Qu'est-ce que les repas familiaux du dimanche vous/te rappellent ? »

Evoquer un souvenir

- Ça me rappelle de bons / mauvais moments.
- Pour moi, c'est synonyme de repos / week-end.
- Ça évoque pour moi les repas en famille.

2

Les repas familiaux du dimanche : tout un symbole !

a Lisez l'article.

Mes souvenirs reviennent toujours à ces dimanches d'autrefois où nous nous retrouvions tous autour de la table familiale : c'étaient de vrais jours de fête. Dans la cuisine, ma mère s'affairait et j'observais cette marmite placée sur le coin du feu où le bouillon mijotait tranquillement.

Ces dimanches familiaux étaient l'occasion de parler de tout. Aucun sujet n'était tabou : école, sport, questions de société, quelquefois aussi la politique. Respectueux des institutions, mes parents profitaient très largement de cet auditoire privilégié pour nous inculquer – oh ! avec beaucoup de tact – certaines valeurs et principes de base qui nous ont permis de garder notre dignité pendant la guerre.

34

Ce texte se trouve sur le CD audio.

b Trouvez dans l'article les verbes qui correspondent à

1. s'occuper activement : ....
2. cuire lentement : ....
3. imprimer dans l'esprit : ....

3

a Devinez dans quelles années l'homme qui raconte ses souvenirs a vécu son enfance.

☐ Dans les années 80. ☐ Dans les années 50. ☐ Dans les années 30.

b Nommez le ou les indices déterminants.

c Nommez trois principes d'éducation. Dites ce que vous en pensez.

4

a Qu'est-ce qui plaisait à ce monsieur dans les dimanches de son enfance ?

b Travaillez par paires. Parmi les souvenirs agréables, y a-t-il une odeur, un son, un goût, une sensation ou même une scène que vous associez aux dimanches de votre enfance ? Racontez aux autres ce que vous avez appris de votre voisin(e).

Entraînement

5

L'imparfait ▶ § 1.4, p. 108

a Complétez avec les verbes de l'article p. 74.

Dans la cuisine, ma mère .... et j' .... la marmite.
Ces dimanches familiaux .... l'occasion de parler de tout. Aucun sujet n' .... tabou.

On forme l'imparfait à partir de la première personne pluriel du présent :
*nous **all**ons, **av**ons, **conduis**ons, **dev**ons, **finiss**ons, **part**ons, **pouv**ons, **pren**ons*
avec les terminaisons suivantes : *–ais ; –ais ; –ait ; –ions ; –iez ; –aient*

Exemple : j'all**ais**	nous dev**ions**
tu av**ais**	vous finiss**iez**
il/elle/on conduis**ait**	ils/elles part**aient**

!
- Les formes avec *je, tu, il, ils* se prononcent de la même façon.
- être → j'**ét**ais

On emploie l'imparfait
- pour décrire une situation passée
- pour raconter une action qui dure dans le passé ou une action qui se répète.
- pour parler d'habitudes, de façons de vivre d'une autre époque.

Exemples :

Aujourd'hui, j'habite en ville. **Avant,** j'**habitais** à la campagne.
Quand j'**étais enfant**, j'**allais** souvent chez mes grands-parents.
A l'époque, je **faisais** mes études.
Autrefois, les gens ne **s'occupaient** pas de leur ligne.

- dans les propositions conditionnelles qui expriment une hypothèse peu ou pas réaliste.

Exemple :
Si j'**étais** riche, je **ferais** le tour du monde.

hypothèse	*conséquence*
imparfait	conditionnel

b Souvenirs
Comparez la situation présente et la situation passée.

Je me rappelle qu'avant,...	**Maintenant,...**
Exemple : ... ils sortaient beaucoup, ils étaient toujours en balade avec leurs copains.	... ils passent souvent des week-ends tranquilles.
1.	elle fait attention à son alimentation.
2.	ils sont réveillés par leurs enfants.
3.	on parle de tout à table.
4.	elle se promène seule.
5.	la religion ne joue plus un grand rôle.
6.	ma mère n'a plus envie de cuisiner.
7.	je lis seulement des magazines spécialisés.
8.	il passe tout son dimanche devant la télé.
9.	les familles ne se voient plus très souvent.
10.	les jeunes achètent des plats tout prêts.
11.	il ne touche plus à l'alcool.
12.	j'écris souvent des méls à mes amis.

6

Imaginez que vous êtes en 2025. Racontez à vos petits-enfants (ou même arrière-petits-enfants) comment étaient vos dimanches du début du XXIe siècle.

7

Vivre en couple, ce n'est pas toujours facile. Formulez des hypothèses et leurs conséquences. Utilisez l'imparfait et le conditionnel.

hypothèse (imparfait)	conséquence (conditionnel)
Exemple : ne pas flirter avec les touristes…	… ne pas aller voir ta cousine à Las Vegas
1. boire moins de café…	…
2. descendre les poubelles…	…
3. passer moins de temps devant l'ordinateur…	…
4. savoir cuisiner comme ma mère…	…
5. commencer à faire du sport…	…
6. manger moins de chocolat…	…
7. apprendre le français…	…
8. appeler plus souvent tes amis…	…

Pour le plaisir

8

Faites sur une feuille de papier un rapide portrait de vous quand vous étiez petit(e) (occupation favorite, habitudes, etc.).
Exemple : Quand j'étais petit(e), j'avais un lapin ; j'aimais bien aller à l'école et on dit que j'étais assez bavard(e).

Les papiers sont ensuite mélangés et redistribués. Chacun(e) devine qui est la petite fille / le petit garçon en question.

Mon bilan personnel

Je sais maintenant

- parler de mes habitudes et tendances alimentaires ☐
- formuler des conseils ☐
- parler de l'éducation des enfants / des jeunes ☐
- commander un menu au restaurant ☐
- évoquer des souvenirs / traditions ☐
- utiliser le gérondif ☐
- utiliser le superlatif ☐
- conjuguer et employer l'imparfait ☐

C'est beau le progrès ! 7

- Parlez de ces photos du temps passé. Dites ce qu'elles vous inspirent.
- Imaginez ces scènes de nos jours. Parlez de ce qui a changé.

Communication
comparer les temps anciens et modernes / parler de son passé / décrire des tâches quotidiennes / commenter le rôle de la pub, des sondages / formuler un souhait, une obligation / exprimer sa colère / rapporter les paroles de qn / reconnaître le style d'un texte

Grammaire
le passé composé et l'imparfait / le subjonctif
le discours indirect et la concordance des temps

1

C'était comment avant ?

Faites des phrases avec les éléments donnés.
Exemple : Avant les baladeurs, on écoutait la radio à la maison.

les baladeurs
les ordinateurs ✦ les portables
les salles de bains ✦ les voitures
le téléphone ✦ la télé ✦ les avions
Internet ✦ les lave-vaisselle

2

a **Comment vivaient vos parents et grands-parents ? Parlez de leur vie quotidienne, de la famille, du travail, des loisirs et vacances, de la vie politique à cette époque, des conflits sociaux, etc.**

Pour les hommes, la vie était…
Pour les femmes, …
Le travail…
…

b **Qu'est-ce qui a changé par rapport à aujourd'hui ? Notez par groupes ce qui vous semble mieux, pareil ou moins bien qu'avant.**

Ce qui est…		
mieux ☺	**pareil** 😐	**moins bien** ☹

c **Quelles conclusions tirez-vous de vos résultats?**

3
Souvenirs

35+36

a Ecoutez ces personnes parler de souvenirs de jeunesse. Complétez les textes avec les dates qui manquent.

Rencontre

Nous nous sommes rencontrés dans un bal du .... Il était avec une bande de copains et moi, j'étais avec ma meilleure amie. Ça a été le coup de foudre. On habitait encore chez nos parents à l'époque. On s'est très vite fiancés. On s'est mariés un an plus tard, jour pour jour, après notre rencontre. Et notre fils Jean-Louis est né un .... !
Et pour notre fille, on n'était pas loin puisqu'elle est née un .... !

Première voiture

On a économisé pendant cinq ans pour acheter notre première voiture. A l'époque on n'achetait pas à crédit. Et puis, un jour, on a eu assez d'argent, alors – c'était un .... – on est allés l'acheter et au retour on a bu le champagne ! On l'utilisait souvent le dimanche pour visiter la région. Et deux ans plus tard, quand on a eu assez d'économies, on est partis camper dans le sud de la France.

b Relevez tous les verbes conjugués de a. Classez-les dans l'une des deux rubriques.

action, événements	état, circonstances, habitudes
nous nous sommes rencontrés ...	...

c Dites dans quels cas on utilise le passé composé et l'imparfait.

Entraînement

4
Passé composé et imparfait ▶ §§ 1.3, 1.4, p. 106-108

a Complétez le tableau avec les verbes et les temps utilisés dans les textes de l'exercice 3 a.

« Nous .... dans un bal du 14 Juillet. »	« Il .... avec une bande de copains. »
« On .... un an plus tard. »	« On .... encore chez nos parents à l'époque. »
le passé composé est le temps de l'**action**. Il s'utilise pour parler - d'une période déterminée (*un an plus tard, pendant cinq ans, un 14 juillet...*), - d'un événement - d'une action ou - d'un enchaînement d'événements / d'actions. On le trouve très souvent après *tout à coup, soudain, c'est à ce moment-là que...*	**l'imparfait** est le temps des **informations secondaires** qui accompagnent l'action (description du décor). On l'emploie aussi pour décrire des habitudes, un état durable pendant une période de temps indéterminée (*à l'époque, avant, autrefois, quand j'étais enfant/étudiant)*

5

A l'aide des éléments du tableau, racontez la vie de Camille.

Dates	Evénements	Circonstances
août 54	être née	faire très chaud
pour ses 10 ans	recevoir un vélo rouge	amies jalouses (être)
peu après	s'inscrire dans un club de cyclisme	s'entraîner trois fois par semaine
à 15 ans	participer à ses premières compétitions	remporter souvent le premier prix
en 72	avoir son bac	regretter de ne pas avoir plus de temps pour ses amies
quatre ans plus tard	devenir championne olympique	commencer à apprécier le succès

Commencez par : Camille est née…

6

Etrange rencontre

a Mettez les verbes au temps qui convient.

1. Quand je / j' .... (habiter) près de Biarritz, je .... (se promener) souvent sur la plage. 2. Je .... (pouvoir) passer des heures à regarder la mer. 3. Un soir, j' .... (être) en train d'admirer un coucher de soleil splendide quand, tout à coup, je / j' .... (voir) une femme sortir de l'eau. 4. Elle .... (être) très belle et .... (avoir) des cheveux blonds très longs. 5. Elle .... (venir) vers moi, ... (s'asseoir) à côté de moi et .... (commencer) à parler dans une langue bizarre. 6. Et juste au moment où elle .... (dire) doucement mon nom, je .... (se réveiller)

b Par paires, racontez à partir des sujets proposés une rencontre ou un événement qui vous a marqué(e).
Choisissez parmi ces idées ou trouvez-en d'autres plus personnelles.

une personne inoubliable ✦ votre premier jour d'école / appartement ✦ votre première voiture
une fête réussie / ratée ✦ une anecdote de voyage…

Utilisez :

comme ✦ pendant que ✦ soudain ✦ quand ✦ parce que ✦ c'est pour ça que ✦ tout à coup

Pour le plaisir

7

Apportez une photo de famille d'une autre époque et écrivez un titre et un petit texte à la manière de l'exercice 3 p. 79 pour l'accompagner. Réunissez toutes les photos. Chacun(e) lit à tour de rôle le texte qu'il/elle a écrit à propos de sa photo. Les autres devinent de quelle photo il s'agit.

1

Faites une liste des tâches ménagères que vous connaissez. Par paires, décidez si elles sont

agréables ☺	plus ou moins agréables 😐	désagréables ☹

2

a Que représente cette caricature ? Qu'en pensez-vous ?

37+38 **b Ecoutez et dites ce que la femme faisait quand quelque chose s'est passé.**
Exemple : Elle était en train de se sécher les cheveux quand le téléphone a sonné.

c Par paires, racontez une situation semblable.

au bureau ✦ une fête de famille ✦ un départ en vacances, etc.

3

Une enquête

39 **a Ecoutez une première fois le dialogue. Donnez la raison du coup de téléphone.**

b Par paires, lisez et remettez le dialogue dans le bon ordre. Numérotez de 1 à 8.

☐ – Euh… pas vraiment.

☐ – Nous vous offrons trois numéros gratuits : « *La belle vie* à domicile pendant trois mois ! » C'est notre slogan !

☐ – Attendez… ce serait bien qu'il y ait plus de place dans les crèches, euh… que j'aie assez d'argent pour prendre une femme de ménage et… surtout je souhaiterais que mon mari travaille moins pour qu'il puisse s'occuper un peu plus des gosses. C'est important que le…

☐ – Pas de problème : il faut que je fasse vite car je suis payé au nombre de coups de téléphone. Alors, si une fée vous accordait trois souhaits pour que votre vie soit plus facile, qu'est-ce que vous lui demanderiez ?

☐ – Bon, alors d'accord, mais juste cinq minutes, j'ai les enfants dans les bras et le fer allu…

☐ – Merci, c'est déjà tout. Au fait, si vous connaissez notre slogan, vous gagnez six numéros au lieu de trois. Alors ?… Rappelez-vous, je l'avais dit au début : « Pour que votre vie soit plus facile : *La belle vie* à domicile ».

☐ – Et moi, je propose : « La vie plus facile sans vos questions débiles ! »

☐ – Bonjour Madame, ici le magazine *La belle vie*. Nous faisons une enquête sur ce que les femmes souhaitent. Vous avez cinq minutes ?

39 **c Comparez avec la version audio.**

4

Comment réagit la femme dans le dialogue 3 a ? Et vous, à sa place, comment réagiriez-vous ?

Entraînement

5

Le subjonctif ▸ § 1.9, p. 111

a Le subjonctif des verbes *être, avoir, faire* et *pouvoir*.
Complétez avec les formes utilisées dans le dialogue 3 a.

que…

être	avoir	faire	pouvoir
je sois	j'……….	je……….	je puisse
tu sois	tu aies	tu fasses	tu puisses
il/elle/on……….	il/elle/on……….	il/elle/on fasse	il/elle/on ………….
nous soyons	nous ayons	nous fassions	nous puissions
vous soyez	vous ayez	vous fassiez	vous puissiez
ils/elles soient	ils/elles aient	ils/elles fassent	ils/elles puissent

Le subjonctif s'emploie dans la proposition subordonnée après
- certaines conjonctions : *pour que / afin que / avant que / sans que*
- certains verbes ou expressions suivis de *que* qui expriment **un souhait**, **une obligation**, **une nécessité**, **un jugement**, **un doute** :
  - *je voudrais que / j'aimerais que / je souhaite(rais) que / j'exige que…*
  - *il faut que / il faudrait que / il est nécessaire que…*
  - *j'aime que / je déteste que / j'ai envie que / je trouve bien que*
  - *je ne pense pas que… / je doute que…*

! Je **voudrais que** tu **fasses** plus de sport avec moi. → **2 sujets** → subjonctif
Je **voudrais faire** plus de sport avec toi. → **1 sujet** → infinitif

b Complétez.

Le subjonctif se forme à partir du radical de la 3e personne pluriel du présent de l'indicatif.
Exemples : ils **aid**ent, ils **finiss**ent suivis des terminaisons suivantes : - . . ., - . . ., - . . ., - . . ., - . . ., - . . . .

il faut que	j'aide / finisse	nous aid**ions** / finiss**ions**
	tu aide**s** / finisse**s**	vous aid**iez** / finiss**iez**
il faut qu'	il/elle/on aid**e** / finiss**e**	ils/elles aid**ent** / finiss**ent**

! Les verbes qui ont au présent de l'indicatif deux radicaux différents (nous **ven**ons/ils **vienn**ent) gardent ces radicaux au subjonctif (que nous **ven**ions / qu'ils **vienn**ent).

* Pour les autres verbes, consultez le tableau des conjugaisons ▶ **p. 128-130**

c Mettez les verbes à la forme du subjonctif qui convient.

La réalité quotidienne

Il faut qu'elle…

1. *laver - repasser* . . . . et . . . . le linge de toute la famille.
2. *faire* . . . . la cuisine et le ménage.
3. *s'occuper* . . . . de tout dans la maison.
4. *avoir* . . . . le sourire quand son mari rentre.
5. *être* . . . . une femme et une mère parfaite !

Le rêve de la belle vie

Elle voudrait que…

1. *avoir* les jours . . . . plus de vingt-quatre heures pour pouvoir tout faire !
2. *devenir* Elle souhaite que ses enfants . . . . plus autonomes.
3. *réparer* Elle souhaiterait qu'un robot . . . . toutes les choses cassées.
4. *sortir* Elle aimerait que son mari . . . . avec elle plus souvent.
5. *garder* Elle voudrait que sa belle-mère . . . . les enfants pendant le week-end.
6. *pouvoir* Ce serait bien qu'elle . . . . retrouver un emploi.

d Et vous ? Que souhaiteriez-vous changer dans votre vie ?
J'aimerais qu'un robot…

Exprimer un souhait «

Je voudrais / J'aimerais } que / qu' { mes enfants / mon mari / ma femme / mon ami(e) / mes amis / mon patron / …

6

Faites deux groupes. Un groupe est pour la pub et les sondages par téléphone, l'autre est contre.

a Trouvez des arguments pour défendre le point de vue de votre groupe.

b Confrontez vos arguments avec ceux de l'autre groupe. Utilisez les expressions proposées suivies du subjonctif.

Donner son avis

Je trouve bien / normal / intéressant / agréable / terrible
Moi, j'ai horreur / je déteste / j'aime beaucoup
Je ne crois/pense pas
} + que + *subjonctif*

7

a Ecrivez un dialogue à partir des éléments donnés.

Bonsoir ma chérie ✦ mon patron nous invite ✦ me reposer ✦ important pour ma carrière
je suis crevée ✦ tu n'as jamais envie de sortir

b Comparez vos dialogues entre vous.

40 **c** Comparez avec la version audio.

8

Jouez d'autres scènes de dispute entre partenaires. Voici quelques idées. Vous pouvez en trouver d'autres.

L'ordinateur plante encore.
Tu n'as jamais le temps !
Il n'y a plus de bière !
La voiture ne veut pas démarrer.
Je dois passer au bureau samedi.
Où as-tu mis mes chaussures ?
L'enregistrement vidéo n'a pas marché.

Exprimer colère et énervement

Toujours la même chose !
J'en ai marre de...
Tu ne penses pas à...
Tu pourrais au moins...
C'est toujours moi qui...

Pour le plaisir

9

Imaginez et décrivez un dessin similaire à celui de **2 a** pour caricaturer

1. la vie d'une femme dans les années 50.

2. la vie quotidienne d'un homme de nos jours.

1

a Nommez des appareils qui font du bruit.
Classez-les dans les colonnes suivantes selon que vous jugez leur bruit supportable ou énervant.

 **... fait un bruit supportable**	 **... fait un bruit énervant**

b Nommez parmi ces appareils ceux qui « parlent ».

c Complétez le texte suivant en imaginant ce que certains de ces appareils peuvent dire.
On a déjà plein de choses parlantes qui nous annoncent (sur un ton de reproche) :

les balances : « Vous .... »

les voitures : « Vous .... »

les ascenseurs : « Vous .... »

2

a Lisez l'article. Par paires, notez les dix mots qui vous semblent les plus importants.

Halte à la pollution sonore !

Quand le citadin sort de chez lui, il est cerné. Dès qu'il est à l'abri des bagnoles, on lui met de la musique, dans les restaurants, les halls d'entrée, les magasins et parfois les ascenseurs.

Au cinéma, on lui monte le son à 7 800 décibels, ce qui, malgré tout, n'arrive pas à couvrir les croutch-croutch des pop-corn. Dans le métro, les baladeurs crachouillent et partout, les portables sonnent.

J'aime bien les portables parce qu'on apprend des choses. Généralement, on apprend que le porteur de portable est dans le bus 38 – on le savait déjà – ou au rayon crémerie en train d'hésiter entre deux marques de camembert. Mais parfois, c'est plus intéressant. On apprend par exemple que Thérèse doit absolument demander 1000 € et pas 800 – ça intrigue, on se demande ce qu'a bien pu faire Thérèse pour ce prix-là. Le plus amusant, c'est que le porteur de portable a tendance à oublier le contexte : en plein TGV, il se croit seul dans sa salle de bains. Il se lâche, il peut même devenir grossier. Comme l'autre jour, cette jeune fille d'aspect convenable qui s'est mise à hurler : « Mais qu'il me fiche la paix cet enfoiré ! » Avec un peu de chance, on peut également s'offrir le flagrant délit d'adultère, ainsi le monsieur qui a passé un coup de fil pour dire qu'il était coincé à Dusseldorf sous une avalanche, et un deuxième coup de fil pour dire qu'il arriverait *très* bientôt – à une créature qu'il appelait Chaton. Le porteur de portable est sympa, il divertit gratuitement un wagon entier.

En tout cas en matière de pollution sonore, on ne cesse d'innover. On avait déjà plein de choses parlantes : les balances, les répondeurs, les voitures et les ascenseurs qui nous annonçaient (sur un ton de reproche) qu'on avait pris six kilos, qu'on n'avait pas sauvegardé le message de quatorze heures dix, que la portière était mal fermée et (sur un ton de reproche) qu'on arrivait au treizième étage. Mais jusqu'à présent, les vêtements ne protestaient pas. On pouvait torturer son pull-over sans qu'il rouspète. Qu'à cela ne tienne, on est en train de nous préparer le vêtement réactif : la veste qui nous mémorise tout ce qu'on lui fourre dans les poches et qui couine dès qu'on oublie un élément. Vous laissez vos clés sur une table de bistrot, la chose vous engueule : « Biiiiip ! ». Bientôt, elle vous fera des remarques désagréables sur

....

....

D'après Marie-Ange Guillaume,

41+42 Ce texte se trouve sur le CD audio

b Reconnaissez les différents niveaux de langue !
Associez les mots du texte à leur équivalent standard. Complétez le tableau.

idiot ✦ faire des petits bruits secs ✦ protester ✦ mettre ✦ une voiture ✦ ne plus se contrôler ✦ laisser tranquille ✦ être bloqué

Langage familier	Langage standard
1. une bagnole *(l. 3)*	
2. crachouiller *(l. 11)*	
3. se lâcher *(l. 30)*	
4. ficher la paix à qn *(l. 34)*	
5. être coincé(e) quelque part *(l. 39)*	
6. rouspéter *(l. 61)*	
7. fourrer *(l. 64)*	
8. couiner *(l. 65)*	pousser des petits cris
9. engueuler *(l. 68)*	accabler qn de reproches (de façon méchante ou grossière)
Langage vulgaire	**Langage standard**
un(e) enfoiré(e) *(l. 34)*	

c Associez les mots suivants à leur équivalent.

1. cerner	☐	une chute de neige
2. intriguer	☐	entourer
3. hurler	☐	exciter la curiosité
4. un adultère	☐	crier très fort
5. une avalanche	☐	une infidélité

d Relisez les lignes 33 - 43 et reformulez ce que disent les personnages de l'article
– pour que la jeune fille s'exprime de façon plus polie.
– pour que le monsieur coincé à Dusseldorf trouve une excuse plus plausible.

3

a **Divisez le texte p. 85 en trois parties et donnez un titre à chacune de ces parties. Utiliser les dix mots que vous avez trouvés dans l'exercice 2 a.**

b **Que pensez-vous du titre choisi par l'auteur ?**

c **Commentez cet article en classe.**

4

a **Par paires, imaginez la fin de l'article p. 85.**

b **Comparez vos propositions.**

41+42 **c** **Ecoutez l'article pour connaître la version de l'auteur.**

5

a **Indiquez dans le tableau comment vous jugez le bruit…**

… d´un chien qui aboie ✦ d´une tondeuse à gazon ✦ d´un chantier ✦ d´un enfant qui pleure ✦ d´un mixeur ✦ des oiseaux ✦ de l'eau qui coule ✦ des ronflements ✦ des voitures qui démarrent ✦ des ambulances ✦ de la mer ✦ des cigales ✦ du vent dans les feuilles ✦ des sonneries de portables ✦ etc.

agréable	neutre	désagréable
…		

b **Interprétez vos résultats et discutez en classe.**

6

a **Répondez.**
1. Si vous pouviez supprimer un bruit, lequel serait-ce ?
2. Quel son ou bruit aimez-vous particulièrement ?

b **Comment réagissez-vous quand vous entendez les bruits de l'exercice 5 a** ?
Exemple : Moi, quand j'entends une ambulance passer dans la rue, je ferme ma fenêtre. Ce bruit me fait mal aux oreilles.

Entraînement

7

Le discours indirect et la concordance des temps ▶ § 7.3, p. 126, 127

a Complétez les exemples avec les verbes et les temps utilisés dans le texte de l'article, p. 85. Réfléchissez à l'emploi des temps. Ecrivez le temps utilisé dans la proposition subordonnée au discours indirect.

1. Le monsieur **raconte** à sa femme qu'il **est** coincé à Dusseldorf. (= **présent)**
   → Il **a raconté** à sa femme qu'il .... coincé à Dusseldorf sous une avalanche. (=..................)

2. Au deuxième coup de fil, il **dit** qu'il **arrivera** très bientôt. **(= futur simple)**
   → Il **a dit** qu'il .... très bientôt. (=........................)

3. Plein de choses parlantes nous **annoncent** qu'on **a pris** six kilos, qu'on **n'a pas sauvegardé** le message de quatorze heures dix. (= **passé composé)**
   → Plein de choses parlantes nous **annonçaient** qu'on .... six kilos, qu'on n'............. pas .... le message de quatorze heures dix. . (=........................)

Le discours indirect sert à rapporter des paroles.
Quand le verbe qui introduit les paroles est à un temps du passé, les temps dans la subordonnée introduite par **que** ou **si** changent.

b Complétez le tableau.

Temps dans la subordonnée	
Discours direct	**Discours indirect**
Présent	....
Futur simple	....
Passé composé	....

! Quand le verbe qui introduit les paroles est au présent, les temps dans la subordonnée introduite par *que* ou *si* ne changent pas.
Exemples :
« J'**ai eu** la grippe. »
Je **raconte** à mes amis **que** j'**ai eu** la grippe.
« Tu arrives à 16 h ? »
Mes amis me **demandent si** j'**arrive** à 16 h.

c Rapportez ce que ces personnes ont dit. Pensez à faire les changements de temps et de pronoms nécessaires.

1. *Allô chérie,* ***je*** *suis dans le bus 38.* — *Qu'est-ce qu'****il*** *lui a raconté ?*

Il lui a raconté qu'**il** ....

2. *Dis-moi, est-ce que* ***je*** *dois prendre un camembert à 45 ou à 50 % de matière grasse ?* — *Qu'est-ce qu'****il*** *t'a demandé ?*

Il m'a demandé **s'il** ....

3. *Demain, le soleil brillera sur toute la moitié nord du pays.* — *Qu'est-ce qu'ils ont annoncé pour demain ?*

Ils ont annoncé ....

4. *Le Dow Jones a baissé de 0,25 %.* *Tu as entendu les nouvelles de la bourse ? Qu'est-ce qu'ils ont dit pour le Dow Jones ?*

Ils ont dit ....

5. *Tu as revu le type de la fac ?*

Elle lui a demandé ....

6. *En tout cas, nous, on ne viendra pas !* *Alors, qu'est-ce qu'ils t'ont dit pour la fête ?*

Ils m'ont dit .... !

8

Travaillez par paires.

a Catherine a laissé deux messages : un sur le répondeur de Jérôme et l'autre sur celui de Jean-François.
Partenaire A lit le message suivant. *Partenaire B* lit l'autre message, page 174.

Partenaire A : Allô, Jérôme, c'est Catherine. Je sais que je t'ai promis de passer la soirée avec toi et que tu as déjà tout préparé, mais je suis dans une situation catastrophique. Figure-toi que je ne trouve plus ma voiture. Normalement, il y a toujours une place dans la rue où je travaille, mais ce matin, je suis arrivée dix minutes plus tard que d'habitude et je n'ai rien trouvé. Alors, j'ai dû tourner un bon moment avant de trouver où me garer. Maintenant, je ne sais plus le nom de la rue où j'ai laissé la voiture. J´espère que je la retrouverai bientôt. Je continue à chercher. Ne m'attends pas !

b Jérôme et Jean-François se rencontrent dans la rue et engagent la conversation à propos de leur soirée. Chacun raconte ce que Catherine lui a dit. *Partenaire A* prend le rôle de Jérôme, *partenaire B* prend le rôle de Jean-François.
Jouez la scène et imaginez comment peut se terminer la conversation.

Exemple : Jérôme : « Catherine m'a dit que… »
Jean-François : « A moi, elle a dit que… »

9

43-45 **a Ecoutez ces messages et notez les informations importantes.**

b Complétez avec les informations importantes.

1. Florence a appelé Estelle pour lui demander si ....

....

....

2. La mère de Didier a téléphoné. Elle lui a dit que ....

....

....

3. M. Maurel a laissé un message à M. Santini pour lui dire que ....

....

....

Pour le plaisir

10

L'auteur de l'article, p. 85 a inventé une veste ingénieuse qui fait du bruit quand on oublie quelque chose. Concevez d'autres inventions qui doivent toutes avoir pour point commun de faire du bruit, de la musique ou de parler.

Décernez ensuite des prix pour l'invention
- la plus dérangeante,
- la plus drôle,
- la plus originale.

Mon bilan personnel

Je sais maintenant

- comparer le passé et le présent ☐
- décrire des tâches quotidiennes ☐
- exprimer des souhaits et des obligations ☐
- commenter le rôle de la pub ☐
- exprimer ma colère, mon énervement ☐
- reconnaître les registres de langue ☐
- rapporter les paroles de quelqu'un ☐
- utiliser les temps du passé ☐
- employer le subjonctif ☐

1

Trouvez l'intrus.

a Dans chaque série, trouvez le mot qui ne va pas avec les autres.

1. l'alimentation – la nutrition – la satisfaction – la nourriture
2. le serveur – la balance – l'addition – les clients
3. le pâté – le jambon – le poisson – le saucisson
4. gras – lourd – riche en calories – léger
5. cuisiné – sucré – salé – acide

b Retrouvez dans a l'intrus qui correspond à la définition et écrivez-le.

a. Qui ne pèse pas sur l´estomac : ....

b. Préparé selon les règles de la cuisine : ....

c. Un instrument qui sert à se peser : ....

d. Un animal vivant dans l´eau : ....

e. Sentiment de contentement : ....

2

Ecrivez dans la grille les adjectifs de l'exercice 2, p. 69 qui correspondent aux définitions. Retrouvez le mot caché.

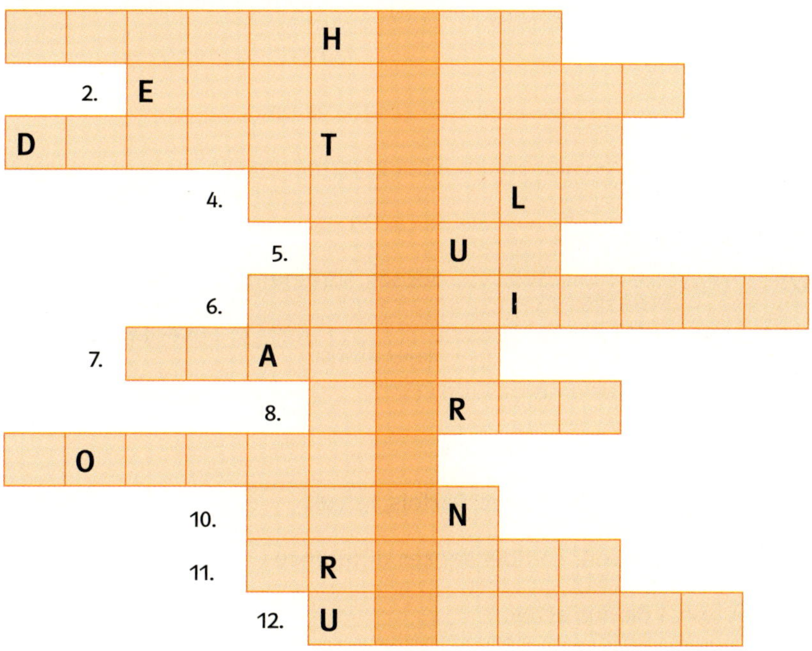

1. Qui « consomme » trop d'images télé.
2. Qui contient un peu de tout, sans exagération.
3. Un synonyme de *grave*.
4. Le contraire de *compliqué*.
5. Quand on est sans compagnie, séparé des autres, on est. . .
6. Qui caractérise un moment de communication et de bonne humeur.
7. Qui correspond bien à une situation, un besoin.
8. Le contraire de *monotone*.
9. On caractérise ainsi un pain fait avec de la farine brute.
10. Qui est bon pour la santé.
11. Qui est près de nous.
12. Quand tout le monde exprime une même opinion.

3

Le superlatif ▶ **§ 3.4, p.118**

Utilisez un superlatif (*le plus* ou *le moins*) pour commenter la liste.

Exemple : Le Louvre est le musée le plus célèbre de Paris.

1. les Ferrari
2. le mont Everest
3. faire le ménage
4. les tableaux de Picasso
5. l'Amazone
6. les vêtements parlants
7. faire du jogging

4

Notez le numéro de la phrase qui :

1. ☐ exprime un compliment.
2. ☐ fait référence à des habitudes passées.
3. ☐ formule un conseil.
4. ☐ décrit un apprentissage.
5. ☐ signale un dégoût.
6. ☐ correspond à une critique.

a. Vous ne devriez pas sauter de repas !
b. Des pâtes ? Je n'en mange jamais. J'ai horreur de ça !
c. C'est toi qui fais les meilleures pizzas !
d. Votre poulet créole est beaucoup trop épicé !
e. Autrefois, les enfants inventaient des jeux.
f. J'ai appris à faire la cuisine en regardant ma mère préparer le dîner.

5

L'imparfait ▶ § 1.4, p. 108

a Mettez les verbes à l'imparfait.

Quand nous (1) .... (être) enfants, nous (2) .... (se promener) en voiture sans ceinture de sécurité ni airbag pour nous protéger. Et quand nous (3) .... (partir) faire un tour en vélo, on le (4) .... (faire) sans casque ! On (5) .... (aller) seuls en ville acheter le pain.
On (6) .... (transporter) le lait dans un broc en aluminium à peine fermé. On (7) .... (boire) souvent à quatre ou cinq dans la même tasse et il n'y a jamais eu de morts à cause de ça. On (8) .... (manger) des gâteaux secs, du pain et du beurre et nous (9) .... (ne pas être) obèses, sûrement parce que nous (10) .... (jouer) presque toujours à l'extérieur. On (11) .... (ne pas posséder) d'ordinateurs, de jeux vidéo, de portables mais on (12) .... (avoir) des amis et si on (13) .... (vouloir) les voir, on (14) .... (devoir) juste sortir, sonner chez eux et entrer. Imaginez ça !
A l'école, certains (15) .... (ne pas être) aussi doués que les autres. Parfois, ils (16) .... (devoir) redoubler la classe. Les examens (17) .... (ne pas être) ajustés pour compenser ces différences.
Nous (18) .... (supporter) les conséquences de nos actes.

b Imaginez la suite du texte en décrivant d'autres situations impensables aujourd'hui.

6

Le gérondif ▶ § 7.2, p. 126

Complétez ces phrases par un gérondif.

jouer au loto ✦ écouter de la musique ✦ s'inscrire dans un club/une association ✦ bien s'organiser ✦ raconter une histoire plausible...

Comment peut-on...
1. se faire de nouveaux amis ?
2. gagner beaucoup d'argent ?
3. refuser poliment une invitation ?
4. se relaxer après une journée de stress ?
5. arriver à tout faire avec une famille et un travail prenant ?

7

La concordance des temps ▶ **§ 7.3, p. 126, 127**

Mettez ce texte au passé et faites la concordance des temps (passé composé, imparfait, plus-que-parfait ou conditionnel).

1. C'est le dernier jour de nos vacances en Grèce. 2. On est en train de ranger et nettoyer la maison de location quand André demande à quelle heure est notre vol demain. 3. Je regarde le billet et je vois que la réservation est pour aujourd'hui, pas pour le lendemain. 4. Comme c'est notre amie Christa qui s'est occupée de tout, on n'a pas eu le réflexe de vérifier les dates. 5. Catastrophés, nous arrivons le samedi à l'aéroport d'Athènes. 6. Au guichet, nous expliquons notre situation et demandons si on peut prendre un autre avion avec le même billet. 7. On nous dit que ce n'est pas possible parce que tous les vols sont complets. 8. Il faut donc acheter un nouveau billet. 9. Mais nous n'avons presque plus d'argent.
10. On nous conseille d'appeler un ami à Vienne : il devra aller à l'aéroport et acheter deux billets pour nous. 11. On essaye plusieurs numéros : pas de réponses. 12. Tout le monde est parti en vacances ! 13. Il ne nous reste qu'une seule chance : Toni qui doit rentrer aujourd'hui. 14. Le téléphone sonne chez lui pendant plusieurs minutes. 15. Personne ! Puis, au moment où je vais abandonner, j'entends une voix essoufflée : « Allô ? Qu'est-ce qu'il y a ? ».

Exemple : C'**était** le dernier jour de nos vacances en Grèce...

8

Le subjonctif ▶ **§ 1.9, p. 111**

Formulez les conseils ou ordres. Faites des phrases avec le subjonctif.

a Une mère dit à son enfant :

Je veux que tu...
1. finir ton travail avant le dîner
2. boire moins de soda
3. aller te coucher plus tôt

b Un garde forestier dit aux promeneurs :

Il faut que vous...
1. faire attention à la faune et à la flore
2. mettre vos ordures dans les poubelles
3. laisser votre voiture à l'entrée de la forêt

9

Le subjonctif ▶ **§ 1.9, p. 111**

Reliez les phrases et utilisez le subjonctif ou l'infinitif suivant le cas.

Exemple : Elle est vraiment heureuse. Il en doute. → Il doute **qu´elle soit** vraiment heureuse.

1. Il ne viendra pas. C'est dommage.
2. Je suis en retard. J'ai horreur de ça.
3. On lui fait des compliments. Elle adore ça.
4. Ils ont tous un portable. Ils trouvent ça pratique.
5. Paul n'est pas là. Je le regrette.
6. Elle a trop de travail. Elle n'est pas contente.

10

Retrouvez les mots en *-eur* qui se trouvent dans le texte „Halte à la pollution sonore !", p. 85.

1. Un appareil qui enregistre les messages téléphoniques : le _ _ _ _ _ _ _ **eur**
2. C'est le walkman pour les Français : le _ _ _ _ _ **eur**
3. C'est bien pratique pour monter au 15e étage sans efforts : l'_ _ _ _ _ _ _ **eur**
4. Une personne qui a besoin de muscles dans les bras : le _ _ _ _ **eur**

11

Le discours indirect ▶ **§ 7.3, p. 126, 127**

a Mélanie a rencontré Stéphane. Voilà ce qu'elle lui a dit ou demandé. Lisez.

Ça fait longtemps qu´on ne s´est pas vus ✦ J'ai trouvé un nouvel appartement près de chez toi
Je vais déménager bientôt ✦ On pourra se voir plus souvent maintenant ✦ Tu fais toujours du Tai-chi ? ✦
Moi, j´ai découvert le yoga ✦ Tu travailles toujours dans la même boîte ? ✦ Tu es toujours avec Corinne ? ✦
Ça te dirait d´aller au cinéma avec nous la semaine prochaine ?

b Mélanie rapporte cette conversation à un(e) ami(e) commun(e). Rapportez ses paroles.

Vous pouvez commencer comme ça : Dis donc, j'ai vu Stéphane ce matin, je lui ai dit que... / je lui ai demandé si...

Unité A3 : Lecture et expression écrite

Epreuve orale
30 minutes de préparation et 15 minutes de présentation

Analyse du contenu d´un document simple
Lisez attentivement le document que l'on vous a remis.
1. Vous ferez devant le jury, une présentation de ce document et de son contenu.

Pour préparer cette présentation, aidez-vous du questionnaire suivant :
- De quel genre de document s'agit-il (lettre, article, publicité, etc.) ?
- A quel public est-il destiné ?
- Quel est son sujet principal ? Quelles informations vous paraissent particulièrement importantes ?
- Que pensez-vous de ce document ?

2. Vous vous entretiendrez ensuite avec le jury qui vous posera quelques questions complémentaires.

Faites-vous un CV tout neuf !

Votre curriculum vitae est le reflet de votre carrière et de votre personnalité. [...] Que vous soyez à la recherche d'un emploi ou même en poste avec des envies de changement, vous devez donc constamment veiller à la qualité de ce document. [...]

Expérience professionnelle

C'est sans doute la partie la plus importante de votre CV. Quels que soient votre expérience et votre âge, il est important de mettre en valeur chaque emploi qui peut vous permettre de prouver vos compétences. Mais le mois, l'année, votre fonction et l'entreprise fréquentée ne suffisent pas. Précisez en deux lignes le contenu de votre poste, vos responsabilités, vos objectifs, vos réalisations. Si l'entreprise n'est pas très connue, indiquez son secteur d'activité, son effectif, et pourquoi pas son chiffre d'affaires. Cela permet au recruteur de situer exactement votre expérience.
Les jeunes diplômés valoriseront de la même manière les missions effectuées lors d'un stage, leur thèse de fin d'études ou une expérience dans le cadre d'un volontariat international.

Formation

Jeune diplômé ou salarié débutant, vous avez intérêt à donner un maximum d'informations sur votre cursus. Ainsi, ne vous contentez pas d'indiquer le sigle de votre école, explicitez-le. Si vous avez étudié des options originales, signalez-le également. Indiquez les logiciels informatiques que vous connaissez.

Langues

Vous parlez et vous écrivez parfaitement une langue étrangère. Vous pouvez indiquer dans votre CV que vous êtes bilingue. Pour des niveaux de maîtrise inférieurs, vous indiquerez « niveau moyen », « niveau débutant » ou « notions ». Evitez de tricher. Face à un candidat qui s'affirme « bilingue anglais », les recruteurs n'hésiteront pas à mener une partie de l'entretien dans la langue !

Autres activités

Cette partie permet de mettre en valeur certains traits de votre personnalité via vos activités extraprofessionnelles : sport pratiqué régulièrement, connaissances culturelles pointues, engagement associatif. Inutile d'indiquer « Tennis, équitation et lecture ». Détaillez plutôt un classement dans une discipline, une fonction de capitaine d'équipe, de trésorier d'association.

Dans la forme

[...] Les recruteurs apprécient qu'un CV tienne sur une page. Un jeune diplômé devra se conformer à cette « loi ». En revanche, un cadre très expérimenté pourra cependant s'étendre sur deux pages.

D'après l'article de
Thomas Helyett,

Epreuve écrite 1
45 minutes

Analyse du contenu d´un texte
Lisez le texte, puis répondez aux questions, en cochant la bonne réponse ou en écrivant l'information demandée.

Paris part en guerre contre l'automobile

Depuis l'été 2001, Paris est entré en guerre contre l'automobile et son cortège de nuisances : bruit, pollution et embouteillages... Denis Baupin, adjoint au maire de Paris chargé des transports, vise ainsi à *«réduire de 50 % l'ensemble des émissions polluantes dans la capitale d'ici à 2010 »*. [...]
Mais comment décourager les automobilistes de rouler *intra-muros* ? Tout d'abord en les touchant au cœur, c'est-à-dire au porte-monnaie. Tandis que Londres fait payer l'accès à son centre, Paris a fait disparaître les 50 000 dernières places de stationnement gratuit. Toutefois, les nouvelles places payantes seront surtout créées à l'intention des riverains. Des tarifs très abordables (10 euros par mois) devraient encourager ces derniers à laisser leur voiture sur place. [...]

L'espace civilisé

A lui seul, le boulevard de Magenta (Xe arrondissement) absorbe, chaque jour, 30 % du trafic routier de la capitale ! Comme lui, plusieurs voies majeures de Paris sont devenues, au fil des ans, de véritables autoroutes urbaines. Afin d'endiguer le flot incessant des voitures, ces artères vont être aménagées en « espaces civilisés », c'est-à-dire partagés entre tous les usagers. Sur l'axe Clichy-Rochechouart, les travaux ont déjà commencé ; les trottoirs vont gagner 50 cm de largeur, tandis qu'une voie protégée sera réservée aux bus dans les deux sens de la circulation, du côté gauche de la route. Quant aux vélos, ils auront leurs propres pistes sous les arbres.

Le retour du tramway

Dissuasion... mais aussi encouragement à utiliser des modes de déplacement alternatifs. On pense évidemment au métro, apprécié pour sa rapidité et son confort, mais dont le réseau souterrain ne peut plus s'étoffer. [...] Le tramway fera son retour dans Paris *intra-muros* fin 2006, ce qui constitue un événement pour la Ville Lumière qui avait remisé son dernier tramway en 1937. [...]

Paris à vélo

Très utilisé pendant la Seconde Guerre mondiale, la bicyclette a longtemps été le parent pauvre de la politique des transports parisiens. [...] Avec son urbanisme dense et son réseau de petites rues, Paris a pourtant l'étoffe d'une ville pour cyclistes.
Malgré tout, les temps changent : il existe désormais [...] 85 kilomètres de pistes cyclables. D'ici à 2010, environ 300 kilomètres de pistes supplémentaires seront aménagés. [...]

D´après l´article
*d´*Emmanuel Thévenon

1. Cet article explique comment la Ville de Paris veut

☐ réduire la circulation automobile.
☐ augmenter le nombre d'espaces verts.
☐ créer plus de places de parking.

2. L'objectif de l'adjoint au maire est de réduire la pollution à Paris.

☐ vrai ☐ faux

Justifiez votre réponse en citant un passage du texte : ....

....

3. Pour décourager les automobilistes d'utiliser leurs voitures dans Paris, on va créer des places de parking moins chères pour les riverains.

☐ vrai ☐ faux

Justifiez votre réponse en citant un passage du texte. : ....

....

4. On veut transformer certaines artères en autoroutes.

☐ vrai ☐ faux

Justifiez votre réponse en citant un passage du texte. : ....

....

5. On veut agrandir le réseau du métro.

☐ vrai ☐ faux

Justifiez votre réponse en citant un passage du texte. : ....

....

6. Dans l´article, un « espace civilisé » désigne un lieu

☐ où personne ne porte un uniforme.
☐ partagé justement entre piétons, cyclistes et bus.
☐ où tout le monde est gentil.

7. Dites si les informations suivantes sont vraies ou fausses en cochant la case correspondante. Si le texte ne donne pas d'informations précises, cochez la case « ? ».

	vrai	faux	?
a. Le cœur d'un automobiliste, c'est son porte-monnaie.	☐	☐	☐
b. La circulation va être interdite dans le centre de Paris.	☐	☐	☐
c. On a supprimé les dernières places de parking gratuites.	☐	☐	☐
d. Le tramway va de nouveau rouler à l'intérieur de Paris.	☐	☐	☐
e. Les Parisiens auront droit à une voiture par famille.	☐	☐	☐
f. La bicyclette a longtemps été le parent pauvre à Paris.	☐	☐	☐
g. Il n'y a plus de tramway à Paris depuis trente ans.	☐	☐	☐

8. Combien de kilomètres de pistes cyclables y aura-t-il à Paris en 2010 ? ....

9. Résumez les mesures prises pour réduire les émissions polluantes de 50 %. ....

....

....

Epreuve écrite 2
45 minutes

Rédaction d´une lettre de demande d'information
Situation : Grâce au programme ERASMUS, vous allez étudier six mois à Paris.
Vous cherchez un studio meublé et trouvez cette annonce.

> Annonce : AP141
> Xe arrondissement, studio 25 m^2, proximité gares de l'Est et du Nord, meublé tt confort, cuisine équipée, salle de bains, charme, 300 € /semaine ou 750 € /mois
> Contact : logpar@wanadoo.fr

Vous écrivez un mél pour demander des renseignements sur :
- l'immeuble (ancien / moderne)
- l'étage
- les charges
- la caution
- les documents nécessaires à fournir

Votre lettre doit comporter environ 150 mots.

Unité A4 : Pratique du fonctionnement de la langue

Epreuve orale collective
20 à 30 minutes

1
Identification d´éléments significatifs liés à la prononciation, à l´intonation ou à l´usage des registres de langue

46

a Vous allez entendre cinq phrases une seule fois. Il y aura une pause de 20 secondes après chaque phrase pour vous permettre de répondre à la question posée. Cochez la bonne réponse.

1. La météo annonce	☐ du mauvais temps.	☐ du beau temps.	☐ On ne sait pas.
2. On parle	☐ de plusieurs personnes.	☐ d'une personne.	☐ On ne sait pas.
3. On parle	☐ d'un homme.	☐ d'une femme.	☐ On ne sait pas.
4. On parle	☐ d'un homme.	☐ d'une femme.	☐ On ne sait pas.
5. On parle	☐ d'un enfant.	☐ d'un adulte.	☐ On ne sait pas.

47

b Vous allez entendre une fois cinq phrases correspondant à cinq situations différentes. Il y aura une pause de 20 secondes après chaque phrase pour vous permettre de répondre. Pour chaque phrase, dites si la personne qui parle s'exprime dans une langue familière, standard ou soutenue, en mettant une croix dans la case correspondante.

	Langue familière	Langue standard	Langue soutenue
Phrase 1			
Phrase 2			
Phrase 3			
Phrase 4			
Phrase 5			

2
Compréhension de trois brèves situations de communication

Vous allez entendre trois enregistrements correspondant à trois situations différentes. Pour chaque situation, vous aurez
- 30 secondes pour lire les questions.
- une première écoute, puis 30 secondes de pause pour commencer à répondre aux questions,
- une deuxième écoute, puis 1 minute de pause pour compléter vos réponses.

Cochez la bonne réponse ou complétez l'information demandée selon le cas.

48

Enregistrement 1

1. A quelle rubrique appartient cette information ?

☐ « Politique » ☐ « Société » ☐ « Economie »

2. L'anecdote racontée s'est déroulée

☐ en Suède. ☐ en France. ☐ On ne sait pas.

3. Il faisait

☐ chaud. ☐ très chaud. ☐ froid.

4. Le chauffeur de bus ne voulait plus porter de

☐ short. ☐ bermuda. ☐ pantalon.

5. Les shorts sont interdits aux hommes dans cette compagnie de transports.

☐ vrai ☐ faux ☐ On ne sait pas.

6. L'employé a donc décidé de porter

☐ une robe. ☐ une jupe. ☐ On ne sait pas.

49

Enregistrement 2

1. Le client appelle pour

☐ se plaindre. ☐ se renseigner. ☐ réserver.

2. Le tarif dépend du nombre de personnes ?

☐ Oui. ☐ Non. ☐ On ne sait pas.

3. Le premier bateau est à

☐ 6 h 30. ☐ 7 h 30. ☐ 8 h 30.

4. 159 € est le prix pour combien de personnes ? ....

5. Quel est le prix du passage si on reste moins de 72 h ? ....

6. Le client préfère le tarif le moins cher.

☐ Oui. ☐ Non. ☐ On ne sait pas.

50

Enregistrement 3

1. Quel est le sujet de ce reportage ? ....

2. Sebastião Salgado est un reporter photographe ☐ mexicain. ☐ brésilien. ☐ indonésien.

3. Sa dernière exposition se nomme ☐ « Exodes ». ☐ « Exode ».

4. Pour faire les photos de sa dernière exposition, il a mis ☐ dix ans. ☐ six mois. ☐ six ans.

5. A quels problèmes sont confrontées les personnes photographiées par Sebastião Salgado ? ....
....

6. Quel est le but de ce photographe ? ....
....

7. Que se passe-t-il à l´occasion de cette exposition ? ....
....

Epreuve écrite
1 h 30

1
Compréhension et transmission d'informations à partir d'un ou plusieurs documents écrits

Lisez attentivement les informations suivantes.
Pour les 40 ans de son mari Thomas, Astrid a décidé de lui offrir deux semaines sur la Côte d'Azur au mois de juin. Isabelle, son amie française, lui a recommandé des petites stations balnéaires près de Cannes. Astrid voudrait :
- un appartement avec terrasse ou balcon avec vue sur la mer, mais près du centre ville.
- un lit supplémentaire pour deux personnes car Isabelle viendra peut-être passer un week-end avec son mari.
- une cuisine séparée car Thomas n'aime pas les odeurs de cuisine dans le séjour.
- un parking privé.

Le loyer ne devrait pas dépasser 600 € par semaine.
Et Astrid aimerait bien emmener son chien.

Isabelle lui envoie les quatre annonces suivantes :

A Grande villa à 100 m de la plage et 5 km du centre. Jardin clos avec stationnement voiture. Terrasse, entrée, séjour avec coin cuisine aménagé, 2 chambres comprenant 1 lit 2 pers. Animaux admis.
Libre de juillet à octobre, 1000 € / semaine
Tél : 04 92 35 27 37

B Appartement standing, 5 min. du centre. Terrasse vue sur mer, cuisine séparée, séjour avec canapé-lit 2 pers., 1 chambre avec lit de 2 pers., Sdb avec WC, placards de rangement. Animaux non admis.
Mai-octobre : 670 € / semaine.
Novembre-avril : 560 € / semaine.
06 32 73 58 21

C Appartement calme, balcon avec vue sur mer, 3e étage, immeuble récent, 100 m du centre. Séjour avec canapé-lit 2 pers. Cuisine indépendante. Chambre avec 1 lit double + 1 lit simple, WC séparés, climatisation, parking privé.
Libre de mai à octobre : 560 € / semaine
(supplément 20 € si animal)
06 29 33 21 25 (le soir)

D Grand studio indépendant entièrement rénové, terrasse vue sur mer. Coin cuisine dans séjour, canapé-lit 2 personnes, TV, 200 m du centre. Animaux non admis.
Libre toute l'année, 550 € / semaine.
Tél : 04 92 21 36 89

a Pour chaque annonce, dites en quelques mots ce qui convient ou ne convient pas.

	convient	ne convient pas
Annonce A		
Annonce B		
Annonce C		
Annonce D		

b Astrid envoie un mél de quelques lignes à Isabelle pour lui dire ce qu'elle a choisi et pourquoi. Ecrivez.

2

Rédaction d'un texte suivi et cohérent à partir de notes

Dans le cours de français de Joachim, les participants tiennent un journal. Une fois par mois quelqu'un écrit une page sur un événement qu'il a vécu. Joachim a décidé de raconter son excursion à Saint-Paul-de-Vence. Reprenez les notes ci-dessous en faisant des phrases complètes au passé et en les enchaînant pour donner un texte agréable à lire.

- loué voiture
- Saint-Paul-de-Vence / arrière-pays niçois
- très beau village avec remparts (François Ier)
- campagne environnante = Toscane
- promenades rues XVIe et XVIIe siècles, mais beaucoup de boutiques d'artisanat / magasins de souvenirs
- belle église / tableau peintre célèbre Le Tintoret (Titre : *Sainte Catherine d'Alexandrie*)
- La Colombe d'Or : hôtel très connu / artistes / comédiens (Simone Signoret) / chanteurs (Yves Montand)
- repas au restaurant de l'hôtel / très bon, très cher / touristes américains / japonais
- « Fondation Maeght » : 2e musée d'Art moderne de France par le nombre de visiteurs (50 % d'étrangers) / décoration par des artistes célèbres : Chagall (mosaïques), Miró (céramiques), Braque (vitraux) / peintures / sculptures de très grands artistes (Bonnard, Matisse, Léger, etc.)

3

Rédaction de trois brefs messages correspondant à des situations de communication diversifiées

Ecrivez un message de 40 à 50 mots correspondant à chacune des situations suivantes.

1. Avant de partir en vacances, Astrid a envoyé un fax à un client français important pour lui dire qu'elle serait absente pendant quinze jours, lui expliquer pourquoi et dire qui la remplace pendant son absence.
2. Deux jours après son arrivée, elle envoie un mél à son amie Isabelle pour lui dire combien elle est ravie de l'endroit et pour lui proposer de venir avec son mari.
3. Au bout d'une semaine, Thomas, le mari d´Astrid, envoie une carte postale à son professeur de français.

4

Compléter un document.

Complétez ce texte par les mots qui conviennent.

livrent ✦ sur ✦ du ✦ au ✦ aux ✦ découverte ✦ régulateurs ✦ y ✦ débitait ✦ entre ✦ plusieurs
pour ✦ frontière ✦ impressionnantes ✦ exceptionnel ✦ protection ✦ qui

Les gorges du Verdon

Sans prétendre concurrencer le Grand Canyon du Colorado, les gorges du Verdon apparaissent cependant comme les plus **(1)** .... d'Europe. C'est une sorte de **(2)** .... naturelle de 21 km de long **(3)** .... le Var et les Alpes de Haute-Provence. Il **(4)** ...... a trente ans, le Verdon **(5)** .... jusqu´à 800 m³ d'eau à la seconde **(6)** .... moment des plus fortes crues.
Aujourd'hui, deux barrages **(7)** .... ont ramené le débit à 30 m³ d'eau à la seconde et permettent **(8)** .... randonneurs l'accès au fond du canyon. Falaises vertigineuses **(9)** .... vous écrasent de leurs 300 à 600 m de hauteur, chaos rocheux, rives sauvages : les gorges **(10)** .... Verdon sont un paradis **(11)** .... les randonneurs. [...]Depuis 1997, ce site **(12)** .... est même devenu un Parc Naturel régional afin de « concilier développement économique et **(13)** .... de l'environnement ».
Le Touring Club de France a créé de nombreux sentiers **(14)** ...... une grande partie du parcours. Les routes, récentes aussi, longeant les gorges au nord et au sud, **(15)** .... de magnifiques paysages. Mais le Verdon, c'est aussi la **(16)** .... des villages perchés, de ruines gallo-romaines, d´églises et du patrimoine local : une véritable escapade imprégnée d'histoire, de couleurs et de coutumes parfois **(17)** .... fois centenaires.

Guide du Routard Provence © Hachette Livre (Hachette Tourisme)

Französische Bezeichnung	Deutsche Bezeichnung	Französisches Beispiel	Deutsches Beispiel
adjectif *m*	Adjektiv (= Eigenschaftswort)	beau, important	schön, wichtig
adjectif démonstratif	Demonstrativbegleiter (= hinweisendes Fürwort)	*Cette* offre est intéressante. *Ces* cours sont pour tous les niveaux. Connaissez-vous *cet* écrivain ?	*Dieses* Angebot ist interessant. *Diese* Kurse sind für alle Stufen. Kennen Sie *diesen* Schriftsteller?
adjectif indéfini	unbestimmter Begleiter	*Aucun* sujet n'était tabou.	*Kein* Thema war tabu.
adjectif possessif	Possessivbegleiter (= besitzanzeigendes Fürwort)	Melanie va à Bruxelles avec *son* amie. Les familles passent *leur* week-end à Wimereux.	Melanie fährt mit *ihrer* Freundin nach Brüssel. Die Familien verbringen *ihr* Wochenende in Wimereux.
article *m* **- défini** **- indéfini**	Artikel - bestimmter - unbestimmter	 *le* sport, *la* mer, *l'*aventure, *les* gens *un* verre, *une* forêt, *des* promenades	 der, die, das ein, eine
auxiliaire *m*	Hilfsverb	On *a* fait les valises. Ils *sont* montés dans l'auto.	Wir *haben* die Koffer gepackt. Sie *sind* ins Auto gestiegen.
comparatif	Komparativ (= Steigerungsform bei Adjektiven und Adverbien)	On est *plus* libre. C'est *moins*/*aussi* confortable.	So ist man frei*er*. Es ist *weniger*/*genauso* bequem.
complément *m* circonstanciel **- de temps** **- de lieu**	adverbiale Bestimmung (= Umstandsbestimmung) - zeitlich - örtlich	 l'après-midi, le week-end sur la côte, en Belgique, à Genève	 nachmittags, am Wochenende an der Küste, in Belgien, in Genf
complément d'objet direct (COD)	direktes Objekt (= Ergänzung im Akkusativ; im Frz. ohne Präposition)	connaître *quelqu'un* : Il connaît *Mme Chalon.* écrire *quelque chose* : Elle écrit *son CV.*	*jemanden* kennen: Er kennt *Frau Chalon.* *etwas* schreiben: Sie schreibt *ihren Lebenslauf.*
complément d'objet indirect (COI)	indirektes Objekt (= Ergänzung im Dativ; im Frz. mit Präposition)	dire qc à quelqu'un : Elle dit *à Mme Lando* que…	*jemandem* etwas sagen: Sie sagt zu *Frau Lando*, dass …
conditionnel *m*	Konditional	Si tu m'aidais, je *serais* moins fatiguée.	Wenn du mir *helfen würdest*, wäre ich nicht so müde.
conjonction *f*	Konjunktion (= Bindewort)	parce que, c'est pourquoi, pour que	weil, deshalb, damit
conjuguer	konjugieren (= ein Verb beugen)	Il *finit* (son travail) à 16 h. Les autres *finissent* plus tard.	Er *beendet* seine Arbeit um 16 Uhr. Die anderen *beenden* sie später.
consonne *f*	Konsonant (= Mitlaut)	m, n, p, s,…	m, n, p, s,…
futur *m* **- simple** **- composé**	 - futur simple - futur composé	 Vous y *trouverez* le poste de vos rêves. M. Fabre *va prendre* le train.	 Dort *werden* Sie Ihren Traumjob *finden*. Herr Fabre *wird* mit dem Zug *fahren*.
gérondif *m*	Gerundium	Je lis le journal *en buvant* mon café.	Während ich Kaffee trinke, lese ich die Zeitung.
imparfait *m*	entspricht etwa dem Imperfekt	Les dimanches *étaient* de vrais jours de fête.	Die Sonntage *waren* echte Feiertage.

infinitif ***m***	Infinitiv (= Grundform des Verbs)	Je fais du sport pour me *détendre.* Il préfère *regarder* la télé.	Ich mache Sport, um zu *entspannen.* Er sieht lieber *fern.*
participe passé ***m***	Partizip Perfekt	J'ai *lu* quelques pages. Après avoir *parcouru* la Chine...	Ich habe einige Seiten *gelesen.* Nachdem ich ganz China *durchreist* hatte.
passé composé ***m***	entspricht etwa dem Perfekt	Elle *a perdu* 3 kilos. *On est partis* dans le Sud.	Sie hat 3 Kilo abgenommen. *Wir sind* in den Süden *gefahren.*
pluriel ***m***	Plural (= Mehrzahl)	Les spécialistes sont unanimes.	Die Experten sind einer Meinung.
plus-que-parfait ***m***	Plusquamperfekt (= Vorvergangenheit)	Il a raconté à sa femme qu'*il avait raté* le train.	Er hat seiner Frau erzählt, dass *er* den Zug *verpasst hatte.*
préposition ***f***	Präposition (= Verhältniswort)	*Dans* les restaurants. *Sous* une avalanche. *Sur* une table de bistrot.	*In* den Restaurants. *Unter* einer Lawine. *Auf* einem Bistrotisch.
présent ***m***	Präsens (= Gegenwart)	Le soleil *brille.* Les habitants *vivent* en harmonie.	Die Sonne *scheint.* Die Einwohner *leben* in Harmonie.
pronom ***m*** **adverbial**	Adverbialpronomen	J'*en* ai plein le dos ! Des promenades ? - Non, je n'*en* fais jamais. Au musée ? – Oui, j'*y* vais souvent.	Ich habe die Nase voll *davon!* Spaziergänge? – Nein, ich mache nie *welche.* Ins Museum? – Ja, *da* gehe ich oft *hin.*
pronom complément d'objet **- direct** **- indirect**	direktes Objektpronomen (= Stellvertreter einer direkten Ergänzung) indirektes Objektpronomen (= Stellvertreter einer indirekten Ergänzung)	Le directeur des ressources humaines ? Oui, je *le* connais. Je *lui* ai envoyé ma candidature.	Den Personalleiter? Ja, ich kenne *ihn.* Ich habe *ihm* meine Bewerbung geschickt.
pronom indéfini	unbestimmtes Pronomen	Nous sommes *tous* dans le même train.	Wir sitzen *alle* im selben Zug.
pronom personnel tonique	betontes Personalpronomen	*Moi,* je suis sportif. Et *toi ?*	Ich, ich bin sportlich. Und du?
pronom relatif	Relativpronomen (= bezügliches Fürwort)	C'est un endroit *que* vous quitterez avec regret. Une île *dont* le relief est impressionnant. Le parfum de vanille *qui* flotte dans l'air... L'hôtel *où* j'ai logé.	Das ist ein Ort, *den* Sie ungern verlassen werden. Eine Insel, *deren* Landschaft beeindruckend ist. Der Vanilleduft, *der* in der Luft schwebt... Das Hotel, *wo* ich gewohnt habe.
proposition ***f*** **conditionnelle**	Konditionalsatz (= Bedingungssatz)	Si j'étais riche, je ferais le tour du monde.	Wenn ich reich wäre, würde ich eine Weltreise machen.
proposition principale	Hauptsatz	Mélanie est très contente.	Melanie ist sehr zufrieden.
proposition subordonnée	Nebensatz	...parce que je ne peux pas venir.	...weil ich nicht kommen kann.
singulier ***m***	Singular (= Einzahl)	la famille, un film	die Familie, ein Film
sujet ***m***	Subjekt (= Satzgegenstand)	*Martine* et *Jacqueline* parlent de leurs préférences. *Elles* ont des goûts différents.	*Martine* und *Jacqueline* sprechen über ihre Vorlieben. *Sie* haben unterschiedliche Interessen.

subjonctif *m*	existiert im Deutschen nicht	Je voudrais que *tu viennes*.	Ich möchte, dass du kommst.
substantif *m*	Substantiv (= Hauptwort)	le livre, les amis	das Buch, die Freunde
superlatif *m*	Superlativ (= höchste Steigerungsform bei Adjektiven und Adverbien)	Elle a le frigo *le plus rempli* et *le meilleur* vin. Il connaît le restaurant *le moins cher*.	Sie hat den *vollsten* Kühlschrank und den *besten* Wein. Er kennt das *billigste* Restaurant.
verbe *m*	Verb (= Tätigkeitswort)	faire, regarder	machen, schauen
verbe pronominal	Reflexives Verb (= rückbezügliches Verb)	se reposer, se préparer La Réunion *se trouve* dans l'océan Indien.	sich erholen, sich fertig machen Die Insel La Réunion befindet sich im Indischen Ozean.
voyelle *f*	Vokal (= Selbstlaut)	a, e, i, o, u	a, e, i, o, u

Inhaltsverzeichnis

1. Das Verb

1.1. Das Präsens - Le présent

Die Bildung des Präsens

	-er aim-er	**-ir** fini-r	**-ir** par-t-ir	**-re** descend-re
je/j'	aim**e**	fini**s**	par**s**	descend**s**
tu	aim**es**	fini**s**	par**s**	descend**s**
il/elle/on	aim**e**	fini**t**	par**t**	descend
nous	aim**ons**	finiss**ons**	part**ons**	descend**ons**
vous	aim**ez**	finiss**ez**	part**ez**	descend**ez**
ils/elles	aim**ent**	finiss**ent**	part**ent**	descend**ent**

• Die Verben auf ***-er*** haben die Endungen ***-e, -es, -e, -ons, -ez, -ent.***
Eine Ausnahme bildet *aller: je vais, tu vas, il/elle/on va, nous allons, vous allez, ils/elles vont.*

! In bestimmten Fällen ändert sich die Schreibung, um damit der Lautung zu entsprechen:

je mange → *nous man**ge**ons*
*je commen**ce*** → *nous commen**ç**ons*
*je préf**è**re* → *nous préf**é**rons*
*vous préf**é**rez*
*j'appe**lle*** → *nous appe**l**ons*
*vous appe**l**ez*

Zu den Änderungen in der Schreibung siehe auch 1.13.

• Die Verben auf ***-ir*** haben die Endungen ***-s, -s, -t, -ons, -ez, -ent.***
a Die Verben nach dem Typ ***finir*** sind die zahlreichsten. Sie erweitern im Plural ihren Verbstamm um ***-ss***:

Singularstamm	**Pluralstamm**
fini-	*fini**ss**-*

b Bei den Verben nach dem Typ ***partir*** fällt im Singular der letzte Konsonant des Infinitivstammes weg; im Plural hingegen bleibt dieser Konsonant erhalten:

*par**t**ir* → *je par**s*** → *nous par**t**ons*
*dor**m**ir* → *tu dor**s*** → *vous dor**m**ez*
*ser**v**ir* → *il/elle/on ser**t*** → *ils/elles ser**v**ent*

Zu der Konjugation der Verben auf ***-ir*** siehe auch 8.

• Bei den Verben auf ***-re*** lauten die Personalendungen ***-s, -s, -t, -ons, -ez, -ent.***
Endet der Infinitivstamm wie bei ***vendre***, ***descendre***, ***entendre*** auf ***-d***, fällt das *-t* der 3. Person Singular weg: *il/elle/on descen**d***.

• Keinem Schema zuzuordnen sind die Verben ***avoir*** und ***être***:

être: *je suis, tu es, il/elle/on est, nous sommes, vous êtes, ils/elles sont* [il/ɛlsɔ̃]
avoir: *j'ai, tu as, il/elle/on a, nous avons, vous avez, ils/elles‿ont* [il/ɛlzɔ̃]

1.2 Die reflexiven Verben - Les verbes pronominaux

- Die reflexiven Verben setzen sich aus Verb und dem Objektpronomen ***se/s'*** zusammen:
  s'*amuser,* ***se*** *laver,* ***se*** *lever*

Das Objektpronomen ***se/s'*** bezieht sich immer auf das Subjekt des Satzes und wird darum als Reflexivpronomen (rückbezügliches Pronomen) bezeichnet. Dabei kann es sich sowohl um ein direktes als auch ein indirektes Reflexivpronomen handeln (zu den Objektpronomen siehe 5.2).

Il se *lave tous les jours.* **Er** wäscht **sich** jeden Tag.
(*se* = direktes Objektpronomen)
Il se *lave les cheveux tous les jours.* **Er** wäscht **sich** jeden Tag die Haare.
(*se* = indirektes Objektpronomen)

In den einfachen Zeiten steht das Reflexivpronomen vor dem Verb:

Je	***me***	*lève*	*tôt le matin.*
Tu	***te***	*couches*	*toujours tard.*
Il/Elle/On	***se***	*réveille*	*avec le soleil.*
Nous	***nous***	*intéressons*	*au football.*
Vous	***vous***	*appelez*	*Dupont ?*
Ils/Elles	***se***	*souviennent*	*de leur jeunesse.*

! Nicht jedem französischen reflexiven Verb entspricht im Deutschen ein reflexives Verb und umgekehrt:

Elle ***se*** *lève.* Sie steht auf.
Il ne ***bouge*** *pas.* Er bewegt **sich** nicht.

Für die Bildung des *passé composé* bei den reflexiven Verben siehe 1.3.

Für die Stellung des Reflexivpronomens bei Verben, die mit einem Infinitiv kombiniert werden, siehe 1.6.

1.3 Das *passé composé* - Le passé composé

Die Bildung des *passé composé*

Das *passé composé* wird gebildet aus den Präsensformen von *avoir* (haben) oder *être* (sein) und dem Partizip Perfekt des jeweiligen Verbs.

- Das Partizip Perfekt wird wie folgt gebildet:

Infinitiv auf	-***er***:	Stamm + ***é***	*regarder* → *regard****é***
	-***ir***:	Stamm + ***i***	*finir* → *fin****i***
	-***re***:	Stamm + ***u***	*attendre* → *attend****u***

- Wichtige **unregelmäßige Formen** sind:

faire	***fait***	*avoir*	***eu***
dire	***dit***	*boire*	***bu***
écrire	***écrit***	*devoir*	***dû***
prendre	***pris***	*lire*	***lu***
mettre	***mis***	*pouvoir*	***pu***
être	***été***	*vouloir*	***voulu***
venir	***venu***	*voir*	***vu***

- Die meisten Verben bilden das *passé composé* mit dem gleichen Hilfsverb wie im Deutschen, sehr viele also mit *avoir*. Das Partizip Perfekt ist dann unveränderlich.

ranger	*J'*	***ai***	*rangé*	*les affaires.*
	Tu	***as***	*rangé*	
	Il/Elle/On	***a***	*rangé*	
	Nous	***avons***	*rangé*	
	Vous	***avez***	*rangé*	
	Ils/Elles	***ont***	*rangé*	

An sich wird das Partizip Perfekt beim *passé composé* mit *avoir* nicht angeglichen. Steht aber ein direktes Objekt vor dem Verb im *passé composé*, wird das Partizip Perfekt diesem Objekt in Geschlecht und Zahl angeglichen:

*la femme **que** tu as embrassé**e** (**que** = direktes Objekt)*
*Tu **les** as embrassé**es** avant de partir ? (**les** = direktes Objekt)*

! Anders als das Perfekt des deutschen Verbs *sein* wird das *passé composé* von *être* mit dem Hilfsverb *avoir* (haben) gebildet:

*J'**ai été** malade pendant toutes les vacances.*

- Die Verben *aller, arriver, descendre, devenir, entrer, monter, mourir, naître, partir, passer, rester, retourner, sortir, tomber* und *venir* bilden das *passé composé* mit *être*. Dabei wird das Partizip Perfekt in Geschlecht und Zahl an das Subjekt angeglichen.

partir	*je*	***suis***	*parti**(e)***
	tu	***es***	*parti**(e)***
	il	***est***	*parti*
	elle	***est***	*parti**e***
	on	***est***	*parti**(e)s***
	nous	***sommes***	*parti**(e)s***
	vous	***êtes***	*parti**(e)s***
	ils	***sont***	*parti**s***
	elles	***sont***	*parti**es***

- Auch die reflexiven Verben werden mit *être* konjugiert:

se lever	*je*	*me*	***suis***	*levé**(e)***
	tu	*t'*	***es***	*levé**(e)***
	il	*s'*	***est***	*levé*
	elle	*s'*	***est***	*levé**e***
	on	*s'*	***est***	*levé**(e)s***
	nous	*nous*	***sommes***	*levé**(e)s***
	vous	*vous*	***êtes***	*levé**(e)s***
	ils	*se*	***sont***	*levé**s***
	elles	*se*	***sont***	*levé**es***

Ist das Reflexivpronomen ein direktes Objekt, wird das Partizip angeglichen:

*Elle **s'**est lavé**e**.* Sie hat sich gewaschen.
(***se*** = direktes Objektpronomen)

Ist das Reflexivpronomen ein indirektes Objekt, bleibt das Partizip unverändert:

*Elle **s'**est lav**é** les cheveux.* Sie hat sich die Haare gewaschen.
(***se*** = indirektes Objektpronomen)

! In den Zeiten, die mit dem Partizip Perfekt gebildet werden, steht das Reflexivpronomen vor der konjugierten (gebeugten) Verbform.

*Je **me** suis baigné(e).*
*Elle ne **s'**est pas amusée.*

Der Gebrauch des *passé composé*

Im *passé composé* wird von einer Handlung berichtet, die sich in der Vergangenheit zugetragen hat. Mit dem *passé composé* wird der Zeitpunkt (Anfang und Ende) eines Geschehens betont.

J'ai vu Hélène au théâtre.
Hier, je suis allé(e) voir un vieux collègue.
Je me suis plaint(e) à la réceptionniste.

Wenn man etwas berichtet, werden plötzlich auftretende Ereignisse oft durch folgende Wendungen angekündigt, auf die das *passé composé* folgt:

... quand ***tout à coup****, il a commencé à pleuvoir.*
... quand ***soudain****, le téléphone a sonné.*
... c'est ***à ce moment-là*** *que je suis tombée amoureuse de lui.*

1.4 Das *imparfait* - L'imparfait

Die Bildung des *imparfait*

An den Stamm der 1. Person Plural Präsens werden die Endungen ***-ais, -ais, -ait, -ions, -iez, -aient*** angefügt.

faire →	*nous* ***fais****ons* →	*je*	*fais****ais***
		tu	*fais****ais***
		il/elle/on	*fais****ait***
		nous	*fais****ions***
		vous	*fais****iez***
		ils/elles	*fais****aient***

! Die Imparfaitform von *être* lautet *j'étais* (siehe auch 8.).

! Um die Schreibung der Lautung anzupassen, sind vor *-ais* und *-ai(en)t* orthographische Veränderungen nötig (siehe auch 1.13).

Der Gebrauch des *imparfait*

Im *imparfait* werden Zustände und Gewohnheiten beschrieben und damit Hintergrund und Begleitumstände betont. Für Veränderungen im Ablauf oder plötzlich auftretende Ereignisse wird das *passé composé* verwendet.

Typische „Auslöser" für das *imparfait* sind Angaben von **Zeitspannen** (und nicht **Zeitpunkten**) in der Vergangenheit.

Avant, c'était...,	*aujourd'hui,*	*c'est...*
À l'époque,	*il y avait...,*	*il y a...*
Dans les années 80,	*on portait...,*	*on porte...*
Autrefois,	*les gens étaient...,*	*ils sont...*
Quand	*j'étais enfant...,*	*je suis adulte...*
Quand	*j'habitais...,*	*j'habite...*

Zur Verwendung des *imparfait* in der indirekten Rede siehe 7.3.

1.5 Das *plus-que-parfait* - Le plus-que-parfait

Die Bildung des *plus-que-parfait*

Das *plus-que-parfait* wird gebildet aus den *imparfait*-Formen von *avoir* (haben) oder *être* (sein) und dem Partizip Perfekt des jeweiligen Verbs.

*j'**avais** rangé*	*j'**étais** parti(e)*	*je m'**étais** levé(e)*

Der Gebrauch des *plus-que-parfait*

Das *plus-que-parfait* beschreibt einen Vorgang, der zeitlich vor einem anderen Geschehen in der Vergangenheit liegt.

*Quand je suis arrivé(e) à la gare, mon train **était** déjà **parti**.*
*Ils n'ont pas tenu les engagements qu'ils **avaient pris** avant les élections.*

Für die Verwendung des *plus-que-parfait* in der indirekten Rede siehe 7.3.

1.6 Das *futur composé* und die modifizierenden Verben - Le futur composé et les verbes d'aspect à valeur temporelle

Die Bildung des *futur composé*

Das *futur composé* wird gebildet mit der Präsensform von *aller* und dem Infinitiv des jeweiligen Verbs.

réussir	*je*	***vais***	*réussir*
	tu	***vas***	*réussir*
	il/elle/on	***va***	*réussir*
	nous	***allons***	*réussir*
	vous	***allez***	*réussir*
	ils/elles	***vont***	*réussir*

Mit ***aller* + Infinitiv** bezeichnet man eine nahe Zukunft oder aber auch eine Absicht. Neben dieser Möglichkeit zu modifizieren, in welchem Stadium sich eine Handlung befindet, verfügt das Französische noch über weitere verbale Wendungen, für die das Deutsche oft nur Umschreibungen hat:

vor der Ausführung	***aller* + Infinitiv**	etwas tun werden/wollen
während der Ausführung	***être en train de* + Infinitiv**	dabei sein etwas zu tun
nach der Ausführung	***venir de* + Infinitiv**	etwas gerade/soeben getan haben

Je	***viens de***	*terminer*	*la lettre à Jérôme.*
Maintenant, je	***suis en train de***	*chercher*	*un timbre.*
Je	***vais***	*poster*	*la lettre ce soir.*
J'	***allais***	*sortir.*	
J'	***étais en train d'***	*écouter*	*la radio quand le téléphone a sonné.*
Je	***venais de***	*terminer*	*la lettre à Jérôme.*

Nach allen Verben, die mit einem Infinitiv kombiniert werden können, bleibt ein Reflexivpronomen beim Infinitiv.

Je suis en train de	*me*	*laver.*	
Tu vas	*te*	*coucher*	*bientôt ?*
Il/Elle/On vient de	*se*	*lever.*	
Nous allons	*nous*	*plaindre.*	
Vous venez de	*vous*	*inscrire*	*au cours de français ?*
Ils/Elles sont en train de	*s'*	*endormir.*	

1.7 Das *futur simple* - Le futur simple

Die Bildung des *futur simple*

Die Endungen des *futur simple* lauten für alle Verben ***-rai, -ras, -ra, -rons, -rez, -ront.***

- Die Verben auf ***-er*** leiten das *futur simple* von der 1. Person Singular Präsens ab.

je parle	→	*je parle**rai***
je commence	→	*tu commence**ras***
j'achète	→	*il/elle/on achète**ra***
j'appelle	→	*nous appelle**rons***
je joue	→	*vous joue**rez***
j'emploie	→	*ils/elles emploie**ront***

- Die Verben auf ***-ir*** leiten das *futur simple* vom Infinitiv ohne *-r* ab.

parti-r	→	*je parti**rai***
fini-r	→	*tu fini**ras***

- Die Verben auf ***-re*** leiten das *futur simple* vom Infinitiv ohne *-re* ab.

descend-re	→	*il descend**ra***
mett-re	→	*nous mett**rons***
prend-re	→	*il prend**ra***
construi-re	→	*ils construi**ront***

Der Gebrauch des *futur simple*

Sehr oft sind *futur simple* und *futur composé* austauschbar. In der gesprochenen Sprache überwiegt allerdings das *futur composé*.
In den folgenden Fällen muss jedoch das *futur simple* stehen:

***Quand** les enfants seront grands, je recommencerai à travailler.*
*Je t'aimerai **toujours**.*
*Je ne remettrai **jamais** plus les pieds dans ce magasin.*
***Dans** trois semaines, je serai en vacances.*
***Si** vous êtes d'accord, on finira à 18 h.*

Zum *futur simple* im Bedingungssatz siehe auch 7.4.

Spricht man von zwei aufeinanderfolgenden Projekten in der Zukunft, steht, vor allem in der gesprochenen Sprache, das erste im *futur composé*, das zweite im *futur simple*:

*Nous **allons chercher** une maison à la campagne et puis, nous **vendrons** notre appartement.*

1.8 Das *conditionnel présent* - Le conditionnel présent

Die Bildung des *conditionnel présent*

Die Endungen des *conditionnel présent* lauten für alle Verben ***-rais, -rais, -rait, -rions, -riez, -raient.***

Das *conditionnel présent* wird von denselben Formen abgeleitet wie das *futur simple*.

je parle	→	*je parle**rais***	*descend-re*	→	*nous descend**rions***
j'appelle	→	*tu appelle**rais***	*mett-re*	→	*vous mett**riez***
parti-r	→	*il parti**rait***	*construi-re*	→	*ils/elles construi**raient***
fini-r	→	*elle fini**rait***			

Der Gebrauch des *conditionnel présent*

Das *conditionnel présent* kann ausdrücken

- einen Wunsch:	*J'aimerais faire le tour du monde.*
- eine höfliche Bitte:	*Vous pourriez me prêter votre portable ?*
- einen Rat:	*Moi, à votre place, je ferais plus de sport.*
	Tu devrais arrêter de fumer.

Für die Verwendung des *conditionnel présent* im Bedingungssatz siehe 7.4.

1.9 *Der subjonctif présent* - Le subjonctif présent

Die Bildung des *subjonctif présent*

Die Endungen des *subjonctif présent* lauten für alle Verben ***-e, -es, -e, -ions, -iez, -ent.***

Verben, die im Präsens nur einen Pluralstamm haben, leiten den *subjonctif présent* aus dem Stamm der 3. Person Plural Präsens ab.
Verben, die im Präsens zwei Pluralstämme haben, leiten den *subjonctif présent* aus dem Stamm der 1. oder der 3. Person Plural Präsens ab.

Indikativ Präsens mit einem Pluralstamm	***Subjonctif présent*** **il faut que**		**Indikativ Präsens mit zwei Pluralstämmen**
vom Stamm der 3. Person Plural Präsens	je choisiss**e**	je vienn**e**	**vom Stamm der 1. oder 3. Person Plural Präsens**
	tu choisiss**es**	tu vienn**es**	
	il/elle/on choisiss**e**	il/elle/on vienn**e**	
	nous choisiss**ions**	nous ven**ions**	nous **ven**ons
	vous choisiss**iez**	vous ven**iez**	
ils **choisiss**ent	ils/elles choisiss**ent**	ils/elles vienn**ent**	ils **vienn**ent

Der Gebrauch des *subjonctif présent*

Der *subjonctif présent* steht nach bestimmten Verben oder Ausdrücken
- der Willensäußerung oder des Wunsches: *je veux / voudrais / aimerais que…, il faut que…*
- des Gefühls: *je suis content(e) / désolé(e) / triste que…, j'ai peur que…, je regrette que…*
- der wertenden Stellungnahme: *je trouve que…, c'est bien / important / pratique / normal / nécessaire que…*
- des Zweifels: *je ne crois / pense pas que…*

sowie nach den Konjunktionen *avant que, jusqu'à ce que, pour que, pourvu que, afin que, bien que, quoique, sans que*

Für die Infinitivkonstruktion anstelle eines Nebensatzes siehe 7.2.

! Der *subjonctif* darf nicht mit dem deutschen Konjunktiv verwechselt werden.
Er steht **nie** im Bedingungssatz (siehe 7.4).

1.10 Die Verneinung - La négation

- Die Verneinung wird aus zwei Elementen gebildet: *ne* (bzw. *n'* vor Vokal und stummem „h") und *pas (de), plus (de), jamais, rien* und *personne*. Das *ne* steht immer nach dem Subjekt, das zweite Element - bis auf *personne* - nach dem konjugierten Verb.

Je	***ne***	*m'amuse*	***pas.***		nicht
Je	***ne***	*vais*	***plus***	*manger là.*	nicht mehr
Je	***ne***	*suis*	***jamais***	*allé(e) en Provence.*	(noch) nie
Ils	***n'***	*avaient*	***rien***	*acheté.*	nichts
Elle	***ne***	*veut parler à*	***personne.***		mit niemandem

- Bezieht sich die Verneinung auf ein Substantiv, so folgt dem zweiten Element ein *de* (siehe auch 2.3):

On	*n'*	*a*	*pas*	***de***	*vin.*	keinen Wein
Je	*n'*	*ai*	*plus*	***d'***	*œufs.*	keine Eier mehr

- Die Verneinungspartikel *rien* und *personne* können sowohl Subjekt als auch Objekt sein:

Subjekt:	***Rien ne***	*marche.*	Objekt:	*Il*	***ne***	*trouve*	***rien.***	
	Rien n'	*a changé.*		*Tu*	***n'***	*as*	***rien***	*mangé ?*
	Personne n'	*est parfait.*		*Il*	***ne***	*connaît*	***personne***	*ici.*
	Personne n'	*a appelé.*		*On*	***n'***	*a vu*	***personne.***	

! Bei Modalverben oder modifizierenden Verben steht *personne* nach und *rien* vor dem Infinitiv:

J	***ne***	*veux voir*	***personne.***		*Je*	***ne***	*veux*	***rien***	*faire.*
Il	***ne***	*va voir*	***personne.***		*Il*	***ne***	*va*	***rien***	*faire.*

1.11 Die Modalverben - Les auxiliaires de mode

Die Modalverben bilden mit dem Infinitiv eine Umschreibung, die die Modalität (Art und Weise) einer Handlung näher bestimmt. Zu den Modalverben gehören:

devoir	→	Notwendigkeit: *Je dois finir ce travail.*	müssen
		Vermutung: *J'ai dû me tromper.*	müssen
		Verpflichtung: *On ne doit pas blesser ses voisins.*	nicht sollen, dürfen
		Verbot: *Tu ne dois pas boire d'alcool.*	nicht dürfen
pouvoir	→	Möglichkeit: *Je peux vous réserver cette place.*	können
		Erlaubnis: *Je peux aller nager ?*	können, dürfen
		Vermutung: *Ça peut être un oiseau.*	können
vouloir	→	Wille, Wunsch: *Je ne veux pas sortir ce soir.*	wollen
savoir	→	erlernte Fähigkeit: *Il sait nager.*	können

1.12 Verben mit präpositionaler Ergänzung - Verbes suivis de prépositions

Viele Verben können eine darauf folgende Ergänzung nur mit einer Präposition anschließen. Diese Präposition ist quasi fester Bestandteil des Verbs und muss zusammen mit dem Verb gelernt werden.

Verb + Präposition + Substantiv

*Elle **s'intéresse** beaucoup **à** la musique.*
***Demandez à** ma voisine.*
*Nous allons **jouer aux** cartes.*
Tu **crois à** cette histoire ?

Je n'ai jamais ***joué du*** *piano.*
Il ***s'occupe de*** *ses enfants.*
Elle ***profite de*** *l'aide de sa mère.*
Il faut ***discuter de*** *ce problème.*

Il faut ***croire en*** *l'avenir.*
Je l'ai ***confondu avec*** *son cousin.*
On peut ***considérer*** *cela* ***comme*** *une insolence.*
Qu'est-ce que tu ***entends par*** *richesse ?*

Verb + Präposition + Infinitiv

Viele Verben schließen einen Infinitiv mit *à* oder *de* an:

*Je l'****aide à*** *faire les courses.*
Mon enfant ***apprend à*** *nager.*
*N'****hésite*** *pas* ***à*** *lui demander de l'aide.*

Vous avez ***oublié de*** *valider les billets.*
Je ***suis heureux de*** *t'avoir rencontré.*
*J'****ai envie de*** *voir le nouveau film de François Ozon.*
Arrête de *manger comme un fou !*

! An Verben des Wünschens, des Wollens und des Ablehnens schließt der Infinitiv direkt, also ohne Präposition, an.

Je ***voudrais être*** *à la mer.*
*J'****espère avoir*** *assez de temps.*
Je ***déteste rentrer*** *si tard.*
*J'****aime faire*** *du ski.*

1.13 Verben mit Besonderheiten im Schriftbild – Particularités orthographiques de certains verbes

In bestimmten Fällen ändert sich die Schreibung.

- Vor den Vokalen *-a* und *-o* ergeben sich für die Verben auf *-cer* und *-ger* folgende Veränderungen: *-g* → *-ge*, *-c* → *-ç*

je mange	→	*nous mang**e**ons*	(Präsens)	
		*il mang**e**ait*	*(imparfait)*	aber: *nous man**g**ions*
		*en mang**e**ant*	*(gérondif)*	
je commence	→	*nous commen**ç**ons*	(Präsens)	
		*il commen**ç**ait*	*(imparfait)*	aber: *nous commen**c**ions*
		*en commen**ç**ant*	*(gérondif)*	

Für andere Verben auf *-yer* siehe 8., S. 128 ff.

- Des Weiteren gibt es einige Verben auf *-er*, die zwei Stämme haben:

préférer	→	*je préf**è**re*
		*aber: nous préf**é**rons*
appeler	→	*j'appe**ll**e*
		*aber: nous appe**l**ons*

Die Verwendung des Akzents bzw. des Doppelkonsonanten hängt davon ab, ob der Stamm betont oder unbetont ist.
Zu den Verben mit gleichem Konjugationsmuster siehe 8., S. 128 ff.

2. Das Substantiv und seine Begleiter - Le nom et ses déterminants

2.1 Der Plural des Substantivs - Le pluriel des substantifs

- In der Regel endet ein Substantiv im Plural auf stummes ***-s***:

un ami → *des‿ami**s***
une montagne → *des montagne**s***
un paquet → *des paquet**s***

- Substantive, die im Singular auf *-s*, *-x*, *-z* enden, bleiben unverändert:

un Anglais → *des‿Anglais*
le prix → *les prix*
le nez → *les nez*
Sowohl im Singular als auch im Plural ist die Endung stumm.

- Endet ein Substantiv im Singular auf *-al*, bildet es den Plural auf ***-aux***:

un animal → *des‿anim**aux***
un journal → *des journ**aux***

- Endet ein Substantiv im Singular auf *-eu* oder *-eau*, bildet es den Plural auf ein stummes ***-x***:

un jeu *des jeu**x***
un château *des château**x***

2.2 Der bestimmte und der unbestimmte Artikel - L'article défini et indéfini

	bestimmter Artikel		**unbestimmter Artikel**	
	Singular	**Plural**	**Singular**	**Plural**
maskulin vor Konsonant vor Vokal oder stummem „h"	 le cinéma l'été l'homme	 les cinémas les‿étés les‿hommes	 un cinéma un‿été un‿homme	 des cinémas des‿étés des‿hommes
feminin vor Konsonant vor Vokal oder stummem „h"	 la promenade l'aventure l'histoire	 les promenades les‿aventures les‿histoires	 une promenade une‿aventure une‿histoire	 des promenades des‿aventures des‿histoires

- Im Unterschied zum Deutschen steht im Französischen immer ein Artikel vor dem Substantiv:

Er kauft Blumen. *Il achète **des** fleurs.*
Frankreich gefällt mir. *J'aime **la** France.*

Nach den Verben *aimer, adorer, préférer, détester* steht immer der bestimmte Artikel:

Ich mag Sport. *J'aime **le** sport.*
Sie hasst Hunde. *Elle déteste **les** chiens.*

- Mit den Präpositionen *de* und *à* verschmelzen die Artikel *le* und *les* zu neuen Formen:

	le	l'	la	les
nach *de*	**du**	de l'	de la	**des**
nach *à*	**au**	à l'	à la	**aux**

Je vais ***au*** cinéma.
Je reviens ***du*** marché.

2.3 Partitiv (Teilungsartikel) und Mengenangaben - L'article partitif et les mots de quantité

- Unbestimmte Menge

Der Partitiv (Teilungsartikel) *du, de l', de la, des* wird verwendet, um eine **unbestimmte Menge** zu bezeichnen.
Im Deutschen steht in solchen Fällen kein Artikel.

*Les enfants aiment boire **de la** limonade, **du** coca cola et **des** jus de fruits.*
Kinder trinken gerne Limonade, Coca Cola und Fruchtsäfte.

*Pendant une randonnée, il vaut mieux boire **de l'**eau.*
Bei einer Wanderung sollte man lieber Wasser trinken.

- Bestimmte Menge

Nach Angabe einer **bestimmten Menge** steht nur *de*:

*Dans mon frigo, il reste un litre **de** lait, 250 grammes **de** beurre, trois tranches **de** jambon, beaucoup **de** légumes et un peu **de** vin blanc.*
In meinem Kühlschrank sind noch **ein Liter Milch**, **250 Gramm Butter**, **drei Scheiben Schinken**, **viel Gemüse** und **etwas Weißwein**.

Bei der Verneinung, die gewissermaßen eine negative Menge bedeutet, steht ebenfalls nur *de:*

*Il **n'**y a **plus de** viande, **d'**œufs, **de** fruits dans mon frigo.*
In meinem Kühlschrank sind **kein Fleisch**, **keine Eier** und **kein Obst** mehr.

2.4 Die Possessivbegleiter - Les déterminants possessifs

- Die Possessivbegleiter richten sich in Geschlecht und Zahl nur nach dem Substantiv, zu dem sie gehören, während sie sich im Deutschen auch nach dem Geschlecht des „Besitzers" richten.

*Il habite chez **ses** parents.*	Er wohnt bei **seinen** Eltern.	(Er ist „Besitzer".)
*Elle habite chez **ses** parents.*	Sie wohnt bei **ihren** Eltern.	(Sie ist „Besitzer".)
*C'est **sa** voiture.*	Das ist **sein/ihr** Auto.	(Der „Besitzer" geht aus dem Zusammenhang hervor.)

	Singular **maskulin**	**femininum**	**Plural** **feminin/maskulin**
ein „Besitzer"	**mon**‿ami	**ma** sœur **mon**‿amie	**mes** rêves **mes**‿amies
	ton chien	**ta** maison **ton**‿auto	**tes**‿enfants **tes**‿aventures
	son‿oncle	**sa** tante **son**‿habitude	**ses** chansons **ses**‿histoires
mehrere „Besitzer"	**notre** maison		**nos** parents
	votre chien		**vos** livres
	leur‿intérêt		**leurs** bagages

! Bei femininen Substantiven, die mit Vokal oder stummem „h" beginnen, wird im Singular nur die männliche Form verwendet.

*Tu ne parles jamais de **ton e**nfance.*
*Je vais te raconter **mon h**istoire.*
*Il vit avec **son a**mie Diane.*

! bei *leur(s)*:

Das Bezugswort steht im Singular:
*Pierre et Claudine ont **un** chien. **Leur** chien s'appelle Tartou.*
Das Bezugswort steht im Plural:
*Pierre et Claudine ont **deux** chiens. **Leurs** chiens sont mignons.*

2.5 Die Demonstrativbegleiter – Les déterminants démonstratifs

	maskulin	maskulin vor Vokal und stummem „h"	feminin
Singular	**ce** métier	**cet**‿animal **cet**‿homme	**cette** situation
Plural	**ces** métiers	**ces**‿animaux **ces**‿hommes	**ces** situations

2.6 Die Fragebegleiter - Les déterminants interrogatifs

- Die Fragebegleiter *quel(s)* und *quelle(s)* richten sich in Geschlecht und Zahl nach ihrem Bezugswort.

	maskulin	feminin
Singular	**quel**‿acteur	A **quelle**‿heure... ?
Plural	**quels** livres	Dans **quelles** situations... ? **quelles**‿actrices

! Im Gegensatz zum Deutschen wird der Fragebegleiter auch dann verändert, wenn er von *être* gefolgt wird:

Quel est ton auteur préféré ?	Wer/Welches ist dein Lieblingsautor?
Quelle est ta musique préférée ?	Was/Welches ist deine Lieblingsmusik?
Quels sont vos livres préférés ?	Was/Welches sind Ihre Lieblingsbücher?

2.7 Die unbestimmten Begleiter – Les indéfinis

Elle arrive	***chaque***	*matin à dix heures.*	jede, -r, -s ...
J'ai	***quelques***	*doutes.*	einige...
J'ai suivi	***plusieurs***	*cours de français.*	mehrere ...

! *Chaque, quelques* und *plusieurs* sind unveränderlich.

Die unbestimmten Begleiter *tout, toute, tous, toutes* stehen mit dem entsprechenden Artikel vor einem nicht näher bestimmten Substantiv. Sie werden diesem in Geschlecht und Zahl angeglichen.

J'ai lu	***tout le***	*livre.*	das ganze Buch
	Toute la	*famille s'est réunie.*	die ganze Familie...
	Tous les	*chapitres sont longs.*	alle Kapitel...
	Toutes les	*familles se connaissent.*	alle Familien...

! *tout le monde* — alle
toute la journée — den ganzen Tag
tous les jours — jeden Tag

2.8 Die Zahlen - Les numéraux

1	**un, une**	11	**onze**	21	**vingt et un**	60	**soixante**
2	**deux**	12	**douze**	22	**vingt-deux**	61	**soixante et un**
3	**trois**	13	**treize**	30	**trente**	70	**soixante-dix**
4	**quatre**	14	**quatorze**	31	**trente et un**	71	**soixante et onze**
5	**cinq**	15	**quinze**	32	**trente-deux**	72	**soixante-douze**
6	**six**	16	**seize**	40	**quarante**	80	**quatre-vingts**
7	**sept**	17	**dix-sept**	41	**quarante et un**	81	**quatre-vingt-un**
8	**huit**	18	**dix-huit**	42	**quarante-deux**	90	**quatre-vingt-dix**
9	**neuf**	19	**dix-neuf**	50	**cinquante**	91	**quatre-vingt-onze**
10	**dix**	20	**vingt**	51	**cinquante et un**	100	**cent**

101	**cent un**	1001	**mille et un/une***
200	**deux cents**	2000	**deux mille**
201	**deux cent un**	2312	**deux mille trois cent douze**
300	**trois cents**	3000	**trois mille**
738	**sept cent trente-huit**	6425	**six mille quatre cent vingt-cinq**
995	**neuf cent quatre-vingt-quinze**	8010	**huit mille dix**
1000	**mille**	10000	**dix mille**

En 2001 (deux mille un), j'ai divorcé.* Aber: *Mille **et une nuits.*

Je prends	*un pain de campagne, une baguette et dix croissants.*

! dix million**s** d'euros
deux milliard**s** d'étoiles

3. Das Adjektiv - L'adjectif

Das Adjektiv bestimmt ein Substantiv näher und wird im Französischen, im Unterschied zum Deutschen, immer in Geschlecht und Zahl an das Substantiv angeglichen.

Attributiv (als Beifügung zum Substantiv):
*Dans cet immeuble, il y a un **petit** studio/de(s) **petits** studios.*
*Dans cette rue, il y a une **petite** maison/de(s) **petites** maisons.*

Prädikativ (als Beifügung zum Verb):
*Ce chien est grand. - Les éléphants sont grand**s**.*
*Cette pièce est petit**e**. - Les armoires sont petit**es**.*

3.1. Femininum und Plural des Adjektivs - Féminin et pluriel de l'adjectif

- Die weibliche Form erhält man in der Schreibung durch Hinzufügen der Endung **-e**. Im Maskulinum stumme Endungen wie *-t, -s, -d* werden dadurch im Femininum hörbar:

*Adrien est intelligen**t**.* — *Martine est intelligen**te**.*

- In der Schreibung wird der Endkonsonant verdoppelt, wenn vor ihm ein Vokal steht:

*Le journal est actue**l**.* — *L'information est actue**lle**.*

- Endet ein Adjektiv auf *-x, -eur, -f, -er,* bildet es die weibliche Form auf *-se, -euse, -ve, -ère:*

*heureu**x***	*rêv**eur***	*acti**f***	*premi**er***
*heureu**se***	*rêv**euse***	*acti**ve***	*premi**ère***

- Einige Feminінformen müssen eigens gelernt werden:

frais	→	*fraî**che***	frisch
franc	→	*fran**che***	frei
blanc	→	*blan**che***	weiß
faux	→	*fau**sse***	falsch
sec	→	*s**è**che*	trocken

! Einige Adjektive haben vor einem maskulinen Substantiv, das mit Vokal beginnt, besondere Formen:

maskulin	maskulin vor Vokal und stummem „h"	feminin	
beau	*bel*	*belle*	schön
nouveau	*nouvel*	*nouvelle*	neu
vieux	*vieil*	*vieille*	alt
fou	*fol*	*folle*	verrückt

- Der Plural wird durch die Endung **-s** angezeigt. Endet das Adjektiv im Singular auf *-x* oder *-s*, bleibt die Form unverändert.

La fenêtre est grande.	*Les fenêtres sont grande***s***.*
Il est chinois.	*Ils sont chinois.*
Il est jaloux.	*Ils sont jaloux.*

Adjektive mit der Endung *-**al*** und *-**eau*** bilden den Plural auf *-**aux*** und *-**eaux***:

*un aspect norm**al***	*des aspects norm**aux***
*un nouv**eau** livre*	*de(s) nouv**eaux** livres*

3.2 Die Stellung des Adjektivs - La position de l'adjectif

- In der Regel steht das Adjektiv *nach* dem Bezugswort.

ma ville natale
une vie heureuse

Vor dem Bezugswort stehen Zahlen und häufig verwendete Adjektive wie *petit, grand, jeune, vieux, bon, mauvais, premier, dernier, ancien, nouveau, même, autre, vrai, faux.*

un grand spectacle
une mauvaise habitude
les trois Mousquetaires

Je nach Stellung können Adjektive ihren Sinn ändern:

sa propre voiture (sein/ihr eigenes Auto)	*sa voiture propre* (sein/ihr sauberes Auto)
un simple homme (ein einfacher Mann)	*un homme simple* (ein einfältiger Mann)
mon ancien appartement (meine frühere Wohnung)	*un appartement ancien* (eine Altbauwohnung)

3.3 Der Komparativ - Le comparatif

Der Komparativ wird mit *plus, moins* oder *aussi* vor dem Adjektiv und *que* gebildet:

*Elle est **plus** sportive **que** moi.*	... sportlicher als ...
*Je suis **aussi** capable **que** vous.*	... (eben)so fähig wie ...
*Il est **moins** bavard **que** sa sœur.*	... weniger gesprächig als ...

! *bon(ne)* → *meilleur(e)*

mauvais(e) } *pire* / *plus mauvais(e)*

3.4 Der Superlativ - Le superlatif

Der Superlativ setzt sich zusammen aus bestimmtem Artikel + *plus / moins* + Adjektiv:

*Prends le menu **le moins cher.***	... das am wenigsten teure ...
*C'est le film **le plus spectaculaire** de l'année.*	... der spektakulärste ...
*C'est la décision **la plus importante** de ma vie.*	... die wichtigste ...

! *bon(ne)* → *le/la meilleur(e)*

mauvais(e) } *le/la pire* / *le/la plus mauvais(e)*

4. Das Adverb - L'adverbe

Adverbien dienen dazu, andere Wörter oder Satzteile näher zu bestimmen:

Je vais ***régulièrement*** *au cours de français.* (beim Verb)
C'est ***vraiment/assez*** *difficile.* (beim Adjektiv)

4.1 Abgeleitete Adverbien - Adverbes en *-ment*

- Anders als im Deutschen haben Adjektiv und Adverb im Französischen nicht dieselbe Form:

Diese Form ist regelmäßig. — *Cette forme est régulière.*
Ich gehe regelmäßig zum Friseur. — *Je vais* ***régulièrement*** *chez le coiffeur.*

- Die meisten abgeleiteten Adverbien gehen von der Femininform des Adjektivs aus und fügen die Endung ***-ment*** an:

Adjektiv		Adverb
maskulin	**feminin**	
normal	normal**e**	normal**e**ment
actif	acti**ve**	acti**ve**ment
sérieux	sérieu**se**	sérieu**se**ment

- Endet ein maskulines Adjektiv in der Schreibung auf Vokal, wird *-ment* an die Maskulinform angehängt: ***vrai****ment*, ***absolu****ment*, ***passionné****ment*

On doit absolument se voir. — Wir müssen uns auf jeden Fall sehen.

- Bei Adjektiven, die auf ***-ent*** und ***-ant*** enden, wird das Adverb wie folgt gebildet:

*évid****ent*** → *évid****emment***
*cour****ant*** → *cour****amment***

Beide Endungen werden gleich ausgesprochen: [amɑ̃]

! *voir clair* (gut sehen; durchschauen), *marcher droit* (geradeaus gehen; seinen Weg gehen), *travailler dur* (hart arbeiten), *parler franc* (offen reden), *coûter cher* (teuer sein), *peser lourd* (schwer sein), *sentir bon/mauvais* (gut/schlecht riechen) sind feste Ausdrücke und werden nicht verändert.

4.2 Einfache Adverbien – Les adverbes simples

- Adverbien der Zeit

Elle est ***toujours*** *en retard.*
Il n'a ***jamais*** *vu la tour Eiffel.*
Nous allons ***souvent*** *en France.*
Je vais ***bientôt*** *être chef de service.*

- Adverbien des Ortes

J'ai cherché ***partout****.*
Je ne suis pas ***là*** *la semaine prochaine.*

- Adverbien der Qualität und Quantität

Zu drei Adjektiven gehören drei eigene, nicht abgeleitete Adverbien:

bon(ne) → *bien*
mauvais(e) → *mal*
rapide → *vite* (aber auch: *rapidement*)

*Tu as **bien** compris ?*
*Le train roule **vite**.*
*Vous pourriez nous livrer **rapidement** la marchandise ?*
*J'ai **beaucoup** mangé.*
*On a **trop** travaillé.*
*Je n'ai pas **assez** dormi.*

4.3 Adverbiale Bestimmungen – Le complément circonstanciel

Eine adverbiale Bestimmung ist ein zusammengesetzter Ausdruck und besteht meistens aus einer Präposition (Verhältniswort) und einem Substantiv oder Pronomen. Sie ist gleichwertig mit einem einfachen Adverb.

*Je l'ai vu **hier**.*	gestern
*Je l'ai vu **la semaine dernière**.*	letzte Woche
*Je l'ai vu **après le cours**.*	nach dem Kurs

- Adverbiale Bestimmungen des Ortes

Sehr häufige Präpositionen für die Orts- und Richtungsangabe - das Französische macht da keinen Unterschied - sind ***à*** und ***en***:

Elle va / habite	***à** Marseille.*	→	Städte
	***en** Autriche.*	→	feminine Ländernamen und Regionen
	***en** Provence.*		
	***au** Portugal.*	→	maskuline Namen von Ländern / Regionen
	***aux** Pays-Bas.*	→	Ländernamen im Plural

Weitere Präpositionen zur Orts- und Richtungsangabe:

***Devant** vous, il y a le port.*
***Derrière** vous, il y a la vieille ville.*
***Dans** la ville, on trouve des petites boutiques.*
***Sur** la porte, il y a un panneau.*

*Mets ça **sur** la table.*
*On est bien **chez** lui.*
*Je viens **d'**une manifestation.*

De und *à* verschmelzen wie gewohnt als Teil zusammengesetzter Präpositionen mit den Artikeln *le* und *les*:

à droite / à gauche	***de la***	*plage*
à côté	***de l'***	*hôtel*
près	***du***	*port*
loin / en face	***des***	*magasins*

jusqu'	***à la***	*poste*
	à l'	*hôtel*
	au	*marché*
	aux	*magasins*

! In vielen Fällen gehen das Deutsche und das Französische unterschiedlich mit Präpositionen um:

*Les enfants jouent **dans la rue**.*	auf der Straße
*Il y a un bon programme **à la télé / à la radio**.*	im Fernsehen/Radio
*Il navigue **sur Internet** pendant des heures.*	im Internet

- Adverbiale Bestimmungen der Zeit

*J'apprends le français **depuis** trois ans.*
*J'ai suivi des cours au lycée **pendant** cinq ans.*
*J'ai fini mes études **il y a** vingt ans.*
***Après** mes études, j'ai passé trois mois en Belgique.*
***Avant** mon stage en Belgique, j'ai suivi un cours intensif.*
*Je travaille **de** 9 h **à** 13 h et **de** 14 h **à** 18 h.*
*Je travaille **jusqu'à** 18 h.*
***Dans** trois semaines, je serai en vacances.*

! Beachten Sie den Unterschied zwischen dem Deutschen und dem Französischen:

Je suis né/e	***en** 1980,* ***le** 20 septembre,* ***à** 11 heures.*	Ich bin	1980 am 20. September um 11 Uhr geboren.

Je ne travaille pas ***le mercredi après-midi.*** — mittwochnachmittags

! ***au*** *printemps,* ***en*** *été,* ***en*** *automne,* ***en*** *hiver*
Mon anniversaire est ***en*** *été.*

4.4 Die Stellung der Adverbien - La position des adverbes

- Adverbien der Zeit und des Ortes, adverbiale Ausdrücke sowie die meisten Adverbien auf *-ment* stehen am Satzanfang oder am Satzende, je nachdem, wie der inhaltliche Akzent gesetzt wird.

Ils sont arrivés ***hier.***	gestern
Il faut chercher ***ailleurs.***	anderswo
Je vais l'appeler ***de temps en temps.***	von Zeit zu Zeit
Malheureusement*, je ne peux pas venir avec vous.*	leider/unglücklicherweise
Il a lu le texte ***attentivement.***	aufmerksam

- Adverbien der Qualität und Quantität stehen nach der konjugierten Verbform, das heißt beim *passé composé* zwischen dem konjugierten Verb und dem Partizip Perfekt, beim *futur composé* zwischen dem konjugiertem Verb und dem Infinitiv.

J'entends ***mal*** *ce que tu dis.*	(Präsens)
Ils ont ***toujours*** *passé les vacances en famille.*	(*passé composé*)
Pendant mes vacances, je vais ***beaucoup*** *voyager.*	(*futur composé*)

5. Die Pronomen - Les pronoms

5.1 Die unverbundenen Personalpronomen - Les pronoms personnels toniques

Singular		Plural	
verbunden	**unverbunden**	**verbunden**	**unverbunden**
je	*moi*	*nous*	*nous*
tu	*toi*	*vous*	*vous*
il	*lui*	*ils*	*eux*
elle	*elle*	*elles*	*elles*
on (man)	*soi*		

- Das unverbundene Personalpronomen dient zur Hervorhebung oder Betonung. Es steht auch als Antwort auf eine Frage oder nach einer Präposition.

Lui*, il préfère le café sans sucre. Et* ***vous*** *?*
Tu viens avec ***nous*** *? – Non, je reste chez* ***eux.***
Il est à ***toi*** *ce petit chien ?*
Coucou, c'est ***moi*** *!*

! ***Soi*** kann nur bei einem unbestimmten Subjekt verwendet werden:
Chacun *rentre chez* ***soi.***

5.2 Die Objektpronomen - Les pronoms compléments d'objets

Die Form der Objektpronomen

- Das direkte Objektpronomen ersetzt ein direktes Objekt. Es entspricht diesem in Geschlecht und Zahl.

*Vous regardez beaucoup **la télé** ? – Non, on ne **la** regarde pas.*

Paul	*me/m'* *te/t'* *le/la/l'* *nous* *vous* *les*	*regarde.* *attend.*	Frage	Wen? *Qui ?* Was? *Quoi ?*

- Das indirekte Objektpronomen ersetzt ein indirektes Objekt mit *à*, das etwas Belebtes bezeichnet. In der 3. Person wird nicht zwischen maskulin und feminin unterschieden.

*La ville plaît **à ton amie française** ? – Non, elle ne **lui** plaît pas trop.*

Cette maison ne	*me/m'* *te/t'* *lui* *nous* *vous* *leur*	*plaît* *appartient*	*pas.*	Frage	Wem? *À qui ?*

! Das indirekte Objektpronomen *lui* (ihm/ihr) darf nicht verwechselt werden mit dem unverbundenen Personalpronomen *lui* (er).

*Je **lui** écris une carte postale.*

***Lui**, il n'aime pas les méls.*

5.3 Die Adverbialpronomen - Les pronoms adverbiaux

Die Adverbialpronomen *y* und *en* sind unveränderlich.

- Für Orts- und Richtungsangaben wird *y* (= *dort, dorthin*) eingesetzt. Es vertritt auch adverbiale Bestimmungen, die mit Präpositionen wie *à, dans, chez, sur, sous,* etc. beginnen.

*Il est né **à Vienne** ? – Oui, il **y** est né, mais il n'**y** a pas vécu longtemps.*
*Tu vas **au cinéma** ? – Oui, j'**y** vais demain.*
*Elle travaille **dans un café**. Elle **y** a rencontré l'homme de sa vie.*
*Allez, on **y** va !* (Los geht's!)

Y ersetzt auch Ergänzungen mit *à*, die etwas Unbelebtes bezeichnen.
*Elle pense beaucoup **à son travail** ? – Oui, elle **y** pense toujours.*
*Tu joues **au loto** ? – Oui, j'**y** joue quelquefois.*
*Vous avez participé **à la dernière réunion** ? – Non, on n'**y** a pas participé.*

- Das Adverbialpronomen *en* (= *davon*) ersetzt Mengenangaben mit *de*. Es steht auch für Ergänzungen und Ortsangaben mit der Präposition *de* und für Substantive mit dem unbestimmten Artikel oder dem Partitiv.

*Tu mets **combien de** sucres ? – J'**en** mets deux.*
*Qui s'occupe **de cette** affaire ? – C'est Alex qui s'**en** occupe.*
*Vous avez déjà **des** billets ? – Non, on n'**en** a pas encore.*
*Vous prenez **du** pain avec la salade ? – Non merci, je n'**en** prends pas.*

Feststehende Ausdrücke:	*en avoir plein le dos*	die Nase voll haben
	J'en ai assez/marre.	Ich hab's satt!
	Je n'en sais rien.	Ich weiß nichts davon.

5.4 Die Stellung der Objekt- und Adverbialpronomen - La position des pronoms d'objets et des pronoms adverbiaux

Direkte und indirekte Objektpronomen sowie die Adverbialpronomen stehen

- vor dem konjugierten Verb in den einfachen und mit dem Partizip Perfekt zusammengesetzten Zeiten:

Je	***la***	*vois.*	
Je	***t'***	*aimerai*	*toujours.*
On	***l'***	*a rencontré*	*dans la rue.*
Tu ne	***lui***	*parles*	*plus ?*
Je	***leur***	*avais dit*	*bonjour.*
Ils	***en***	*faisaient*	*souvent.*
Vous	***y***	*avez pensé ?*	

- vor dem Infinitiv nach modifizierenden Verben oder Modalverben:

On va	***la***	*voir.*
On vient de	***les***	*trouver.*
Vous pouvez	***lui***	*demander.*
Je voudrais	***y***	*aller.*
Tu ne dois pas	***en***	*boire trop.*

5.5 Die Relativpronomen - Les pronoms relatifs

- Das Relativpronomen *qui* (= *der, die, das*) verbindet einen Nebensatz mit einem Substantiv im vorhergehenden Satz. Es hat die Funktion eines Subjekts.

*J'ai **un ami qui** habite à Paris.*	...einen Freund, der...
*Nous avons **un nouvel ordinateur qui** ne fonctionne jamais.*	...einen neuen Computer, der...

- Das Relativpronomen *que* (= *den, die, das*) bzw. *qu'* vor Vokal und stummem „h" ersetzt im anschließenden Relativsatz das Objekt.

*Elle va épouser **un homme riche qu**'elle n'aime pas.*	...einen reichen Mann, den...
*Tu as déjà **le manuel qu**'on utilise dans le cours ?*	...das Lehrbuch, das...

- Das Relativpronomen *où* (= *wo*) leitet ebenfalls einen Relativsatz ein und ersetzt eine Orts- oder Zeitangabe.

***La ville où** j'habite a plus de 100 000 habitants.*	...die Stadt, in der/wo...
*Qu'est-ce que j'étais nerveux **le jour où** j'ai passé mon permis !*	...am Tag, an dem...

- Das Relativpronomen *dont* (= von dem/der/denen, dessen, deren) steht für eine Ergänzung mit *de* nach einem Verb oder einem Substantiv.

*Il faudrait profiter **de l'occasion**. – C'est une occasion **dont** il faudrait profiter.*	...eine Gelegenheit, von der...
*On parle beaucoup **de ce roman**. – Tu connais ce roman **dont** on parle beaucoup ?*	...den Roman, von dem...
*D'ici, on voit le clocher **de l'église**. – C'est l'église **dont** on voit le clocher de loin.*	...die Kirche, deren Turm...

5.6 Die unbestimmten Pronomen - Les pronoms indéfinis

*Il a **tout** fait lui-même dans l'appartement.*	alles
*Ils ont quatre enfants qui vivent **tous** [tus] à l'étranger.*	alle
*J'aime les chansons de Brel. Je les connais **toutes** [tut].*	alle
***Chacun(e)** vit comme il/elle veut.*	jede, -r
*Il y a **quelqu'un(e)** qui a perdu son foulard.*	jemand, eine, -r
*On pourrait demander à **quelqu'un d'**autre.*	jemand
***Quelque-un(e)s** sont déjà parti(e)s en vacances.*	einige

*J'ai **quelque chose** à te dire.*	etwas
*Cela **ne** regarde **personne**.*	niemanden
***Rien ne** les intéresse.*	nichts
***On** ne doit pas négliger ces aspects.*	man

5.7 Die Fragepronomen - Les pronoms interrogatifs

***Qui** vient manger ce soir ?*	wer?
***De qui** est-ce qu'on parle ?*	von wem?
***À qui** est ce manteau ?*	wem?
***Qui est-ce que** tu as vu avec Michèle ?*	wen?
***Qu'est-ce qui** t'est arrivé ?*	was? (Subjekt)
***De quoi est-ce qu**'on a parlé ?*	wovon?
***À quoi est-ce que** tu penses ?*	woran?
***Qu'est-ce que** tu as fait hier ?*	was? (Objekt)

6. Die Frage - La question

Es gibt **Satzfragen** und **Wortfragen**. Auf eine Satzfrage kann man nur mit *ja* oder *nein* antworten. Auf eine Wortfrage wird eine genaue Antwort erwartet.

Es gibt verschiedene Möglichkeiten, eine **Satzfrage** zu bilden.

- In der gesprochenen Sprache kommt am häufigsten die **Intonationsfrage** vor. Nur die Satzmelodie kennzeichnet die Frage:

Tu aimes la musique ? – Oui, beaucoup.

- Bei der Frage mit *est-ce que* am Satzanfang bleibt die Wortstellung dieselbe wie im Aussagesatz:

Est-ce que tu fais du sport ? – Non, jamais.

- Die Frage durch **Inversion,** d. h. die Umstellung von Verb und Subjektpronomen, gehört eher der gehobenen Sprache an:

Faites-vous du sport ? – Oui, assez souvent.

Eine **Wortfrage** kann mit einem Frageadverb, einem Fragepronomen oder einem Fragebegleiter beginnen.

- Die Frage mit **Frageadverb**

***Où** sont mes lunettes ?*	wo?
***Où** est-ce que tu vas ?*	wohin?
***D'où** venez-vous ?*	woher?
***Combien** coûte la voiture ?*	wie viel?
***Combien de temps** vas-tu rester là-bas ?*	wie lange?
***Comment** as-tu trouvé des informations ?*	wie?
***Quand** est-ce que tu vas au cours ?*	wann?
***Depuis quand** est-ce que tu travailles ici ?*	seit wann?
***Pourquoi** est-ce que tu es triste ?*	warum?

Zu den Fragen mit Fragepronomen siehe 5.7.
Zu den Fragen mit Fragebegleitern siehe 2.6.

7. Das Satzgefüge – La phrase complexe

7.1 Satzverbindungen durch Konjunktionen – La coordination et la subordination des propositions

Es gibt nebenordnende und unterordnende Konjunktionen. Nebenordnende Konjunktionen verbinden Hauptsätze miteinander, unterordnende Konjunktionen verbinden einen Hauptsatz und einen Nebensatz. Diese Unterscheidung ist allerdings für das Deutsche wichtiger als für das Französische.

Konjunktionen können ausdrücken
- eine Abfolge (zuerst ... dann ... danach ... schließlich)

D'abord, *je me suis promené sur la plage,* ***puis*** *j'ai nagé et* ***après*** *j'ai fait un pique-nique.*

- ein zeitliches Geschehen (als, bevor, während, nachdem)

La fête avait déjà commencé	***quand***	*il est arrivé.*
Je vais vite fermer les volets	***avant qu'***	*on parte.*
Je vais acheter un magazine	***pendant que***	*tu prends de l'essence.*
Ils sont rentrés à la maison	***après que***	*la fête était terminée.*

- eine Wahl (oder)

On y va à pied ***ou*** *on prend le tramway ?*

- eine Konsequenz (deshalb, also)

Il n'a plus d'argent,	***donc***	*il doit travailler.*
	alors	
	c'est pourquoi	

- einen Grund (weil, da)

J'apprends le français ***parce que*** *j'aimerais travailler en France.*

Comme ersetzt *parce que* am Satzanfang:
Comme *j'aimerais travailler en France, j'apprends le français.*

- einen Gegensatz (aber, dagegen, während)

Je fais mes études à Caen,	***mais***	*ma ville natale est Honfleur.*
	tandis / alors que	
Ma sœur a les cheveux châtain,	***par contre,***	*moi, je suis blonde.*

- eine Einschränkung (dennoch, trotzdem; obwohl)

Je travaille jusqu'à minuit chaque jour, ***pourtant*** *je me lève tôt.*
Bien qu'il *travaille beaucoup, il trouve toujours du temps pour jouer avec ses enfants.*

- einen Zweck (damit)

Il faut rassurer Pierre ***pour qu' / afin qu'il*** *réussisse.*

7.2 Satzverkürzende Konstruktionen – Procédés d'allègement d'une phrase

Die Infinitivkonstruktion - La proposition infinitive

Die Konstruktion Hauptsatz + Nebensatz ist manchmal schwerfällig. Deshalb benutzt man in den Fällen, in denen das Subjekt im Haupt- und Nebensatz das gleiche ist, die satzverkürzende Konstruktion aus Präposition + Infinitiv.
Sie ist im Französischen sehr häufig, wohingegen das Deutsche nur die verkürzenden Konstruktionen mit „um ... zu" und „ohne ... zu" kennt.
Je vais à Strasbourg ***pour*** *voir la cathédrale.*
Elodie prend le métro ***afin d'****arriver à l'heure au travail.*
Elle a traversé la rue ***sans*** *regarder.*
J'ai tourné une heure ***avant de*** *trouver une place pour me garer.*
Après *avoir mangé, on a fait la sieste.*
Elle regrette ***de*** *ne pas pouvoir venir ce soir.*

Das *gérondif* - Le gérondif

Die Bildung des *gérondif*

Das *gérondif* ist eine unveränderliche Verbform, die immer von ***en*** begleitet wird und auf ***-ant*** endet. Es wird aus dem Stamm der 1. Person Plural Präsens abgeleitet:

nous	***pren****ons*	→	***en***	*pren****ant***
	all*ons*	→		*all****ant***
	fais*ons*	→		*fais****ant***
	finiss*ons*	→		*finiss****ant***

Drei Verben bilden eine Ausnahme: *être, avoir, savoir* → *en étant, en ayant, en sachant*

Der Gebrauch des *gérondif*

Mit dieser Verbform wird die Gleichzeitigkeit zweier Handlungen ausgedrückt, wenn beide dasselbe Subjekt haben.

Elle repasse des chemises ***en regardant*** *la télé.*

Il leur expliquait le chemin ***en faisant*** *beaucoup de gestes.*

Mit Hilfe des *gérondif* lassen sich Begleitumstände und Bedingungen kurz fassen:

Elle s'est cassé la jambe ***en faisant*** *du ski. (= ...pendant qu'elle faisait du ski.)*

En sortant *de chez moi, j'ai vu qu'il neigeait. (= Quand je suis sorti(e)...)*

Tu gagnerais du temps ***en cuisinant*** *des doubles portions. (= ...si tu cuisinais...)*

! Wird die Gleichzeitigkeit zweier Handlungen durch **tout** betont, erhält sie eine einräumende oder gegensätzliche Bedeutung.

Elle a accepté ***tout en pensant*** *qu'elle faisait une erreur.*
obwohl sie dachte, sie mache einen Fehler.

Il ne prend pas un gramme ***tout en mangeant*** *comme un fou.*
auch wenn er wie ein Scheunendrescher isst.

7.3 Die indirekte Rede - Le discours indirect

Die indirekte Rede dient dazu, eine Aussage einer dritten Person wiederzugeben.

– *Vous venez au bistrot avec nous ? – Non, nous, on rentre tout de suite.*
– *Qu'est-ce qu'ils disent ? – **Ils** disent **qu'ils** rentrent tout de suite.*

In der indirekten Rede gelten, abhängig von der Zeit des einführenden Verbs, die Regeln der Zeitenfolge *(concordance des temps).*

– *Je **suis** française.*	(Präsens)
– *J'**ai fait** mes études à Nice.*	*(passé composé)*
– *Je **vais** bientôt **partir** en vacances.*	*(futur composé)*
– *J'**irai** sûrement au bord de la mer.*	*(futur simple)*

Wiedergabe der Äußerung in der Gegenwart: *Pierre **dit***	*qu'elle **est** française.*	*présent*
	*qu'elle **a fait** ses études à Nice.*	*passé composé*
	*qu'elle **va** bientôt **partir** en vacances.*	*futur composé*
	*qu'elle **ira** sûrement au bord de la mer.*	*futur simple*
Wiedergabe der Äußerung in der Vergangenheit: *Pierre **m'a dit***	*qu'elle **était** française.*	*imparfait*
	*qu'elle **allait** bientôt partir en vacances.*	*imparfait* von *aller*
	*qu'elle **irait** sûrement au bord de la mer.*	*conditionnel présent*

! Anders als im Deutschen darf das ***que*** nicht ausgelassen werden.

Die indirekte Frage – L´interrogation indirecte

Auch Fragen können wiedergegeben werden, meistens mit *demander* oder *vouloir savoir si / ce qui /ce que.*
– *Tu veux manger quelque chose ?*
→ *Sa sœur lui demande / veut savoir si elle veut manger quelque chose.*

– *Qu'est-ce que tu veux manger ?*
→ *Sa mère lui demande / veut savoir ce qu'elle veut manger.*

Auch für die indirekte Frage gelten die Regeln der Zeitenfolge.

7.4 Der Konditionalsatz – La proposition conditionnelle

Der Bedingungssatz wird durch ***si*** eingeleitet. Man unterscheidet zwischen realistischen und unrealistischen Bedingungen:

- Die Bedingung ist realistisch:

Si-Satz im *Präsens*

*Si tu **passes** tes vacances en Provence,…*

*…tu **dois** absolument aller dans les gorges du Verdon.*	→ Präsens
*…**va** voir les gorges du Verdon : c'est magnifique !*	→ Imperativ
*…tu **auras** sûrement l'occasion de visiter le Verdon.*	→ *futur simple*

- Die Bedingung ist unrealistisch:

Si-Satz im *imparfait*

*Si j'**étais** plus jeune,*	*je **quitterais** mon poste actuel.*	→ *conditionnel présent*
*Si je **recommençais** ma vie,*	*je ne **choisirais** pas ce métier.*	→ *conditionnel présent*

! Im *si*-Satz steht **nie** das *conditionnel.*

8. Verbtabelle – Tableaux de conjugaison

Verben auf *-er* :

Infinitiv passé composé		Präsens	Imparfait	Futur simple	Conditionnel présent	Imperativ	Subjonctif présent
aimer j'ai aimé	j' tu il/elle/on nous vous ils/elles	aime aimes aime aimons aimez aiment	aimais aimais aimait aimions aimiez aimaient	aimerai aimeras aimera aimerons aimerez aimeront	aimerais aimerais aimerait aimerions aimeriez aimeraient	Aime ! Aimons ! Aimez !	que j'aime que tu aimes qu'il/elle/on aime que nous aimions que vous aimiez qu'ils/elles aiment

Verben auf *-er* mit Veränderungen in der Schreibung:

acheter j'ai acheté	j' nous ils/elles	achète achetons achètent	achetais achetions achetaient	achèterai achèterons achèteront	achèterais achèterions achèteraient	Achète ! Achetons ! Achetez !	que j'achète que nous achetions qu'ils achètent

Nach demselben Konjugationsmuster: enlever, se lever, se promener, emmener

appeler j'ai appelé	j' nous ils/elles	appelle appelons appellent	appelais appelions appelaient	appellerai appellerons appelleront	appellerais appellerions appelleraient	Appelle ! Appelons ! Appelez !	que j'appelle que nous appelions qu'ils appellent

Nach demselben Konjugationsmuster: jeter

préférer j'ai préféré	je nous ils/elles	préfère préférons préfèrent	préférais préférions préféraient	préférerai préférerons préféreront	préférerais préférerions préféreraient	Préfère ! Préférons ! Préférez !	que je préfère que nous préférions qu´ils préfèrent

Nach demselben Konjugationsmuster: compléter, répéter, espérer

employer j'ai employé	j' nous ils/elles	emploie employons emploient	employais employions employaient	emploierai emploierons emploieront	emploierais emploierions emploieraient	Emploie ! Employons ! Employez !	que j'emploie que nous employions qu'ils emploient

Nach demselben Konjugationsmuster: essayer, payer, s'ennuyer

manger j'ai mangé	je nous ils/elles	mange mangeons mangent	mangeais mangions mangeaient	mangerai mangerons mangeront	mangerais mangerions mangeraient	Mange ! Mangeons ! Mangez !	que je mange que nous mangions qu'ils mangent

Nach demselben Konjugationsmuster: changer, corriger, interroger, ranger

commencer j'ai commencé	je nous ils/elles	commence commençons commencent	commençais commencions commençaient	commencerai commencerons commenceront	commencerais commencerions commenceraient	Commence ! Commençons ! Commencez !	que je commence que nous commencions qu'ils commencent

Nach demselben Konjugationsmuster: annoncer, prononcer

descendre je suis descendu(e)	je il nous ils/elles	descends descend descendons descendent	descendais descendait descendions descendaient	descendrai descendra descendrons descendront	descendrais descendrait descendrions descendraient	Descends ! Descendons ! Descendez !	que je descende qu'il descende que nous descendions qu'ils descendent

Verben auf *-ir* : a) Gruppe *finir*

Infinitiv passé composé		Präsens	Imparfait	Futur simple	Conditionnel présent	Imperativ	Subjonctif présent
finir	je	finis	fini**ss**ais	finirai	finirais	Finis !	que je fini**sse**
j'ai fini	il	fini**t**	fini**ss**ait	finira	finirait	Fini**ss**ons !	qu'il fini**sse**
	nous	fini**ss**ons	fini**ss**ons	finirons	finirions	Fini**ss**ez !	que nous fini**ssi**ons
	ils/elles	fini**ss**ent	fini**ss**aient	finiront	finiraient		qu'ils fini**ss**ent

Nach demselben Konjugationsmuster: choisir, nourrir, réagir, réussir, réfléchir

Verben auf *-ir* : b) Gruppe *partir*

partir	je	pars	partais	partirai	partirais	Pars !	que je parte
je suis	il	par**t**	partait	partira	partirait	Partons !	qu'il parte
parti(e)	nous	partons	partions	partirons	partirions	Partez !	que nous partions
	ils/elles	partent	partaient	partiront	partiraient		qu'ils partent

Nach demselben Konjugationsmuster: dormir, mentir, sentir, sortir, servir

Die wichtigsten / gebräuchlichsten unregelmäßigen Verben:

avoir	j'	ai	avais	aurai	aurais	Aie !	que j'aie
j'ai eu	tu	as	avais	auras	aurais	Ayons !	que tu aies
	il/elle	a	avait	aura	aurait	Ayez !	qu'il ait
	nous	avons	avions	aurons	aurions		que nous ayons
	vous	avez	aviez	aurez	auriez		que vous ayez
	ils/elles	ont	avaient	auront	auraient		qu'ils aient
être	je	suis	étais	serai	serais	Sois !	que je sois
j'ai été	tu	es	étais	seras	serais	Soyons !	que tu sois
	il/elle	est	était	sera	serait	Soyez !	qu'il soit
	nous	sommes	étions	serons	serions		que nous soyons
	vous	êtes	étiez	serez	seriez		que vous soyez
	ils/elles	sont	étaient	seront	seraient		qu'ils soient
devoir	je	**dois**	devais	devrai	devrais		que je d**oi**ve
j'ai dû	nous	devons	devions	devrons	devrions		que nous devions
	ils/elles	d**oi**vent	devaient	devront	devraient		qu'ils d**oi**vent
pouvoir	je	**peux**	pouvais	pou**rr**ai	pou**rr**ais		que je **puisse**
j'ai pu	nous	pouvons	pouvions	pou**rr**ons	pou**rr**ions		que nous **puissions**
	ils/elles	p**eu**vent	pouvaient	pou**rr**ont	pou**rr**aient		qu'ils **puissent**
vouloir	je	**veux**	voulais	vou**d**rai	vou**d**rais		que je **veuille**
j'ai voulu	nous	voulons	voulions	vou**d**rons	vou**d**rions		que nous voulions
	ils/elles	v**eu**lent	voulaient	vou**d**ront	vou**d**raient		qu'ils **veuillent**
savoir	je	**sais**	savais	**sau**rai	**sau**rait	**Sache** !	que je **sache**
j'ai su	nous	savons	savions	**sau**rons	**sau**rions	**Sachons** !	que nous **sachions**
	ils/elles	savent	savaient	**sau**ront	**sau**raient	**Sachez** !	qu'ils **sachent**
faire	je	fais	faisais	**fe**rai	**fe**rais	Fais !	que je **fasse**
j'ai fait	nous	faisons	faisions	**fe**rons	**fe**rions	Faisons !	que nous **fassions**
	vous	**faites**	faisiez	**fe**rez	**fe**riez	Faites !	qu'ils **fassent**
	ils/elles	**font**	faisaient	**fe**ront	**fe**raient		
aller	je/j'	**vais**	allais	**irai**	**irais**	**Va** !	que j'**aille**
je suis allé(e)	tu	**vas**	allais	**iras**	**irais**	Allons !	que tu **ailles**
	il	**va**	allait	**ira**	**irait**	Allez !	qu'il **aille**
	nous	allons	allions	**irons**	**irions**		que nous allions
	ils/elles	**vont**	allaient	**iront**	**iraient**		qu'ils **aillent**

venir	je	viens	venais	viendrai	viendrais	Viens !	que je vienne
je suis	il	vient	venait	viendra	viendrait	Venons !	qu'il vienne
venu(e)	nous	venons	venions	viendrons	viendrions	Venez !	que nous venions
	ils/elles	**vont**	venaient	viendront	viendraient		qu'ils viennent
dire	je	dis	disais	dirai	dirais	Dis !	que je dise
j'ai dit	nous	disons	disions	dirons	dirions	Disons !	que nous disions
	vous	**dites**	disiez	direz	diriez	**Dites** !	que vous disiez
	ils/elles	disent	disaient	diront	diraient		qu'ils disent
écrire	j'	écris	écrivais	écrirai	écrirais	Ecris !	que j'écrive
j'ai écrit	nous	écrivons	écrivions	écrirons	écririons	Ecrivons !	que nous écrivions
	ils/elles	écrivent	écrivaient	écriront	écriraient	Ecrivez !	qu'ils écrivent
traduire	je	traduis	traduisais	traduirai	traduirais	Traduis !	que je traduise
j'ai traduit	nous	traduisons	traduisions	traduirons	traduirions	Traduisons !	que nous traduisions
	ils/elles	traduisent	traduisaient	traduiront	traduiraient	Traduisez !	qu'ils traduisent
offrir	j'	offre	offrais	offrirai	offrirais	Offre !	que j'offre
j'ai offert	nous	offrons	offrions	offrirons	offririons	Offrons !	que nous offrions
	ils/elles	offrent	offraient	offriront	offriraient	Offrez !	qu'ils offrent
voir	je	vois	voyais	verrai	verrais	Vois !	que je voie
j'ai vu	nous	voyons	voyions	verrons	verrions	Voyons !	que nous voyions
	ils/elles	voient	voyaient	verront	verraient	Voyez !	qu'ils voient
boire	je	bois	buvais	boirai	boirais	Bois !	que je boive
j'ai bu	nous	buvons	buvions	boirons	boirions	Buvons !	que nous buvions
	ils/elles	boivent	buvaient	boiront	boiraient	Buvez !	qu'ils boivent
s'asseoir	je m'	assois	asseyais	assiérai	assiérais	**Assieds**-toi !	que je m'asseye
je me suis assis(e)	nous nous	asseyons	asseyions	assiérons	assiérions	Asseyons-nous !	que nous nous asseyions
	ils/elles s'	assoient	asseyaient	assiéront	assiéraient	Asseyez-vous !	qu'ils s´asseyent
connaître	je	connais	connaissais	connaîtrai	connaîtrais	Connais !	que je connaisse
j'ai connu	il	connaît	connaissait	connaîtra	connaîtrait	Connaissons !	qu'il connaisse
	nous	connaissons	connaissions	connaîtrons	connaîtrions	Connaissez !	que nous connaissions
	ils/elles	connaissent	onnaissaient	connaîtront	connaîtraient		qu'ils connaissent
plaire	je	plais	plaisais	plairai	plairais	Plais !	que je plaise
j'ai plu	il	plaît	plaisait	plaira	plairait	Plaisons !	qu'il plaise
	nous	plaisons	plaisions	plairons	plairions	Plaisez !	que nous plaisions
	ils/elles	plaisent	plaisaient	plairont	plairaient		qu'ils plaisent

Nach demselben Konjugationsmuster: complaire.

mettre	je	mets	mettais	mettrai	mettrais	Mets !	que je mette
j'ai mis	nous	mettons	mettions	mettrons	mettrions	Mettons !	que nous mettions
	ils/elles	mettent	mettaient	mettront	mettraient	Mettez !	qu'ils mettent

Nach demselben Konjugationsmuster: promettre, compromettre.

prendre	je	prends	prenais	prendrai	prendrais	Prends !	que je prenne
j'ai pris	il	prend	prenait	prendra	prendrait	Prenons !	qu'il prenne
	nous	prenons	prenions	prendrons	prendrions	Prenez !	que nous prenions
	ils/elles	prennent	prenaient	prendront	prendraient		qu'ils prennent

Nach demselben Konjugationsmuster : comprendre, apprendre, surprendre, dépendre.

descendre	je	descends	descendais	descendrai	descendrais	Descends !	que je descende
je suis	il	descend	descendait	descendra	descendrait	Descendons !	qu'il descende
descendu(e)	nous	descendons	descendions	descendrons	descendrions	Descendez !	que nous descendions
	ils/elles	descendent	descendaient	descendront	descendraient		qu'ils descendent
se plaindre	je me	plains	plaignais	plaindrai	plaindrais	Plains-toi !	que je me plaigne
je me suis plaint(e)	nous nous	plaignons	plaignions	plaindrons	plaindrions	Plaignons-nous !	que nous nous plaignions
	ils/elles se	plaignent	plaignaient	plaindront	plaindraient	Plaignez-vous !	qu'ils se plaignent

- Im Wörterverzeichnis werden die neuen Wörter und Ausdrücke der Lektionen in der Reihenfolge ihres Vorkommens aufgelistet. Es dient als Verstehenshilfe und ist zum Nachschlagen sowie zum eventuellen Nacharbeiten gedacht.
- Um Ihnen das Arbeiten mit dem Lehrbuch zu erleichtern, wurden die wichtigsten französischen Arbeitsanweisungen auf der letzten Umschlagseite zusammengestellt und ins Deutsche übersetzt.

Abkürzungen

Abk	= Abkürzung
adj	= Adjektiv
adv	= Adverb
f	= feminin, weiblich
m	= maskulin, männlich
inf	= Infinitiv
pl	= Plural
prép	= Präposition
qn	= *quelqu'un* (jemand/en/em)
qc	= *quelque chose* (etwas)
vgl	= vergleichbar mit
fam	= Umgangssprache
vulg	= Vulgärsprache

1 Loisirs et plaisirs : Préférences

un loisir [ɛ̃lwaziʀ]	Freizeit(beschäftigung)
le plaisir [ləpleziʀ]	Vergnügen, Spaß
une préférence [ynpʀefeʀɑ̃s]	Vorliebe
évoquer qc [evɔkekɛlkəʃoz]	etw in Erinnerung rufen, wachrufen
penser à qc/qn [pɑ̃seakɛlkəʃoz/akɛlkɛ̃]	an etw/jdn denken
un goût [ɛ̃gu]	Geschmack, Vorliebe
une odeur [ynɔdœʀ]	Geruch, Duft
une connaissance [ynkɔnɛsɑ̃s]	Bekanntschaft, Kenntnis
faire la connaissance de qn [fɛʀlakɔnɛsɑ̃sdəkɛlkɛ̃]	jds Bekanntschaft machen, jdn kennenlernen
se présenter [səpʀezɑ̃te]	sich vorstellen
présenter qn à qn [pʀezɑ̃tekɛlkɛ̃akɛlkɛ̃]	jdm jdn vorstellen
une sortie [ynsɔʀti]	Ausgang; Ausgehen, Ausflug

1.1 Faisons connaissance !

1

faire connaissance [fɛʀkɔnɛsɑ̃s]	sich kennen lernen
un(e) auteur(e) [ɛ̃notœʀ/ynotœʀ]	Autor(in)
un manuel [ɛ̃manɥɛl]	Lehrbuch
l'humour *m* [lymuʀ]	Humor
un repas [ɛ̃ʀ(ə)pa]	Mahlzeit, Essen
adorer qc/qn [adɔʀekɛlkəʃoz/kɛlkɛ̃]	etw sehr gern mögen, jdn anbeten
la Provence [lapʀɔvɑ̃s]	*Region in Südfrankreich*
natal(e) [natal]	Geburts-, Heimat-
détester qc/qn [detɛstekɛlkəʃoz/kɛlkɛ̃]	etw verabscheuen, jdn hassen
le mauvais temps [ləmovɛtɑ̃]	schlechtes Wetter
le stress [ləstʀɛs]	Stress
préférer qc/qn [pʀefeʀekɛlkəʃoz/kɛlkɛ̃]	etw/jdn bevorzugen, lieber mögen
le repos [ləʀ(ə)po]	Ruhepause, Erholung
un projet [ɛ̃pʀɔʒɛ]	Plan, Vorhaben, Projekt
un copain, une copine [ɛ̃kɔpɛ̃, ynkɔpin]	Kumpel, Freund(in)
une aventure [ynavɑ̃tyʀ]	Abenteuer
rire [ʀiʀ]	lachen
faire rire qn [fɛʀʀiʀkɛlkɛ̃]	jdn zum Lachen bringen
bouger [buʒe]	(sich) bewegen
Ça fait du bien. [safɛdybjɛ̃]	Das tut gut.

2

b **parler de ses goûts** [paʀledəsegu]	über seine Vorlieben sprechen
c **avoir qc en commun** [avwaʀkɛlkəʃozɑ̃kɔmɛ̃]	etw gemeinsam haben
un port [ɛ̃pɔʀ]	Hafen
une piscine [ynpisin]	Schwimmbad

3

a **connaître qc/qn** [kɔnɛtʀkɛlkəʃoz/kɛlkɛ̃]	etw/jdn kennen
b **ce que** [səkə]	das, was

4

un(e) partenaire [ɛ̃/ynpaʀtənɛʀ]	Partner(in)
(je suis) enchanté(e) [(ʒəsɥiz)ɑ̃ʃɑ̃te]	freut mich, angenehm

1.2 Le sport et vous

le sport [ləspɔʀ]	Sport

1

Quel type de personne... ? [kɛltipdəpɛʀsɔn]	Was für ein Typ Mensch...?
un tableau (*pl* -eaux) [ɛ̃/detablo]	*hier*: Tabelle
une habitude [ynabityd]	(An-) Gewohnheit
le jogging [lədʒɔgiŋ]	Joggen
au moins [omwɛ̃]	mindestens
une fois [ynfwa]	einmal
plusieurs fois *adv* [plyzjœʀfwa]	mehrmals

le corps [ləkɔʀ]	Körper
J'en fais beaucoup. [ʒɑ̃fɛboku]	Ich mache es häufig.
rester en forme [ʀɛsteɑ̃fɔʀm]	fit, in Form bleiben
une équipe [ynekip]	Mannschaft, Gruppe
faire du sport en équipe [fɛʀdyspɔʀɑ̃nekip]	Mannschaftssport treiben
sportif (-ive) [spɔʀtif/iv)]	sportlich
avoir envie de faire qc [avwaʀɑ̃vid(ə)fɛʀkɛlkəʃoz]	Lust haben, etw zu tun
ne...jamais *adv* [nə...ʒamɛ]	nie

2

Le sport, c'est la mort ! [ləspɔʀsɛlamɔʀ]	Sport ist Mord!
la mort [lamɔʀ]	Tod
laisser qc à qn [lesekɛlkəʃozakɛlkɛ̃]	jdm etw überlassen
la relaxation [laʀ(ə)laksasjɔ̃]	Entspannung
la musculation [lamyskylasjɔ̃]	Krafttraining
une salle (de sport) [ynsal(də)spɔʀ]	(Sport-) Halle
le dos [ldo]	Rücken
en avoir plein le dos *fam* [ɑ̃navwaʀplɛ̃l(ə)do]	die Nase voll haben
dangereux (-euse) [dɑ̃ʒ(ə)rø/øz]	gefährlich
une blessure [ynblesyʀ]	Verletzung, Wunde
une fracture [ynfʀaktyʀ]	Knochenbruch
des courbatures *f (pl)* [dekuʀbatyr]	Muskelkater
la torture [latɔʀtyr]	Tortur, Qual
faire de l'alpinisme *m* [fɛʀdəlalpinism]	bergsteigen
un téléphérique [ɛ̃telefeʀik]	Skilift, Seilschwebebahn
courir [kuʀiʀ]	laufen, rennen
une forêt [ynfɔʀɛ]	Wald
se promener [səpʀɔm(ə)ne]	Spazieren gehen, umhergehen
descendre une piste [desɑ̃dʀynpist]	eine Piste hinunterfahren
la vitesse [lavitɛs]	Geschwindigkeit
à toute vitesse *adv* [atutvitɛs]	mit Volldampf
faire la queue [fɛʀlakø]	Schlange stehen
remonter [ʀ(ə)mɔ̃te]	wieder hochfahren, hochsteigen
un effort [ɛ̃nefɔʀ]	Anstrengung
le confort [ləkɔ̃fɔʀ]	Komfort
un bouquin *fam* [ɛ̃bukɛ̃]	Buch, Schmöker
la main [lamɛ̃]	Hand
un coussin [ɛ̃kusɛ̃]	Kissen
la tête [latɛt]	Kopf
pas loin [palwɛ̃]	in der Nähe (*wörtl.*: nicht weit)
choisir qc/qn [ʃwaziʀkɛlkəʃoz/kɛlkɛ̃]	etw/jdn (aus)wählen, aussuchen
le bonheur [ləbɔnœr]	Glück
(faire) la sieste [(fɛʀ)lasjɛst]	Mittagsschlaf (machen)
plutôt que *adv* [plytokə]	lieber, vielmehr als
le moral [ləmɔʀal]	(seelische) Verfassung; Moral
un(e) ennemi(e) [ɛ̃/ynen(ə)mi]	Feind(in)

3

b se reposer [səʀ(ə)poze]	ausruhen, sich erholen
un canapé [ɛ̃kanape]	Couch, Sofa
rarement *adv* [ʀaʀ(ə)mɑ̃]	selten
une bibliothèque [ynbiblijɔtɛk]	Bibliothek
c plein de *fam* [plɛ̃də]	viele
un muscle [ɛ̃myskl]	Muskel
en avoir assez [ɑ̃navwaʀase]	genug haben
une grimace [yngʀimas]	Grimasse
attendre son tour [atɑ̃dʀ(ə)sɔ̃tuʀ]	warten, bis man an der Reihe ist

4

a un(e) lecteur (-trice) [ɛ̃lɛktœʀ/ynlɛktʀis]	Leser(in)
un magazine [ɛ̃magazin]	Zeitschrift
être d'accord avec qc/qn [ɛtʀ(ə)dakɔʀavɛk kɛlkəʃoz/kɛlkɛ̃]	mit etw/jdm einverstanden sein
c un lieu [ɛ̃ljø]	Ort
il est question de [ilɛkɛstjɔ̃də]	es ist die Rede von
la natation [lanatasjɔ̃]	Schwimmsport
chaque nuit [ʃak(ə)nɥi]	jede Nacht
vieux, vieil, vieille [vjø/vjɛj/vjɛj]	alt

5

a un domaine [ɛ̃dɔmɛn]	Bereich, Domäne
la santé [lasɑ̃te]	Gesundheit
b obtenir qc [ɔptəniʀkɛlkəʃoz]	etw erhalten/bekommen
ajouter qc [aʒutekɛlkəʃoz]	etw hinzufügen
gagner qc [gaɲekɛlkəʃoz]	etw gewinnen
supplémentaire [syplemɑ̃tɛʀ]	zusätzlich; Zusatz-
le groupe gagnant [ləgʀupgaɲɑ̃]	Gewinnergruppe

7

a aider qn (à faire qc) [edekɛlkɛ̃(afɛʀkɛlkəʃoz)]	jdm helfen (‚etw zu tun)
b nécessaire [nesesɛʀ]	notwendig, nötig
le bricolage [ləbʀikɔlaʒ]	Basteln
un jeu *(pl* jeux) [ɛ̃/deʒø]	Spiel
un jeu vidéo [ɛ̃ʒøvideo]	Computerspiel
le jardinage [ləʒaʀdinaʒ]	Gartenarbeit
la gym [laʒim]	Gymnastik
le VTT [ləvetete]	Mountainbike

8

b l'équitation *f* [lekitasjɔ̃]	Reiten
la Bavière [labavjɛʀ]	Bayern
une colonie de vacances (*Abk* colo) [ynkɔlɔnid(ə) vakɑ̃s/ynkolo]	Ferienlager
aller en colo [aleɑ̃kolo]	ins Ferienlager fahren
la gym en salle [laʒimɑ̃sal]	Hallenturnen

les sports de plein air *m (pl)* [lespɔʀdəplɛnɛʀ]	Sport im Freien
il faut faire qc [ilfofɛʀkɛlkəʃoz]	man muss etw tun
Un point c´est tout ! [ɛ̃pwɛ̃sɛtu]	Da führt kein Weg dran vorbei!

1.3 Loisirs et sorties

1

une exposition (*Abk* expo) [ynɛkspozisjɔ̃]	Ausstellung
aller voir des expos [alevwaʀdezɛkspo]	auf Ausstellungen gehen
faire la fête [fɛʀlafɛt]	feiern
les nouveaux médias [lenuvomedja]	neue Medien
la couture [lakutyʀ]	Nähen, Schneidern
naviguer sur Internet *m* [navigesyʀɛ̃tɛʀnɛt]	im Internet surfen
ennuyeux (-euse) [ɑ̃nɥijø/øz]	langweilig
reposant(e) [ʀ(ə)pozɑ̃/ɑ̃t]	beruhigend, entspannend, erholsam
(se) détendre [(sə)detɑ̃dʀ]	(sich) entspannen
Ça me détend. [sam(ə)detɑ̃]	Das entspannt mich.
barbant(e) *fam* [baʀbɑ̃/ɑ̃t]	öde, langweilig
une perte de temps [ynpɛʀt(ə)dətɑ̃]	Zeitverschwendung
donner son avis *m* [dɔnesɔ̃navi]	seine Meinung äußern
à mon avis [amɔ̃navi]	meiner Meinung nach

2

b sortir [sɔrtir]	(hin)ausgehen

3

se plaindre [səplɛ̃dʀ]	sich beklagen
avoir qc de prévu [avwaʀkɛlkəʃozdəpʀevy]	etw vorhaben
un séminaire [ɛ̃seminɛʀ]	Seminar
une boîte *fam* [ynbwat]	*hier*: Firma
un spectacle [ɛ̃spɛktakl]	Vorstellung, Spektakel
le patinage artistique [ləpatinaʒaʀtistik]	Eiskunstlauf
passer chercher qn [paseʃɛʀʃekɛlkɛ̃]	jdn abholen
tôt *adv* [to]	früh; rechtzeitig
s'habiller [sabije]	sich anziehen, sich kleiden
chaudement *adv* [ʃod(ə)mɑ̃]	warm, heiß
un(e) employé(e) [ɛ̃/ynɑ̃plwaje]	Angestellte(r)

4

recommander qc à qn [ʀ(ə)kɔmɑ̃dekɛlkəʃozakɛlkɛ̃]	jdm etw empfehlen
actuellement *adv* [aktɥɛlmɑ̃]	zurzeit, momentan
fixer qc [fiksekɛlkəʃoz]	etw festlegen

5

décrire qc/qn [dekʀiʀkɛlkəʃoz/kɛlkɛ̃]	etw/jdn beschreiben
le bilan personnel [ləbilɑ̃pɛʀsɔnɛl]	persönliche Bilanz

2 On parle français !

une cabine de bain(s) [ynkabindəbɛ̃]	Umkleidekabine
un colibri [ɛ̃kɔlibʀi]	Kolibri
un vignoble [ɛ̃viɲɔbl]	Weinberg
la pétanque [lapetɑ̃k]	*Boules-Spiel aus Südfrankreich*
un timbre [ɛ̃tɛ̃bʀ]	Briefmarke
Il s'agit de... [ilsaʒidə]	Es handelt sich um...
la France métropolitaine [lafʀɑ̃smetʀɔpɔlitɛn]	Mutterstaat Frankreich
d'origine [dɔʀiʒin]	von Geburt, Herkunft; Ursprungs-
un séjour [ɛ̃seʒuʀ]	Aufenthalt
une description [yndɛskʀipsjɔ̃]	Beschreibung
rédiger qc [ʀediʒekɛlkəʃoz]	etw verfassen
un prospectus [ɛ̃pʀɔspɛktys]	Prospekt
exprimer qc [ɛkspʀimekɛlkəʃoz]	etw ausdrücken, äußern
un souhait [ɛ̃swɛ]	Wunsch
une intention [ynɛ̃tɑ̃sjɔ̃]	Absicht
un choix [ɛ̃ʃwa]	Wahl, Auswahl
un nombre [ɛ̃nɔ̃bʀ]	Zahl

2.1 Wimereux sur la Côte d'Opale

Wimereux [vimrø]	Badeort in Nordfrankreich
une côte [ynkot]	Küste
la Côte d'Opale [lakotdɔpal]	*Küste am Pas-de-Calais*

1

a imaginer qc [imaʒinekɛlkəʃoz]	sich etw vorstellen/ausdenken
rien *adv* [ʀjɛ̃]	nichts
sans rien dire [sɑ̃ʀjɛ̃diʀ]	ohne etw zu sagen
un endroit [ɛ̃nɑ̃dʀwa]	Ort
b situer qc [sitɥekɛlkəʃoz]	etw platzieren
un coin [ɛ̃kwɛ̃]	Ecke; Gegend

2

mentionner qc [mɑ̃sjɔnekɛlkəʃoz]	etw nennen, erwähnen
toute l'année [tutlane]	das ganze Jahr
une tentation [yntɑ̃tasjɔ̃]	Versuchung
lécher [leʃe]	ablecken
faire du lèche-vitrines [fɛʀdylɛʃvitʀin]	einen Schaufensterbummel machen
la peinture [lapɛ̃tyʀ]	Malerei
une galerie de peinture [yngal(ə)ʀid(ə)pɛ̃tyʀ]	Kunstgalerie
un souvenir [ɛ̃suv(ə)niʀ]	Souvenir; Erinnerung

découvrir qc [dekuvʀiʀkɛlkəʃoz]	etw entdecken
un siècle [ɛ̃sjɛkl]	Jahrhundert
une digue [yndig]	Deich
un(e) habitant(e) [ɛ̃nabitɑ̃/ynabitɑ̃t]	Einwohner(in)
un accueil [ɛ̃nakœj]	Empfang
chaleureux (-euse) [ʃalœʀø/øz]	herzlich, warmherzig
une station balnéaire [ynstasjɔ̃balneɛʀ]	Badeort
attendre qc/qn [atɑ̃dʀ(ə)kɛlkəʃoz/kɛlkɛ̃]	auf etw/jdn warten
aux portes de [opɔʀtədə]	vor den Toren von
être situé(e) à deux pas de [ɛtʀ(ə)sitɥeadøpa]	einen Katzensprung entfernt sein
la voile [lavwal]	Segeln
faire de la voile [fɛʀdəlavwal]	segeln

3

a au bord de [obɔʀdə]	am Ufer der/des
au bord de la mer [obɔʀdəlamɛʀ]	am Meer
b signifier qc [siɲifjekɛlkəʃoz]	etw bedeuten
c suggérer qc [sugʒeʀekɛlkəʃoz]	etw suggerieren

5

a faire des progrès en [fɛʀdepʀɔgʀɛɑ̃]	in…Fortschritte machen
essayer qc [esejekɛlkəʃoz]	etw versuchen
une excursion [ynɛkskyʀsjɔ̃]	Ausflug
faire une excursion [fɛʀynɛkskyʀsjɔ̃]	einen Ausflug machen
C'est à côté. [sɛtakote]	Das ist nicht weit von hier.
b un but [ɛ̃by(t)]	Ziel
Dans quel but ? [dɑ̃kɛlby(t)]	Mit welchem Ziel?/ Weswegen?
mieux *adv* [mjø]	besser
améliorer qc [ameljɔʀekɛlkəʃoz]	etw verbessern

6

a une raison [ynʀɛzɔ̃]	Grund
b la motivation [lamɔtivasjɔ̃]	Motivation
un(e) participant(e) [ɛ̃paʀtisipɑ̃/ynpaʀtisipɑ̃t]	Teilnehmer(in)
c suivre un cours [sɥivʀɛ̃kuʀ]	an einem Kurs teilnehmen

7

a l'humeur *f* [lymœʀ]	Laune
b être content(e) [ɛtʀ(ə)kɔ̃tɑ̃/ɑ̃t]	zufrieden/froh sein
une faute [ynfot]	Fehler

Bruxelles [bʀy(k)sɛl]	Brüssel
renommé(e) [ʀ(ə)nɔme]	berühmt, renommiert
passer [pase]	*hier:* verbringen
un(e) étudiant(e) [ɛ̃netydjɑ̃/ynetydjɑ̃t]	Student(in)
étranger (-ère) [etʀɑ̃ʒe/ɛʀ]	ausländisch, fremd
faire de la planche (à voile) [fɛʀd(ə)laplɑ̃ʃ(avwal)]	Surfen
le week-end [ləwikɛnd]	Wochenende
les études *f (pl)* [lezetyd]	Studium
grâce à qn/qc [gʀasakɛlkɛ̃/kɛlkəʃoz]	dank jdm/etw
ERASMUS [eʀasmys]	*universitäres Austauschprogramm*

8

faire des observations sur qn [fɛʀdezɔpsɛʀvasjɔ̃syʀkɛlkɛ̃]	Bemerkungen über jdn machen

9

évoquer qc [evɔkekɛlkəʃoz]	etw in Erinnerung rufen, wachrufen
sauvage [sovaʒ]	wild; *hier:* unberührt
une falaise [ynfalɛz]	Felsen; *hier*: Steilküste
fortifié(e) [fɔʀtifje]	verstärkt; befestigt
ancien (-ienne) [ɑ̃sjɛ̃/jɛn]	alt
le/la plus ancien (-ienne) [ləplyzɑ̃sjɛ̃/laplyzɑ̃sjɛn]	der/die/das älteste
un colombage [ɛ̃kɔlɔ̃baʒ]	Fachwerk
une maison à colombages [ynmezɔ̃akɔlɔ̃baʒ]	Fachwerkhaus
une cicogne [ynsigɔɲ]	Storch
montagneux (-euse) [mɔ̃taɲø/øz]	bergig
accueillir [akœjiʀ]	empfangen, *hier:* beherbergen
la patrie [lapatʀi]	Heimat
la bouillabaisse [labujabɛs]	Bouillabaisse *(provenzalische Fischsuppe)*
un champ [ɛ̃ʃɑ̃]	Feld
la lavande [lalavɑ̃d]	Lavendel
une cigale [ynsigal]	Zikade
un accent chantant [ɛ̃naksɑ̃ʃɑ̃tɑ̃]	melodischer Akzent
une montagne [ynmɔ̃taɲ]	Berg
un musée [ɛ̃myze]	Museum
être à égale distance de [ɛtʀaegaldistɑ̃sdə]	genau so weit entfernt von
une légende [ynleʒɑ̃d]	Legende, Sage
celte [sɛlt]	keltisch
une île [ynil]	Insel
un biniou [ɛ̃binju]	*(bretonischer)* Dudelsack
un haut lieu de [ɛ̃'oljødə]	Hochburg, Zentrum für
un volcan [ɛ̃vɔlkɑ̃]	Vulkan
être célèbre pour [ɛtʀ(ə)selɛbʀ(ə)puʀ]	berühmt sein für
Vichy [viʃi]	*Stadt in Frankreich*

2.2 Séjours en France

1

un(e) artiste [ɛ̃/ynaʀtist]	Künstler(in)
régional(e) (*pl* -aux) [ʀeʒjɔnal/ʀeʒjɔno]	regional
la danse [ladɑ̃z]	Tanz
à pied [apje]	zu Fuß
une période de réflexion *f* [ynpeʀjɔddəʀeflɛksjɔ̃]	Zeit zum Nachdenken
cuisiner qc [kɥizinekɛlkəʃoz]	etw kochen
faire les courses [fɛʀlekuʀs]	einkaufen
une ferme [ynfɛʀm]	Bauernhof
la viande [lavjɑ̃d]	Fleisch
un producteur [ɛ̃pʀɔdyktœʀ]	Erzeuger
préparer qc [pʀepaʀekɛlkəʃoz]	*hier:* etw zubereiten
ensemble *adv* [ɑ̃sɑ̃bl]	zusammen
un plat [ɛ̃pla]	Gericht, Speise
un conseil [ɛ̃kɔ̃sɛj]	Rat, Ratschlag
déguster qc [degystekɛlkəʃoz]	etw probieren, geniessen
malgré *prép* [malgʀe]	trotz
une offre [ynɔfʀ]	Angebot
la randonnée (pédestre) [laʀɑ̃dɔne(pedɛstʀ)]	Wandern
un sac à dos [ɛ̃sakado]	Rucksack
étudier qc [etydjekɛlkəʃoz]	etw studieren
la faune [lafon]	Fauna
la flore [laflɔʀ]	Flora
un(e) guide expérimenté(e) [ɛ̃/yngidɛkspeʀimɑ̃te]	erfahrene(r) (Reise-) Führer(in)
un circuit [ɛ̃siʀkɥi]	Rundweg
un écrivain, une femme écrivain [ɛ̃nekʀivɛ̃/ynfamekʀivɛ̃]	Schriftsteller(in)
un peintre, une femme peintre [ɛ̃pɛ̃tʀ/ynfampɛ̃tʀ]	Maler(in)
un matin [ɛ̃matɛ̃]	Morgen
le matin [ləmatɛ̃]	vormittags
Boulogne-sur-Mer [bulɔɲsyʀmɛʀ]	*Stadt in Nordfrankreich*
un tour en vélo [ɛ̃tuʀɑ̃velo]	Radtour
la Loire [lalwaʀ]	*hier:* Loire-Tal
la Touraine [latuʀɛn]	*Gegend um Tours*
un château (*pl* -eaux) [ɛ̃/deʃato]	Schloss
la détente [ladetɑ̃t]	Entspannung
une cure de thalasso [ynkyʀd(ə)talaso]	Thalassotherapie
la Bretagne [labʀətaɲ]	Bretagne
une inscription [ynɛ̃skʀipsjɔ̃]	Einschreibung
la méditation [lameditasjɔ̃]	Meditation
un monastère [ɛ̃mɔnastɛʀ]	Kloster
la Bourgogne [labuʀgɔɲ]	Burgund
le calme [ləkalm]	Ruhe
le sens [ləsɑ̃s]	Sinn
s'adresser à qn [sadʀeseakɛlkɛ̃]	sich an jdn wenden/ richten
un amateur [ɛ̃namatœʀ]	*hier:* Liebhaber
l'âge *m* [lɑʒ]	Alter
de tout âge [dətutɑʒ]	jeden Alters
la danse folklorique [ladɑ̃sfɔlklɔʀik]	Volkstanz

2

c faire fuir qn [fɛʀfɥiʀkɛlkɛ̃]	jdn abschrecken, abstoßen

3

a une fiche [ynfiʃ]	Zettel
l'hébergement *m* [lebɛʀʒəmɑ̃]	Unterkunft
b se mettre d'accord sur qc [səmɛt(ʀə)dakɔʀsyʀkɛlkəʃoz]	sich auf etw einigen
un renseignement [ɛ̃ʀɑ̃sɛɲ(ə)mɑ̃]	Auskunft
une condition [ynkɔ̃disjɔ̃]	Bedingung
demander des renseignements sur qc [dəmɑ̃dedeʀɑ̃sɛɲəmɑ̃syʀkɛlkəʃoz]	Informationen einholen über etw
Auriez-vous... [ɔʀjevu]	Hätten Sie...
c préciser que [pʀesizekə]	erklären, näherausführen, dass
emmener qc/qn [ɑ̃m(ə)nekɛlk(ə)ʃoz/kɛlkɛ̃]	etw/jdn mitnehmen
être allergique à [ɛtʀalɛʀʒika]	allergisch sein auf
des poils *m* **de chat** [depwaldəʃa]	Katzenhaare
végétarien (-ienne) [veʒetaʀjɛ̃/jɛn]	Vegetarier(in)
tranquille [tʀɑ̃kil]	ruhig
louer qc [lwekɛlkəʃoz]	etw mieten
désirer qc [deziʀekɛlkəʃoz]	etw wünschen, verlangen

4

a un endroit idyllique [ɛ̃nɑ̃dʀwaidilik]	idyllischer Ort
provençal(e) (*pl* -aux) [pʀɔvɑ̃sal/pʀɔvɑ̃so]	provenzalisch
un roman [ɛ̃ʀɔmɑ̃]	Roman
c ne...pas du tout *adv* [nə...padytu]	überhaupt nicht
pratique [pʀatik]	praktisch, nützlich

5

a tirer au sort [tiʀeosɔʀ]	(aus)losen
convaincre qn [kɔ̃vɛ̃kʀ(ə)kɛlkɛ̃]	jdn überzeugen

2.3 A la découverte de la Réunion

à la découverte de [aladekuvɛʀt(ə)də]	auf Entdeckungstour von
la Réunion [laʀeynjɔ̃]	*Insel im indischen Ozean*

1

une île à grand spectacle [ynilagʀɑ̃spɛktakl]	Insel mit vielen Gesichtern
un département [ɛ̃depaʀtəmɑ̃]	Departement
pas tout à fait [patutafɛ]	nicht ganz
sur fond de [syʀfɔ̃də]	vor dem Hintergrund von

créole [kʀeɔl]	kreolisch
indien (-ienne) [ɛ̃djɛ̃/jɛn]	indisch
chinois(e) [ʃinwa/az]	chinesisch
européen (-enne) [øʀɔpeɛ̃/ɛn]	europäisch
vif (-ive) [vif/viv]	*hier:* kräftig, leuchtend
tropical (*pl* -aux) [tʀɔpikal/o]	tropisch
le bleu turquoise [ləbløtyʀkwaz]	türkisblau
le vert [ləvɛʀ]	das Grün
intense [ɛ̃tɑ̃s]	intensiv
une colline [ynkɔlin]	Hügel
la vanille [lavanij]	Vanille
flotter [flɔte]	schweben
irrésistible [iʀezistibl]	unwiderstehlich
impressioner qn [ɛ̃pʀesjɔnekɛlkɛ̃]	jdn beeindrucken
un(e) voyageur (-euse) [ɛ̃vwajaʒœʀ/ynvwajaʒøz]	Reisende(r)
un(e) vacancier (-ière) [ɛ̃vakɑ̃sje/ynvakɑ̃sjɛʀ]	Urlauber(in)
le farniente [ləfaʀnjɑ̃t/ləfaʀnjɛnt(e)]	Nichtstun
en passant par [ɑ̃pasɑ̃paʀ]	*hier:* bis hin zu
le canyoning [ləkanjɔniŋ]	Wildwasserfahren
là-bas [laba]	dort
briller [bʀije]	scheinen, glänzen
exotique [ɛgzɔtik]	exotisch
inoubliable [inublijabl]	unvergesslich
quitter qc/qn [kitekɛlkəʃoz/kɛlkɛ̃]	etw/jdn verlassen
un regret [ɛ̃ʀ(ə)gʀɛ]	Bedauern
un vol [ɛ̃vɔl]	Flug
à...heures de vol [a...œʀdəvɔl]	...Flugstunden entfernt

2

a concernant [kɔ̃sɛʀnɑ̃]	was...betrifft

3

a se cacher [səkaʃe]	sich verstecken
un cliché [ɛ̃kliʃe]	Klischee

4

b surgi(e) de (*inf* surgir) [syʀʒidə]	plötzlich aufgetaucht
il y a...d'années [ilja...dane]	vor...Jahren
un million de [ɛ̃miljɔ̃də]	eine Million
l'océan Indien [lɔseɑ̃ɛ̃djɛ̃]	Indischer Ozean
à...km de [a...kilɔmɛtʀ(ə)də]	...km entfernt von
à partir de [apaʀtiʀdə]	von...an, ab
les DOM-TOM [ledɔmtɔm]	*überseeische Departements und Gebiete*
compter [kɔ̃te]	zählen
un sentier de randonnée [ɛ̃sɑ̃tjedəʀɑ̃dɔne]	Wanderweg
un piton [ɛ̃pitɔ̃]	Bergspitze
la neige [lanɛʒ]	Schnee
un(e) amoureux (-euse) [ɛ̃namuʀø/ynamuʀøz]	Verehrer(in), Liebhaber(in)
sur une longueur de [syʀynlɔ̃gœʀdə]	auf einer Länge von
près de [pʀɛdə]	*hier:* fast

5

a la Chambre de Commerce et d'Industrie [laʃɑ̃bʀ(ə)dəkɔmɛʀsedɛ̃dystʀi]	Industrie- und Handelskammer
un(e) stagiaire [ɛ̃/ynstaʒjɛʀ]	Praktikant(in)
la restauration [laʀɛstɔʀasjɔ̃]	Gaststättengewerbe
une candidature [ynkɑ̃didatyʀ]	Bewerbung
b un rapport [ɛ̃ʀapɔʀ]	Verbindung, Beziehung
être en rapport avec [ɛtʀɑ̃ʀapɔʀavɛk]	in Verbindung stehen mit
la Suisse [lasɥis]	Schweiz
le/la meilleur(e) [lə/lamɛjœʀ]	der/die/das Beste
faire la saison [fɛʀlasɛzɔ̃]	Saisonarbeit machen
une balade [ynbalad]	Spaziergang
superbe [sypɛʀb]	wundervoll
le Québec [ləkebɛk]	Quebec
un visa [ɛ̃viza]	Visum
Genève [ʒənɛv]	Genf
Tahiti [taiti]	Tahiti
commencer par [kɔmɑ̃sepaʀ]	beginnen mit
la Polynésie [lapɔlinezi]	Polynesien
la Nouvelle-Zélande [lanuvɛlzelɑ̃d]	Neuseeland

7

a un rêve [ɛ̃ʀɛv]	Traum
b précédé(e) de [pʀesededə]	angeführt von
c un journal (*pl* -aux) [ɛ̃ʒuʀnal/deʒuʀno]	Tageszeitung
un kiosque [ɛ̃kjɔsk]	(Zeitungs-) Kiosk
un port [ɛ̃pɔʀ]	Hafen
un office de tourisme [ɛ̃nɔfisdətuʀism]	Touristeninformation
une plantation [ynplɑ̃tasjɔ̃]	Plantage
une plage [ynplaʒ]	Strand

9

avoir besoin de qc/qn [avwaʀbəswɛ̃dəkɛlkəʃoz/kɛlkɛ̃]	etw/jdn brauchen
un événement [ɛ̃nevɛn(ə)mɑ̃]	Ereignis

3 Amour et amitié

l'amour *m* [lamuʀ]	Liebe
l'amitié *f* [lamitje]	Freundschaft
une relation humaine [ynʀəlasjɔ̃ymɛn]	Beziehung
l'expérience *f* [lɛkspeʀjɑ̃s]	Erfahrung
juger qc/qn [ʒyʒekɛlkəʃoz/kɛlkɛ̃]	etw/jdn beurteilen

3.1 Les grands mots d'amour

un grand mot [ɛ̃gʀɑ̃mo]	großes Wort, Versprechen

1

	un baiser [ɛ̃beze]	Kuss
	délicat(e) [delika/at]	*hier:* schwierig, heikel
	une manière [ynmanjɛʀ]	Art
	un petit mot [ɛ̃p(ə)timo]	Kosewort
	un gros mot [ɛ̃gʀomo]	Schimpfwort
	ordinaire [ɔʀdinɛʀ]	gewöhnlich
	parfait(e) [paʀfɛ/ɛt]	perfekt
	devoir [dəvwaʀ]	müssen
	un œil (*pl* des yeux) [ɛ̃nœj/dezjø]	Auge(n)
	fermer un œil [fɛʀmeɛ̃nœj]	ein Auge zudrücken
	garder qc/qn [gaʀdekɛlkəʃoz/kɛlkɛ̃]	etw/jdn behalten
	répondre à qn [ʀepɔ̃dʀakɛlkɛ̃]	jdm antworten
	sécher [seʃe]	trocknen
	une larme [ynlaʀm]	Träne
	couler [kule]	fließen, rinnen

2

a	**une dent** [ydɑ̃]	Zahn
	pleurer [plœʀe]	weinen
	embrasser qn [ɑ̃bʀasekɛlkɛ̃]	jdn küssen, umarmen

3

	triste [tʀist]	traurig
	beau, bel, belle [bo/bɛl/bɛl]	schön

4

	gros, grosse [gʀo/gʀos]	dick

6

	blond(e) [blɔ̃/d]	blond
	brun, brune [bʀœ̃/bʀyn]	braun
	une soirée [ynswaʀe]	Abend *(in seinem Verlauf)*; Abendveranstaltung
	séduire qn [sedɥiʀkɛlkɛ̃]	jdn verführen, verleiten

7

	une entreprise [ynɑ̃tʀəpʀiz]	Unternehmen
	une valise [ynvaliz]	Koffer
	un couple [ɛ̃kupl]	Paar

8

a	**faire le régime** [fɛʀləʀeʒim]	eine Diät machen
	russe [ʀys]	russisch
	un pote *fam* [ɛ̃pɔt]	Kumpel
	un match de coupe de France [ɛ̃matʃdəkupdəfʀɑ̃s]	französische Meisterschaft
	battre [batʀ(ə)]	schlagen
	s'éterniser [setɛʀnize]	sich in die Länge ziehen
	masser qc/qn [masekɛlkəʃoz/kɛlkɛ̃]	etw/jdn massieren
	seul(e) [sœl]	allein, einsam
	fumer [fyme]	rauchen
	avoir horreur de qc [avwaʀɔʀœʀdəkɛlkəʃoz]	etw nicht ausstehen können
	un anniversaire [ɛ̃anivɛʀsɛʀ]	Geburtstag
	demander conseil à qn [dəmɑ̃dekɔ̃sɛjakɛlkɛ̃]	jdn um Rat fragen
c	**une preuve d'amour** [ynpʀœvdamuʀ]	Liebesbeweis

9

a	**rimer avec** [ʀimeavɛk]	sich mit etw reimen
b	**un poème** [ɛ̃pɔɛm]	Gedicht

3.2 Les mystères de la sympathie

	un mystère [ɛ̃mistɛʀ]	Geheimnis

1

a	**une déclaration** [yndeklaʀasjɔ̃]	Aussage
	ne...rien *adv* [nə...ʀjɛ̃]	nichts
	à mes yeux [amezjø]	meiner Meinung nach
	aussi...que [osi...kə]	genauso...wie
	dans les deux cas [dɑ̃ledøka]	in beiden Fällen
	tout de suite *adv* [tud(ə)sɥit]	sofort
	dès le départ [dɛl(ə)depaʀ]	von Anfang an
	le physique [ləfizik]	Aussehen
	jouer un grand rôle [ʒweɛ̃gʀɑ̃ʀol]	eine große Rolle spielen
	un visage [ɛ̃vizaʒ]	Gesicht
	expressif (-ive) [ɛkspʀɛsif/iv]	ausdrucksvoll
	franc (-che) [fʀɑ̃/fʀɑ̃ʃ]	offenherzig, natürlich
	un sourire franc [ɛ̃suʀiʀfʀɑ̃]	natürliches/ungezwungenes Lächeln
	drôle [dʀol]	merkwürdig, seltsam; witzig
	être attiré(e) par qc/qn [ɛtʀatiʀepaʀkɛlkəʃoz/kɛlkɛ̃]	von etw/jdm angezogen werden
	plus...que [ply...kə]	mehr...als
	décontracté(e) [dekɔ̃tʀakte]	lässig, entspannt
	moins...que [mwɛ̃...kə]	weniger...als
	passionné(e) [pasjɔne]	begeistert, leidenschaftlich
	supporter qc/qn [sypɔʀtekɛlkəʃoz/kɛlkɛ̃]	etw/jdn ertragen
	sérieux (-ieuse) [seʀjø/jøz]	ernst

3

	un sondage [ɛ̃sɔ̃daʒ]	Umfrage

4

	un trait de caractère [ɛ̃tʀɛd(ə)kaʀaktɛʀ]	Charakterzug
	apprécier qc/qn [apʀesjekɛlkəʃoz/kɛlkɛ̃]	etw/jdn schätzen
	s'entendre avec qn [sɑ̃tɑ̃dʀavɛkkɛlkɛ̃]	sich mit jdm verstehen
	dépendre de qc/qn [depɑ̃dʀ(ə)dəkɛlkəʃoz/kɛlkɛ̃]	abhängig sein von etw/jdm

5

b	**un(e) partenaire** [ɛ̃/ynpaʀtənɛʀ]	Partner(in)
	timide [timid]	schüchtern

6

b ne...personne *adv* [nə...pɛʀsɔn]	niemand
être marié(e) avec qn [ɛtʀ(ə)maʀjeavɛkkɛlkɛ̃]	mit jdm verheiratet sein
parfois *adv* [paʀfwa]	manchmal
une affaire [ynafɛʀ]	Angelegenheit; Sache
c réfléchir [ʀefleʃiʀ]	nachdenken, überlegen
se lever tôt [səl(ə)veto]	früh aufstehen
le bruit [ləbʀɥi]	Lärm
s'énerver [senɛʀve]	sich aufregen

3.3. En France, tout finit par des chansons.

finir par [finiʀpaʀ]	enden mit

1

un(e) chanteur (-euse) [ɛ̃ʃɑ̃tœʀ/ynʃɑ̃tøz]	Sänger(in)

2

se faire confiance [s(ə)fɛʀkɔ̃fjɑ̃s]	Vertrauen zueinander haben
la vérité [laveʀite]	Wahrheit
mentir à qn [mɑ̃tiʀakɛlkɛ̃]	jdn belügen
un défaut [ɛ̃defo]	Fehler
surprendre qn [syʀpʀɑ̃dʀ(ə)kɛlkɛ̃]	jdn überraschen
similaire [similɛʀ]	ähnlich

4

progresser [pʀɔgʀese]	vorankommen, Fortschritte machen
se développer [sədev(ə)lɔpe]	sich entwickeln
anticiper [ɑ̃tisipe]	vorgreifen, vorwegnehmen
évoluer [evɔlɥe]	sich weiterentwickeln
entreprendre qc [ɑ̃tʀəpʀɑ̃dʀkɛlkəʃoz]	etw unternehmen
se reprendre [səʀ(ə)pʀɑ̃dʀ]	sich wieder fangen
s'étendre [setɑ̃dʀ]	sich ausbreiten, entfalten
refaçonner qc/qn [ʀəfasɔnekɛlkəʃoz/kɛlkɛ̃]	etw/jdn umformen, verändern
un détour [ɛ̃detuʀ]	Umweg
gémir [ʒemiʀ]	*hier:* stöhnen
mugir [myʒiʀ]	heulen, toben, brüllen
ralentir [ʀalɑ̃tiʀ]	langsam werden, abschwächen
s'abrutir [sabʀytiʀ]	abstumpfen, verblöden
contredire qn [kɔ̃tʀədiʀkɛlkɛ̃]	jdm widersprechen
respirer [ʀɛspiʀe]	atmen
mentir comme on respire [mɑ̃tiʀkɔmɔ̃ʀɛspiʀ]	wie gedruckt lügen
avoir la tête en l'air [avwaʀlatɛtɑ̃lɛʀ]	mit den Gedanken woanders sein
se complaire à faire qc [səkɔ̃plɛʀafɛʀkɛlkəʃoz]	Gefallen daran finden, etw zu tun
solitaire [sɔlitɛʀ]	allein, einsam
s'emporter [sɑ̃pɔʀte]	sich erregen
regretter qc/qn [ʀ(ə)gʀetekɛlkəʃoz/kɛlkɛ̃]	etw/jdn bedauern
le passé [ləpase]	Vergangenheit
épouser qn [epuzekɛlkɛ̃]	jdn heiraten
se garer [səgaʀe]	parken
un trottoir [ɛ̃tʀɔtwaʀ]	Bürgersteig
avoir le cafard *fam* [avwaʀləkafaʀ]	Trübsal blasen
possessif (-ive) [pɔsesif/iv]	besitzergreifend
excessif (-ive) [ɛksɛsif/iv]	exzessiv, maßlos
impulsif (-ive) [ɛ̃pylsif/iv]	impulsiv
agressif (-ive) [agʀɛsif/iv]	aggressiv
hystérique [isterik]	hysterisch
ridicule [ʀidikyl]	lächerlich
pathétique [patetik]	pathetisch
le bac du chat [l(ə)bakdyʃa]	Katzenklo
reprocher qc à qn [ʀəpʀɔʃekɛlkəʃozakɛlkɛ̃]	jdm etw vorwerfen

5

a stupide [stypid]	dumm; sinnlos
ranger la voiture [ʀɑ̃ʒelavwatyʀ]	das Auto parken
plaire à qn [plɛʀakɛlkɛ̃]	jdm gefallen
se mettre en colère [s(ə)mɛtʀɑ̃kɔlɛʀ]	wütend werden
un cri de douleur [ɛ̃kʀid(ə)dulœʀ]	Schmerzensschrei
b être déprimé(e) [ɛtʀ(ə)deprime]	deprimiert sein

6

b insignifiant(e) [ɛ̃siɲifjɑ̃/ɑ̃t]	unbedeutend
exagérer [ɛgzaʒeʀe]	übertreiben
Ce n'est pas grave. [sənɛpagʀav]	Das ist nicht schlimm.

7

un fou, une folle [ɛ̃fu/ynfɔl]	Verrückte(r)

9

un dé [ɛ̃de]	Würfel
jeter les dés [ʒetelɛde]	würfeln
défendre qc/qn [defɑ̃dʀ(ə)kɛlkəʃoz/kɛlkɛ̃]	etw/jdn verteidigen
vendre qc [vɑ̃dʀ(ə)kɛlkəʃoz]	etw verkaufen

11

a perdre la tête [pɛʀdʀ(ə)latɛt]	den Kopf verlieren
une dispute [yndispyt]	Streit
claquer la porte [klakelapɔʀt]	die Tür zuknallen

12

a un point de vue [ɛ̃pwɛ̃d(ə)vy]	Gesichtspunkt, Standpunkt
un reproche [ɛ̃ʀ(ə)pʀɔʃ]	Vorwurf
typique [tipik]	typisch

Bilan 1

4 border [bɔʀde]	säumen
une butte [ynbyt]	Hügel
5 un exploit [ɛ̃nɛksplwa]	herausragende Leistung

4 Voyage

4.1 Départ

le départ [lədepaʀ]	Abfahrt, Aufbruch
un voyage [ɛ̃vwajaʒ]	Reise
les vacances *f (pl)* [levakɑ̃s]	Ferien, Urlaub
prendre position pour/contre qc [pʀɑ̃dʀ(ə) pozisjɔ̃puʀ/kɔ̃tʀ(ə)kɛlkəʃoz]	Stellung für/gegen etw beziehen
un moyen [ɛ̃mwajɛ̃]	Mittel
un moyen de transport [ɛ̃mwajɛ̃d(ə)tʀɑ̃spɔʀ]	Verkehrsmittel

2

a rassembler qc [ʀasɑ̃blekɛlkəʃoz]	etw (ein)sammeln
les affaires *f (pl)* [lezafɛʀ]	Sachen, Hab und Gut
ranger qc [ʀɑ̃ʒekɛlkəʃoz]	etw aufräumen, ordnen
les jouets *m (pl)* [leʒwɛ]	Spielsachen
faire les valises [fɛʀlevaliz]	Koffer packen
le volant [ləvɔlɑ̃]	Steuer *(Auto)*, Lenkrad
se mettre au volant [səmɛtʀovɔlɑ̃]	sich ans Steuer setzen
monter dans [mɔ̃tedɑ̃]	einsteigen in
une portière [ynpɔʀtjɛʀ]	Wagentür
démarrer [demaʀe]	an-, abfahren
un geste [ɛ̃ʒɛst]	Geste, Bewegung
disparaître [dispaʀɛtʀ]	verschwinden

3

a le sens du mot [ləsɑ̃sdymo]	Wortbedeutung

4

partir en vacances [paʀtiʀɑ̃vakɑ̃s]	in Urlaub fahren

6

a suivant(e) [sɥivɑ̃/ɑ̃t]	folgende(r)
pour quinze jours [puʀkɛ̃zʒuʀ]	für 14 Tagen
un gîte rural [ɛ̃ʒitʀyʀal]	*Ferienhaus auf dem Land*
une croisière [ynkʀwazjɛʀ]	Kreuzfahrt
un paquebot [ɛ̃pak(ə)bo]	Passagierdampfer
une traversée [yntʀavɛʀse]	Überquerung
le Sahara [ləsaaʀa]	die Sahara
un dromadaire [ɛ̃dʀɔmadɛʀ]	Dromedar
b chacun(e) [ʃakœ̃/ʃakyn]	jede (-r, -s)
estimer qc/qn [ɛstimekɛlk(ə)lkəʃoz/kɛlkɛ̃]	etw/jdn (ein)schätzen
indispensable [ɛ̃dispɑ̃sabl]	unerlässlich
inutile [inytil]	unnütz, nutzlos
superflu(e) [sypɛʀfly]	überflüssig

7

le retour [ləʀ(ə)tuʀ]	Rückkehr, Heimkehr
l'arrivée *f* [laʀive]	Ankunft

8

descendre [desɑ̃dʀ]	hinuntergehen
mourir [muʀiʀ]	sterben
être mort(e) [ɛtʀ(ə)mɔʀ(t)]	gestorben sein
	geboren werden; entstehen
être né(e) [ɛtʀ(ə)ne]	geboren sein
partir [paʀtiʀ]	losgehen, -fahren
tomber [tɔ̃be]	fallen
rentrer [ʀɑ̃tʀe]	zurückgehen, heimkehren
devenir [dəv(ə)niʀ]	werden

9

toucher qc/qn [tuʃekɛlkəʃoz/kɛlkɛ̃]	etw/jdn berühren
le désert [ladezɛʀ]	Wüste
une montgolfière [ynmɔ̃gɔlfjɛʀ]	Heißluftballon
un escargot [ɛ̃nɛskaʀgo]	Schnecke
faire de la plongée sous-marine [fɛʀd(ə)laplɔ̃ʒesumaʀin]	tauchen
l'Afrique *f* [lafʀik]	Afrika
partir en voyage [paʀtiʀɑ̃vwajaʒ]	verreisen
les bagages *m (pl)* [lebagaʒ]	(Reise-) Gepäck
sans bagages [sɑ̃bagaʒ]	ohne Gepäck
le loto [ləloto]	Lotto

10

se préparer [səpʀepaʀe]	sich zurechtmachen, sich vorbereiten

11

dernier (-ière) [dɛʀnje/jɛʀ]	letzte(-r, -s)
s'ennuyer [sɑ̃nɥije]	sich langweilen
se disputer avec qn [sədispyteavɛkkɛlkɛ̃]	sich mit jdm streiten
se coucher [səkuʃe]	ins Bett gehen

13

a l'Amazonie *f* [lamazɔni]	Amazonien
la jungle [laʒœgl/laʒɔ̃gl]	Dschungel
Majorque [maʒɔʀk]	Mallorca
profiter de qc [pʀɔfitedəkɛlkəʃoz]	etw ausnutzen, profitieren von
remarquer qc [ʀəmaʀkekɛlkəʃoz]	etw bemerken
C'est pas mon truc. *fam* [sɛpamɔ̃tʀyk]	Das ist nicht mein Ding .
un hôtel 4 étoiles [ɛ̃nɔtɛlkatʀetwal]	4-Sterne-Hotel
l'île Maurice *f* [lilmɔʀis]	Mauritius
se la couler douce *fam* [s(ə)lakuledus]	es sich gut gehen lassen
l'Antarctique *m* [lɑ̃taʀktik]	Antarktis
b un intérêt [ɛ̃nɛ̃teʀɛ]	Interesse
une solution [ynsɔlysjɔ̃]	Lösung

4.2 Evasion

l'évasion *f* [levazjɔ̃]	Flucht

1

a un texte publicitaire [ɛ̃tɛkstpyblisitɛʀ]	Werbetext
un rayon [ɛ̃ʀɛjɔ̃]	(Licht-) Strahl
le soleil levant [ləsɔlɛjləvɑ̃]	aufgehende Sonne
un château d'eau [ɛ̃ʃatodo]	Wasserturm
parer qc [paʀekɛlkəʃoz]	etw schmücken
une auréole [ynoʀeɔl]	Heiligenschein, Nimbus
parcourir [paʀkuʀiʀ]	durchreisen, -queren
la Chine [laʃin]	China
une gare [yngaʀ]	Bahnhof

2

a le soleil couchant [ləsɔlɛjkuʃɑ̃]	untergehende Sonne
un(e) saint(e) [ɛ̃sɛ̃/ynsɛ̃t]	Heilige(r)
b vanter qc/qn [vɑ̃tekɛlkəʃoz/kɛlkɛ̃]	etw/jdn anpreisen
c original(e) (*pl* -aux) [ɔʀiʒinal/ɔʀiʒino]	originell

3

se passer [səpase]	geschehen, sich
zutragen	

4

la fiction [lafiksjɔ̃]	Fiktion, Erfindung
une revue [ynʀəvy]	Zeitschrift, Revue
un roman policier [ɛ̃ʀɔmɑ̃pɔlisje]	Krimi, Kriminalroman
~ de science fiction [...dəsjɑ̃sfiksjɔ̃]	Science-fiction ~
~ d'amour [...damuʀ]	Liebes ~
~ historique [...istɔʀik]	historischer ~
permettre à qn de faire qc [pɛʀmɛtʀakɛlkɛ̃dəfɛʀ kɛlkəʃoz]	jdm erlauben, etw zu tun
rêver de qc/qn [ʀevedəkɛlkəʃoz/kɛlkɛ̃]	von etw/jdm träumen
s'évader [sevade]	entfliehen, flüchten

5

être en train de faire qc [ɛtʀɑ̃tʀɛ̃dəfɛʀkɛlkəʃoz]	dabei sein, etw zu tun
le train (-train) quotidien [lətʀɛ̃(tʀɛ̃)kɔtidjɛ̃]	Alltagstrott
quotidien (-ienne) [kɔtidjɛ̃/jɛn]	alltäglich, gewöhnlich
sûr(e) [syʀ]	sicher
ponctuel (-elle) [pɔ̃ktɥɛl]	pünktlich

7

b repasser qc [ʀ(ə)pasekɛlkəʃoz]	etw bügeln
une chemise [ynʃəmiz]	Hemd
un compartiment [ɛ̃kɔ̃paʀtimɑ̃]	(Zug-) Abteil
s'endormir [sɑ̃dɔʀmiʀ]	einschlafen
une clé/clef [ynkle]	Schlüssel
fermer une porte à clé [fɛʀmeynpɔʀtakle]	eine Tür zuschließen
passer chez qn [paseʃekɛlkɛ̃]	bei jdm vorbeigehen
se retrouver [səʀ(ə)tʀuve]	sich wiederfinden

8

a un mot-clé [ɛ̃mokle]	Schlüsselwort
échanger qc (contre qc) [eʃɑ̃ʒekɛlkəʃoz (kɔ̃tʀ(ə)kɛlkəʃoz)]	etw (gegen etw) austauschen

4.3 Transports

1

a une pancarte [ynpɑ̃kaʀt]	Plakat, Schild
poli(e) [pɔli]	höflich
un contrôleur [ɛ̃kɔ̃tʀolœʀ]	Schaffner, Kontrolleur
valable [valabl]	gültig
b un message [ɛ̃mesaʒ]	Botschaft, Nachricht

2

a accompagner qc/qn [akɔ̃paɲekɛlkəʃoz/kɛlkɛ̃]	etw/jdn begleiten
le vandalisme [ləvɑ̃dalism]	Vandalismus
la criminalité [lakʀiminalite]	Kriminalität
fréquent(e) [fʀekɑ̃/ɑ̃t]	häufig
une voie [ynvwa]	Gleis
faire tout son possible [fɛʀtusɔ̃pɔsibl]	sein Möglichstes tun
réduire [ʀedɥiʀ]	verringern, senken
b une campagne [ynkɑ̃paɲ]	*hier:* (Werbe-) Kampagne
négatif (-ive) [negatif/iv]	negativ
faire des expériences négatives [fɛʀdɛzɛkspeʀjɑ̃snegativ]	schlechte Erfahrungen machen
les transports en commun [letʀɑ̃spɔʀɑ̃kɔmœ̃]	öffentliche Verkehrsmittel
positif (-ive) [pozitif/iv]	positiv
la violence [lavjɔlɑ̃s]	Gewalt
l'indifférence *f* [lɛ̃difeʀɑ̃s]	Gleichgültigkeit

3

b recevoir qc/qn [ʀəsəvwaʀkɛlkəʃoz/kɛlkɛ̃]	etw erhalten, jdn empfangen
c libre [libʀ]	frei

4

une réservation [ynʀesɛʀvasjɔ̃]	Reservierung
servir qn [sɛʀviʀkɛlkɛ̃]	jdn bedienen
être désolé(e) [ɛtʀ(ə)dezɔle]	etw bedauern
complet (-ète) [kɔ̃plɛ/ɛt]	voll, besetzt
Ça vous va ? [savuva]	Ist Ihnen das recht?
sauf *prép* [sof]	außer
un billet [ɛ̃bijɛ]	(Fahr-) Schein
au lieu de [oljødə]	statt
régler [ʀegle]	bezahlen; regeln

retirer son billet [ʀətiʀesɔ̃bijɛ] — eine Fahrkarte lösen
un distributeur [ɛ̃distʀibytœʀ] — Automat, Verteiler
une proposition [ynpʀɔpozisjɔ̃] — Vorschlag

b **une couchette** [ynkuʃɛt] — Liegeplatz, Klappbett
fumeur/non-fumeur [fymœʀ/nɔ̃fymœʀ] — Raucher/Nichtraucher
être dans le sens de la marche [ɛtʀ(ə)dɑ̃ləsɑ̃sdəlamaʀʃ] — in Fahrtrichtung sitzen
une réduction [ynʀedyksjɔ̃] — Ermäßigung

5

b **une panne** [ynpan] — Panne
un portable [ɛ̃pɔʀtabl] — Mobitelefon, Handy
un supplément [ɛ̃syplemɑ̃] — Zuschlag; Aufschlag
arriver en retard [aʀiveɑ̃ʀ(ə)taʀ] — mit Verspätung ankommen

6

un sac [ɛ̃sak] — (Hand-) Tasche, Beutel
une correspondance [ynkɔʀɛspɔ̃dɑ̃s] — *hier:* Anschlusszug
tant de monde [tɑ̃d(ə)mɔ̃d] — so viele Leute
un salon de l'électronique [ɛ̃salɔ̃d(ə)lelɛktʀɔnik] — Elektronikmesse
dur(e) [dyʀ] — hart, schwierig
faire grève [fɛʀgʀɛv] — streiken
malheureusement *adv* [maløʀøzmɑ̃] — unglücklicherweise, leider
annuler qc [anylekɛlkəʃoz] — etw annulieren, stornieren

7

même si *adv* [mɛmsi] — selbst wenn

8

chercher sur Internet [ʃɛʀʃesyʀɛ̃tɛʀnɛt] — surfen

5 Un métier pour la vie ?

un métier [ɛ̃metje] — Beruf
un curriculum vitae (*Abk*: CV) [ɛ̃kyʀikylɔmvite/ɛ̃seve] — Lebenslauf
une formation [ynfɔrmasjɔ̃] — Ausbildung
professionnel (-elle) [pʀɔfɛsjɔnɛl] — beruflich
un parcours professionnel [ɛ̃paʀkuʀpʀɔfɛsjɔnɛl] — beruflicher Werdegang
un entretien d'embauche [ɛ̃nɑ̃tʀətjɛ̃dɑ̃boʃ] — Vorstellungsgespräch
une rencontre professionnelle [ynʀɑ̃kɔ̃tʀpʀɔfɛsjɔnɛl] — Geschäftstermin/-treffen

5.1 Pourquoi faites-vous ce métier ?

2

a **une vocation** [ynvɔkasjɔ̃] — Berufung, Neigung
par ~ [paʀvɔkasjɔ̃] — aus Berufung
par hasard [paʀazaʀ] — durch Zufall, zufällig
en tout cas [ɑ̃tuka] — auf jeden Fall
un(e) dentiste [ɛ̃/yndɑ̃tist] — Zahnarzt, Zahnärztin
un(e) fleuriste [ɛ̃/ynflœʀist] — Blumenhändler(in)
un(e) comptable [ɛ̃/ynkɔ̃tabl] — Buchhalter, Buchhälterin

4

a **un infirmier (-ière)** [ɛ̃nɛ̃fiʀmje/jɛʀ] — Krankenpfleger(in)
un hôpital *(pl* -aux) [ɛ̃nɔpital/dezɔpito] — Krankenhaus
être hospitalisé(e) [ɛtʀɔspitalize] — im Krankenhaus liegen
un(e) matheux (-euse) [ɛ̃matø/ynmatøz] — Matheexperte, -expertin

b **un(e) psychologue** [ɛ̃/ynpsikɔlɔg] — Psychologe, Psychologin
une peur phobique [ynpœʀfɔbik] — panische Angst
social(e) [sɔsjal] — Gesellschafts-; sozial
en fonction de [ɑ̃fɔ̃ksjɔ̃də] — entsprechend
les troubles *m (pl)* [letʀubl] — Beschwerden
une dizaine d'années [yndizɛndane] — ungefähr zehn Jahre
produire qc [pʀɔdɥiʀkɛlkəʃoz] — etw herstellen
le mépris [ləmepʀi] — Verachtung
suffisamment *adv* [syfizamɑ̃] — genug, ausreichend
nourrir qn [nuʀiʀkɛlkɛ̃] — jdn ernähren
à la suite de [alasɥitdə] — nach
un infarctus [ɛ̃nɛ̃faʀktys] — Infarkt
un déclic [ɛ̃deklik] — Schlüsselerlebnis
avoir grandi avec qn [avwaʀgʀɑ̃diavɛkkɛlkɛ̃] — mit jdm aufgewachsen sein
aîné(e) [ene] — älteste(r)
la seule façon de [lasœlfasɔ̃də] — einzige Art und Weise zu
par la suite [paʀlasɥit] — später
arrondir [aʀɔ̃diʀ] — *hier:* aufbessern, aufrunden

l'argent de poche *m* [laʀʒɑ̃d(ə)pɔʃ] — Taschengeld
être doué(e) pour qc [ɛtʀ(ə)dwepuʀkɛlkəʃoz] — für etw begabt sein

5

a **l'estime** *f* [lɛstim] — Achtung
avoir de l'estime pour qn [avwaʀd(ə)lɛstimpuʀkɛlkɛ̃] — Achtung vor jdm haben
un moment-clé [ɛ̃mɔmɑ̃kle] — entscheidender Moment

7

b **gagner sa vie** [gaɲesavi] — seinen Lebensunterhalt verdienen

le **rythme** [ləʀitm] — Rhythmus

8

avoir rendez-vous avec qn [avwaʀʀɑ̃devuavɛkkɛlkɛ̃]	einen Termin mit jdm haben, mit jdm verabredet sein
immédiatement *adv* [imedjatmɑ̃]	sofort
un(e) candidat(e) [ɛ̃kɑ̃dida/ynkɑ̃didat]	Bewerber(in)
un(e) client(e) [ɛ̃klijɑ̃/ynklijɑ̃t]	Kunde, Kundin

9

a Montréal [mɔ̃real]	*Stadt in Quebec*
un(e) traducteur (-trice) [ɛ̃tʀadyktœʀ/yntʀadyktʀis]	Übersetzer(in)
exercer un métier [ɛgzɛʀseɛ̃metje]	einen Beruf ausüben
travailler à domicile [tʀavaje(ʀ)adɔmisil]	zu Hause arbeiten
une commande [ynkɔmɑ̃d]	Auftrag; Bestellung
être sous pression [ɛtʀ(ə)supʀesjɔ̃]	unter Druck stehen
une traduction [yntʀadyksjɔ̃]	Übersetzung
un délai [ɛ̃delɛ]	Zeitspanne, Frist
traduire qc [tʀadɥiʀkɛlkəʃoz]	etw übersetzen
une pub [ynpyb]	Werbetext
un système de logiciel [ɛ̃sistɛmdəlɔʒisjɛl]	Softwaresystem
un manque de [ɛ̃mɑ̃kdə]	Mangel an
un confrère, une consœur [ɛ̃kɔ̃fʀɛʀ/ynkɔ̃sœʀ]	Kollege, Kollegin
un chauffeur-livreur de repas [ɛ̃ʃofœʀlivʀœʀdəʀ(ə)pa]	Essenauslieferer
être en pleine expansion [ɛtʀɑ̃plɛnɛkspɑ̃sjɔ̃]	expandieren
un salaire [ɛ̃salɛʀ]	Gehalt
côté salaire [kotesalɛʀ]	was das Gehalt betrifft
humain(e) [ymɛ̃/ymɛn]	menschlich
gratifiant(e) [gʀatifjɑ̃/ɑ̃t]	einträglich
gérer qc [ʒeʀekɛlkəʃoz]	etw leiten, verwalten
un véhicule [ɛ̃veikyl]	Fahrzeug
une aide-bibliothécaire [ynɛdbiblijɔtekɛʀ]	Bibliotheksgehilfin
un(e) fonctionnaire [ɛ̃/ynfɔ̃ksjɔnɛʀ]	Beamte(r)
la chance [laʃɑ̃s]	Glück
tenir compte de qc [təniʀkɔ̃tdəkɛlkəʃoz]	etw berücksichtigen
un avantage [ɛ̃navɑ̃taʒ]	Vorteil
une prime [ynpʀim]	Zulage, Prämie
la prime de Noël [lapʀimdənɔɛl]	Weihnachtsgeld
un enrichissement intellectuel [ɛ̃nɑ̃ʀiʃis(ə)mɑ̃ɛ̃telɛktɥɛl]	intellektuelle Bereicherung
continu(e) [kɔ̃tiny]	ständig
avoir affaire à qn [avwaʀafɛʀakɛlkɛ̃]	mit jdm zu tun haben
embêtant(e) *fam* [ɑ̃bɛtɑ̃/ɑ̃t]	lästig
la sécurité de l'emploi [lasekyʀitedəlɑ̃plwa]	Sicherheit der Arbeitsstelle

c un inconvénient [ɛ̃nɛ̃kɔ̃venjɑ̃]	Nachteil
la ponctualité [lapɔ̃ktɥalite]	Pünktlichkeit

5.2 La méthode forte

1

a la persévérance [lapɛʀseveʀɑ̃s]	Ausdauer, Beharrlichkeit
combatif (-ive) [kɔ̃batif/iv]	kampflustig, kämpferisch
un esprit combatif [ɛ̃nɛspʀikɔ̃batif]	Kampfgeist
avoir l'esprit de décision [avwaʀlɛspʀidədesizjɔ̃]	entschlussfreudig sein
le savoir-faire [ləsavwaʀfɛʀ]	Know-how
l'habileté manuelle *f* [labiltemanɥɛl]	handwerkliche Geschicklichkeit
l'éloquence *f* [lelɔkɑ̃s]	Eloquenz, Wortgewandtheit
avoir du piston *fam* [avwaʀdypistɔ̃]	Beziehungen haben; Vitamin B haben *fam*
b un(e) mécanicien (-ienne) [ɛ̃mekanisjɛ̃/ynmekanisjɛn]	Mechaniker(in)
un(e) chirurgien (-ienne) [ɛ̃ʃiʀyʀʒjɛ̃/ynʃiʀyʀʒjɛn]	Chirurg(in)
un(e) vendeur (-euse) [ɛ̃vɑ̃dœʀ/ynvɑ̃døz]	Verkäufer(in)
un acteur (-trice) [ɛ̃naktœʀ/ynaktʀis]	Schauspieler(in)

2

b être sur la bonne voie [ɛtʀ(ə)syʀlabɔnvwa]	auf dem richtigen Weg sein
l'avenir *m* [lav(ə)niʀ]	Zukunft
une offre d'emploi [ynɔfʀ(ə)dɑ̃plwa]	Stellenangebot

5

un(e) directeur (-trice) commercial(e) [ɛ̃diʀɛktœʀ/yndiʀɛktʀiskɔmɛʀsjal]	kaufmännische(r) Leiter(in)
rendre visite à qn [ʀɑ̃dʀ(ə)vizitakɛlkɛ̃]	jdn besuchen
un patron (-nne) [ɛ̃patʀɔ̃/ynpatʀɔn]	Chef(in)
téléphoner à qn [telefɔneakɛlkɛ̃]	mit jdm telefonieren, jdn anrufen
une réunion [ynʀeynjɔ̃]	Versammlung

6

un poste [ɛ̃pɔst]	Arbeitsstelle

8

un cirque [ɛ̃siʀk]	Zirkus
s'entraîner [sɑ̃tʀene]	trainieren

5.3 Candidatures

2

a le baccalauréat (*Abk* bac) [ləbakalɔʀea]	Abitur
un(e) eurodéputé(e) [ɛ̃/ynøʀodepyte]	europäische(r) Abgeordnete(r)
les Verts [levɛʀ]	die Grünen
un(e) présentateur (-trice) [ɛ̃pʀezɑ̃tatœʀ/ynpʀezɑ̃tatʀis]	Moderator(in)
une émission télévisée [ynemisjɔ̃televize]	Fernsehsendung
un(e) conseiller(-ère) municipal(e) [ɛ̃kɔ̃seje/ynkɔ̃sejɛʀmynisipal]	Gemeinderat
un publiciste [ɛ̃pyblisist]	Werbefachmann
un cinéaste [ɛ̃sineast]	Filmemacher
un(e) instituteur (-trice) [ɛ̃nɛ̃stitytœʀ/ynɛ̃stitytʀis]	(Grundschul-) Lehrer(in)
la maternelle [lamatɛʀnɛl]	Vorschule
un(e) libraire [ɛ̃/ynlibʀɛʀ]	Buchhändler(in)

3

un(e) artiste [ɛ̃/ynaʀtist]	Künstler(in)

4

procéder [pʀɔsede]	verfahren, vorgehen
tester qc/qn [tɛstekɛlkəʃoz/kɛlkɛ̃]	etw/jdn testen, prüfen
l'Ecosse *f* [lekɔs]	Schottland
bien se débrouiller [bjɛ̃sədebʀuje]	gut zurecht kommen
avoir bonne réputation [avwaʀbɔnʀepytasjɔ̃]	einen guten Ruf haben
les références *f (pl)* [leʀefeʀɑ̃s]	Referenzen

5

a trilingue [tʀilɛ̃g]	dreisprachig
la protection rapprochée [lapʀɔtɛksjɔ̃ʀapʀɔʃə]	verschärfte Schutzmaßnahme
un garde du corps [ɛ̃gaʀddykɔʀ]	Leibwächter
la ceinture noire [lasɛ̃tyʀnwaʀ]	der schwarze Gürtel
un hara [ɛ̃'aʀa]	Gestüt
le dressage [lədʀesaʒ]	Dressur
un guide gastronomique [ɛ̃gidgastʀɔnɔmik]	(Restaurant-) Führer
un(e) inspecteur(-trice) [ɛ̃nɛ̃spɛktœʀ,ynɛ̃spɛktʀis]	Inspektor(in), Kontrollbeamte(-in)
guérir [geʀiʀ]	heilen

6

a les ressources humaines *f (pl)* [leʀəsuʀszymɛn]	Personalwesen
b le service comptabilité [ləsɛʀviskɔ̃tabilite]	Buchhaltungsabteilung
une cravate [ynkʀavat]	Krawatte
à pois [apwa]	gepunktet
photocopier qc [fɔtɔkɔpjekɛlkəʃoz]	etw kopieren
offrir un pot à qn [ɔfʀiʀɛ̃poakɛlkɛ̃]	jdm einen ausgeben
un test d'aptitude [ɛ̃tɛstdaptityd]	Eignungstest
un costume [ɛ̃kɔstym]	Anzug

Bilan 2

2

suisse [sɥis]	schweizerisch
autrichien (-ienne) [otʀiʃjɛ̃/jɛn]	österreichisch
un requin [ɛ̃ʀəkɛ̃]	Hai

4

a un apprentissage [ɛ̃napʀɑ̃tisaʒ]	Lehre

6

pour l'instant [puʀlɛ̃stɑ̃]	im Moment

6 Affaire de goût

une habitude alimentaire [ynabitydalimɑ̃tɛʀ]	Essensgewohnheit
la diététique [ladjetetik]	Ernährungswissenschaft
commander un menu [kɔmɑ̃deɛ̃məny]	ein Menü bestellen
l'éducation *f* [ledykasjɔ̃]	Erziehung

6.1 La santé vient en mangeant. »

1

a un pâté [ɛ̃pɑte]	Pastete
la charcuterie [laʃaʀkytʀi]	*hier:* Wurstwaren
un légume [ɛ̃legym]	Gemüse
une glace [ynglas]	Eis
un gâteau (*pl* -aux) [ɛ̃/degato]	Kuchen; Gebäck

2

a dévorer qc [devɔʀekɛlkəʃoz]	etw hinunterschlingen
d perdre du poids [pɛʀdʀ(ə)dypwa]	Gewicht verlieren

3

a garder la ligne [gaʀdelaliɲ]	schlank bleiben
la simultanéité [lasimyltaneite]	Gleichzeitigkeit
b faire la cuisine [fɛʀlakɥizin]	kochen
c George Sand [ʒɔʀʒəsɑ̃d]	*frz Schriftstellerin*
faire des économies [fɛʀdezekɔnɔmi]	sparen

4

a maigrir [megʀiʀ] — abnehmen
une pomme de terre [ynpɔmdətɛʀ] — Kartoffel
(se) peser [(sə)pəze] — (sich) wiegen
sauter un repas [soteɛ̃ʀ(ə)pa] — eine Mahlzeit ausfallen lassen, überspringen
supprimer qc [sypʀimekelkəʃoz] — etw weglassen
l'alcool *m* [lalkɔl] — Alkohol
déjeuner [deʒœne] — zu Mittag essen

b sans arrêt [sɑ̃zaʀɛ] — ununterbrochen

5

b un aliment [ɛ̃nalimɑ̃] — Nahrungsmittel

2.2 Apprenons-leur à bien manger.

1

sain(e) [sɛ̃/sɛn] — gesund
l'alimentation *f* [lalimɑ̃tasjɔ̃] — Ernährung
un junior [ɛ̃ʒynjɔʀ] — Junior, Jugendlicher
être adapté(e) à [ɛtʀadaptea] — angepasst sein an
puisque *conj* [pɥisk(ə)] — da

2

(s')inquiéter [sɛ̃kjete] — (sich) Sorgen machen
un raffinement gastronomique [ɛ̃ʀafin(ə)mɑ̃gastʀɔnɔmik] — gastronomische Feinheit, Erlesenheit
la fierté [lafjɛʀte] — Stolz
gras, grasse) [gʀɑ/gʀɑs] — fett
sucré(e) [sykʀe] — gesüßt
un enfant téléphage [ɛ̃nɑ̃fɑ̃telefaʒ] — fernsehsüchtiges Kind
à proximité de [apʀɔksimitedə] — in der Nähe von
un frigo [ɛ̃fʀigo] — Kühlschrank
n'avoir rien à envier à [navwaʀʀjɛ̃naɑ̃vjea] — in nichts nachstehen
une supérette [ynsypeʀɛt] — kleiner Supermarkt
culpabiliser qn [kylpabilizekɛlkɛ̃] — bei jdm Schuldgefühle wecken
obliger [ɔbliʒe] — verpflichten
être unanime [ɛtʀynanim] — sich einig sein
l'espérance de vie *f* [lɛspeʀɑ̃sdəvi] — Lebenserwartung
progresser de [pʀɔgʀesedə] — steigen um
la longévité [lalɔ̃ʒevite] — Langlebigkeit
être dû, due à [ɛtʀ(ə)dya] — bedingt sein durch
à force de [afɔʀs(ə)də] — durch
s'américaniser [sameʀikanize] — zunehmend amerikanisch werden
une simplification [ynsɛ̃plifikasjɔ̃] — Vereinfachung
l'explosion de l'offre [lɛksplɔzjɔ̃dəlɔfʀ] — Überangebot
un plat cuisiné [ɛ̃plakɥizine] — Fertiggericht
pour autant [puʀotɑ̃] — trotzdem
sonner la fin de qc [sɔnelafɛ̃dəkɛlkəʃoz] — das Ende einläuten
un pain complet [ɛ̃pɛ̃kɔ̃plɛ] — Vollkornbrot
constituer [kɔ̃stitɥe] — bilden, darstellen; einrichten
la convivialité [lakɔ̃vivjalite] — Geselligkeit
les proches *m (pl)* [lepʀɔʃ] — die Nächsten
les papilles (gustatives) *f (pl)* [lepapijgystativ] — Geschmacksnerven

3

a irréversible [iʀevɛʀsibl] — unwiderruflich, unaufhaltsam

5

b un entourage [ɛ̃nɑ̃tuʀaʒ] — Umgebung
une assiette [ynasjɛt] — Teller
un nugget de poulet [ɛ̃nœgɛtdəpulɛ] — Hähnchennugget
les pâtes *f (pl)* [lepɑt] — Nudeln
un poisson pané [ɛ̃pwasɔ̃pane] — panierter Fisch
un gratin dauphinois [ɛ̃gʀatɛ̃dofinwa] — *Kartoffelgratin mit Crème fraîche/Milch*

6

a un piège [ɛ̃pjɛʒ] — Falle
un réfrigérateur [ɛ̃ʀefʀiʒeʀatœʀ] — Kühlschrank
mettre la main à la pâte [mɛtʀ(ə)lamɛ̃alapɑt] — mithelfen
un yaourt [ɛ̃jauʀ(t)] — Joghurt
soit...soit [swa...swa] — entweder...oder
un petit pois [ɛ̃p(ə)tipwa] — Erbse
la chapelure [laʃap(ə)lyʀ] — Paniermehl
un melon [ɛ̃m(ə)lɔ̃] — Melone
un avocat [ɛ̃navɔka] — Avokado
à maturité [amatyʀite] — reif
une entrée [ynɑ̃tʀe] — Vorspeise
participer à [paʀtisipea] — teilnehmen an; teilhaben an

un contrôle [ɛ̃kɔ̃tʀol] — *hier:* Klassenarbeit
casser l'ambiance *f* [kaselɑ̃bjɑ̃s] — die Stimmung verderben
habituer qn à qc [abitɥekɛlkɛ̃akɛlkəʃoz] — jdn an etw gewöhnen
une texture [yntɛkstyʀ] — Konsistenz, Beschaffenheit
ça pique [sapik] — das ist scharf
amer (-ère) [amɛʀ] — bitter
la pression [lapʀesjɔ̃] — Druck
concevoir qc [kɔ̃s(ə)vwaʀkɛlkəʃoz] — *hier:* etw zusammenstellen, konzipieren
nutritionnel (-elle) [nytʀisjɔnɛl] — Ernährungs-
un équilibre nutritionnel [ɛ̃nekilibʀnytʀisjɔnɛl] — ausgewogene Ernährung

7

les épinards *m (pl)* [lezepinaʀ] — Spinat
le/la pire [lə/lapiʀ] — der/die/das Schlimmste

8
cher, chère [ʃɛʀ] — *hier:* teuer
frais, fraîche [fʀɛ/fʀɛʃ] — frisch
raffiné(e) [ʀafine] — erlesen, raffiniert
une boisson [ynbwasɔ̃] — Getränk
une recette [ynʀəsɛt] — (Koch-) Rezept

10
un repas sur mesure [ɛ̃ʀ(ə)pasyʀməzyʀ] — auf jdn zugeschnittenes Essen
un gourmet [ɛ̃guʀmɛ] — Feinschmecker
être pressé(e) [ɛtʀ(ə)pʀese] — es eilig haben
un plat principal [ɛ̃plapʀɛ̃sipal] — Hauptgericht

11
a **la Guadeloupe** [lagwad(ə)lup] — Guadeloupe
la gorge [lagɔʀʒ] — Hals
avoir la gorge en flammes [avwaʀlagɔʀʒɑ̃flam] — eine brennende Kehle haben
la Bretagne [labʀətaɲ] — die Bretagne
épicé(e) [epise] — gewürzt, scharf
une carafe d'eau [ynkaʀafdo] — eine Karaffe Wasser
un feuilleté aux champignons [ɛ̃fœjteoʃɑ̃piɲɔ̃] — *Vol-au-vent mit Champignons gefüllt*
une terrine de canard [yntеʀindəkanaʀ] — Entenpastete
l'apéro (*Abk für* apéritif) [lapeʀo] — Aperitif

b **une addition** [ynadisjɔ̃] — Rechnung
prévu(e) [pʀevy] — vorgesehen
un(e) serveur (-euse) [ɛ̃sɛʀvœʀ/ynsɛʀvøz] — Bedienung

12
raconter des salades [ʀakɔ̃tedesalad] — lügen; Geschichten erzählen
un poireau (*pl* -eaux) [ɛ̃/depwaʀo] — Porree, Lauch
faire le poireau [fɛʀləpwaʀo] — sich die Beine in den Bauch stehen
un radis [ɛ̃ʀadi] — Radieschen
ne pas avoir un radis [nəpazavwaʀɛ̃ʀadi] — keinen Cent mehr in der Tasche haben
tomber dans les pommes [tɔ̃bedɑ̃lepɔm] — ohnmächtig werden, umkippen
un oignon [ɛ̃nɔɲɔ̃] — Zwiebel
s'occuper de ses oignons [sɔkyped(ə)sezɔɲɔ̃] — sich um seinen Kram kümmern

6. 3 Les habitudes du dimanche

un dimanche [ɛ̃dimɑ̃ʃ] — Sonntag
le dimanche [lədimɑ̃ʃ] — sonntags

a **le doute** [lədut] — Zweifel
faire la grasse matinée [fɛʀlagʀɑsmatine] — ausschlafen
une pâtisserie [ynpɑtisʀi] — *hier:* Konditorei
l'enfance *f* [lɑ̃fɑ̃s] — Jugend, Kindheit
le tiercé [lətjɛʀse] — Dreierwette beim Pferderennen
parier [paʀje] — wetten
un repas familial (*pl* -aux) [ɛ̃ʀ(ə)pafamiljal] — Mahlzeit im Kreis der Familie
sacré(e) [sakʀe] — heilig
catholique [katɔlik] — katholisch
un fou de sport [ɛ̃fudəspɔʀ] — Sportbegeisterter, Sportverrückter
le divorce [lədivɔʀs] — Scheidung
une promenade dominicale [ynpʀɔm(ə)naddɔminikal] — Sonntagsspaziergang

2
a **autrefois** *adv* [otʀəfwa] — früher
s'affairer [safeʀe] — sich beschäftigen
une marmite [ynmaʀmit] — (Suppen-) Topf
un bouillon [ɛ̃bujɔ̃] — Brühe, Bouillon
mijoter [miʒɔte] — köcheln
être tabou [ɛ̃tʀ(ə)tabu] — Tabu sein
être respectueux (-euse) de qc [ɛ̃tʀ(ə)ʀɛspɛktɥø/øzdəkɛlkəʃoz] — Wert auf etw legen; etw achten
un auditoire [ɛ̃noditwaʀ] — Zuhörerschaft
inculquer qc à qn [ɛ̃kylkekɛlkəʃozakɛlkɛ̃] — jdm etwas einprägen
la dignité [ladiɲite] — Würde

b **cuire** [kɥiʀ] — kochen
à l'époque [alepɔk] — damals

5
b **un magazine spécialisé** [ɛ̃magazinspesjalize] — Fachzeitschrift
un mél [ɛ̃mɛl] — Mail

6
les petits-enfants [lep(ə)tizɑ̃fɑ̃] — Enkel
les arrière-petits-enfants [lezaʀjɛʀp(ə)tizɑ̃fɑ̃] — Urenkel

7
une poubelle [ynpubɛl] — Mülleimer
descendre les poubelles [desɑ̃d(ʀə)lepubɛl] — den Müll runterbringen

8
un(e) lapin(e) [ɛ̃lapɛ̃/ynlapin] — Kaninchen
bavard(e) [bavaʀ/d] — geschwätzig, redselig

7 C'est beau le progrès !

le progrès [ləpʀɔgʀɛ]	Fortschritt
une tâche [yntaʃ]	*hier:* Arbeit
une obligation [ynɔbligasjɔ̃]	Verpflichtung
rapporter qc à qn [ʀapɔʀtekɛlkəʃozakɛlkɛ̃]	jdm etw wiedergeben, berichten

7.1 La vie d'autrefois

1

un baladeur [ɛ̃baladœʀ]	Walkman
un lave-vaisselle [ɛ̃lavvɛsɛl]	Geschirrspüler

3

a **une bande** [ynbɑ̃d]	Gruppe, Clique
la foudre [lafudʀ]	Blitz(schlag)
le coup de foudre [ləkud(ə)fudʀ]	Liebe auf den ersten Blick
se fiancer [səfjɑ̃se]	sich verloben
se marier avec qn [səmaʀjeavɛkkɛlkɛ̃]	jdn heiraten
ne pas être loin [nəpazɛtʀ(ə)lwɛ̃]	nicht weit entfernt sein
économiser [ekɔnɔmize]	sparen
acheter à crédit [aʃ(ə)teakʀedi]	auf Kredit kaufen
avoir des économies [avwaʀdezekɔnɔmi]	Ersparnisse haben
camper [kɑ̃pe]	campen, zelten
b **tout à coup** *adv* [tutaku]	auf einmal
soudain [sudɛ̃]	plötzlich

5

un club de cyclisme [ɛ̃klœbdəsiklism]	Radsportclub
une compétition [ynkɔ̃petisjɔ̃]	Wettbewerb
remporter qc [ʀɑ̃pɔʀtekɛlkəʃoz]	etw davontragen, gewinnen

6

a **étrange** [etʀɑ̃ʒ]	merkwürdig, komisch
un coucher de soleil [ɛ̃kuʃed(ə)sɔlɛj]	Sonnenuntergang
splendide [splɑ̃did]	prachtvoll
s'asseoir [saswaʀ]	sich hinsetzen
b **raté(e)** [ʀate]	misslungen, missglückt

7.2 Les temps modernes

1

une tâche ménagère [yntaʃmenaʒɛʀ]	Hausarbeit

2

b **se sécher les cheveux** [səseʃeleʃ(ə)vø]	sich die Haare föhnen
passer l'aspirateur *m* [paselaspiʀatœʀ]	Staub saugen
une cassette *f* **de relaxation** [ynkasɛtdəʀ(ə)laksasjɔ̃]	Meditationskassette
un saxophone *(Abk:* saxo*)* [ɛ̃saksofɔn]	Saxophon
jouer du saxo [ʒwedysakso]	Saxophon spielen

3

b **un numéro** [ɛ̃nymeʀo]	*hier:* Ausgabe
une crèche [ynkʀɛʃ]	(Kinder-) Krippe
une femme de ménage [ynfamdəmenaʒ]	Putzfrau
un(e) gosse *fam* [ɛ̃/yngɔs]	Kind
un coup de téléphone [ɛ̃kud(ə)telefɔn]	Anruf
une fée [ynfe]	Fee
accorder qc à qn [akɔʀdekɛlkəʃozakɛlkɛ̃]	jdm etw gewähren
un fer (à repasser) [ɛ̃fɛʀaʀ(ə)pase]	Bügeleisen
allumer qc [alymekɛlkəʃoz]	etw einschalten

5

c **le linge** [ləlɛ̃ʒ]	Wäsche
le ménage [ləmenaʒ]	Haushalt
faire le ménage [fɛʀl(ə)menaʒ]	sauber machen
autonome [ɔtɔnɔm]	selbstständig
une belle-mère [ynbɛlmɛʀ]	Schwiegermutter

6

trouver terrible que (+ *subj*) [tʀuveteʀibl(ə)kə]	schrecklich finden, dass

7

c **proposer qc à qn** [pʀɔpozekɛlkəʃozakɛlkɛ̃]	jdm etw anbieten
être crevé(e) *fam* [ɛtʀ(ə)kʀəve]	*hier:* kaputt (müde) sein

8

l'ordinateur plante [lɔʀdinatœʀplɑ̃t]	der Computer stürzt ab
un enregistrement vidéo *m* [ɛ̃nɑ̃ʀ(ə)ʒistʀəmɑ̃video]	Videoaufnahme
en avoir marre de [ɑ̃navwaʀmaʀdə]	die Nase voll haben von

7.3 On n'arrête pas le progrès !

1

a **un appareil** [ɛ̃napaʀej]	Gerät
c **une balance** [ynbalɑ̃s]	Waage
un ascenseur [ɛ̃nasɑ̃sœʀ]	Fahrstuhl

2

halte à [alta]	Schluss mit
la pollution sonore [lapɔlysjɔ̃sɔnɔʀ]	Lärmbelästigung

	un(e) citadin(e) [ɛ̃sitadɛ̃,ynsitadin]	Stadtbewohner(in)
	cerné(e) [sɛʀne]	umzingelt, umgeben
	un abri [ɛ̃nabʀi]	Schutz
	être à l'abri de [ɛtʀalabʀidə]	vor etw sicher sein
	une bagnole *fam* [ynbaɲɔl]	Auto
	un hall d'entrée [ɛ̃'oldɑ̃tʀe]	Eingangshalle
	le son [ləsɔ̃]	Ton
	couvrir qc [kuvʀiʀkɛlkəʃoz]	etw überdecken
	crachouiller *fam* [kʀaʃuje]	*hier:* rauschen
	le rayon crémerie [ləʀɛjɔ̃kʀɛmʀi]	Milch- und Käseabteilung
	hésiter [ezite]	zögern
	intriguer qn [ɛ̃tʀigekɛlkɛ̃]	jdn neugierig machen
	avoir tendance à [avwaʀtɑ̃dɑ̃sa]	neigen zu
	un contexte [ɛ̃kɔ̃tɛkst]	Situation, Kontext
	se lâcher [səlɑʃe]	sich gehen lassen
	grossier (-ière) [gʀosje/jɛʀ]	ungehobelt; primitiv
	d'aspect convenable [daspɛkɔ̃v(ə)nabl]	von anständigem Aussehen
	hurler ['yʀle]	brüllen
	Qu'il me fiche la paix ! [kilm(ə)fiʃlapɛ]	Er soll mich in Ruhe lassen!
	un(e) enfoiré(e) *vulg* [ɛ̃/ynɑ̃fwaʀe]	Schwein *(Schimpfwort)*
	être pris en flagrant délit *m* [ɛtʀ(ə)pʀiɑ̃flagʀɑ̃deli]	auf frischer Tat ertappt
	un adultère [ɛ̃nadyltɛʀ]	Ehebruch
	passer un coup de fil [paseɛ̃kudfil]	anrufen
	être coincé(e) quelque part [ɛtʀ(ə)kwɛ̃sekɛlkəpaʀ]	irgendwo feststecken
	une avalanche [ynavalɑ̃ʃ]	Lawine
	divertir qn [divɛʀtiʀkɛlkɛ̃]	jdn unterhalten
	cesser de [sesedə]	aufhören zu
	innover [inɔve]	Neues entwickeln; erfinderisch sein
	un répondeur [ɛ̃ʀepɔ̃dœʀ]	Anrufbeantworter
	sauvegarder qc [sovgaʀdekɛlkəʃoz]	etw sichern
	torturer qn [tɔʀtyʀekɛlkɛ̃]	jdn quälen
	un pull-over [ɛ̃pylɔvœʀ/ɛʀ]	Pullover
	rouspéter [ʀuspete]	meckern, schimpfen
	un vêtement [ɛ̃vɛtmɑ̃]	Kleidungsstück
	un vêtement réactif [ɛ̃vɛtmɑ̃ʀeaktif]	Kleidungsstück mit Erinnerungsfunktion
	une veste [ynvɛst]	Jacke
	mémoriser qc [memɔʀizekɛlkəʃoz]	etw (ab)speichern
	fourrer *fam* [fuʀe]	hineinstecken
	couiner *fam* [kwine]	piepen
	engueuler qn *fam* [ɑ̃gœlekɛlkɛ̃]	jdn anschnauzen
	une chaussette [ynʃosɛt]	Socke
b	**accabler qn** [akablekɛlkɛ̃]	jdn überhäufen
c	**l'infidélité** *f* [lɛ̃fidelite]	Untreue

5

	aboyer [abwaje]	bellen
	une tondeuse à gazon [yntɔ̃døzagazɔ̃]	Rasenmäher
	un chantier [ɛ̃ʃɑ̃tje]	Baustelle
	un mixeur [ɛ̃miksœʀ]	Mixer
	un oiseau (*pl* -eaux) [ɛ̃nwazo/dezwazo]	Vogel
	un ronflement [ɛ̃ʀɔ̃fləmɑ̃]	Schnarchen
	une ambulance [ynɑ̃bylɑ̃s]	Krankenwagen
	une sonnerie [ynsɔnʀi]	Klingeln, Läuten

7

c	**la matière grasse** [lamatjɛʀgʀɑs]	Fettgehalt
	la bourse [labuʀs]	Börse
	la fac (*Abk von* faculté) *fam* [lafak]	Universität, Fachbereich

8

a	**catastrophique** [katastʀɔfik]	katastrophal
	se figurer [səfigyʀe]	sich vorstellen
	se réjouir de qc [səʀeʒwiʀdəkɛlkəʃoz]	sich auf/über etw freuen
	énormément [enɔʀmemɑ̃]	riesig

9

a	**avoir l'air de** [avwaʀlɛʀdə]	den Anschein haben
	le ciné (*Abk von* cinéma) *fam* [ləsine]	Kino
	papi *fam* [papi]	Opa
	comme prévu [kɔmpʀevy]	wie geplant
	aller prendre qn [alepʀɑ̃dʀ(ə)kɛlkɛ̃]	jdn abholen
	une maison de retraite [ynmɛzɔ̃d(ə)ʀ(ə)tʀɛt]	Altersheim
	les coordonnées de qn *f* [lekɔɔʀdɔnedəkɛlkɛ̃]	Adresse und Telefonnummer von jdm

10

	ingénieux (-euse) [ɛ̃ʒenjø/øz]	klug, gut ausgedacht
	décerner un prix à qn [desɛʀneɛ̃pʀiakɛlkɛ̃]	jdm einen Preis verleihen
	dérangeant(e) [deʀɑ̃ʒɑ̃/ɑ̃t]	störend

Bilan 3

1

a	**la nutrition** [lanytʀisjɔ̃]	Ernährung
	la satisfaction [lasatisfaksjɔ̃]	Befriedigung

5

a	**une ceinture de sécurité** [ynsɛ̃tyʀdəsekyʀite]	*hier:* Sicherheitsgurt
	un casque [ɛ̃kask]	Helm
	un broc [ɛ̃bʀo]	Kanne
	redoubler (une classe) [ʀəduble(ynklas)]	die Klasse wiederholen, sitzenbleiben
	ajuster [aʒyste]	*hier:* angleichen

7

catastrophé(e) *fam* [katastʀɔfe]	entsetzt
abandonner [abɑ̃dɔne]	aufgeben, aufhören
essoufflé(e) [esufle]	außer Atem
enregistrer qc [ɑ̃ʀ(ə)ʒistʀe]	etw aufnehmen

DELF

S. 94

particulièrement *adv* [paʀtikyljɛʀmɑ̃]	besonders, insbesondere
un reflet [ɛ̃ʀəflɛ]	*hier:* Spiegelbild
constamment *adv* [kɔ̃stamɑ̃]	ständig
veiller à qc [vejeakɛlkəʃoz]	auf etw achten
mettre qc en valeur [mɛtʀ(ə)kɛlkəʃozɑ̃valœʀ]	etw zur Geltung bringen
prouver [pʀuve]	beweisen
un contenu [ɛ̃kɔ̃t(ə)ny]	Inhalt
un effectif [ɛ̃nefɛktif]	*hier:* Zahl der Beschäftigten; Belegschaft
le chiffre d'affaires [ləʃifʀ(ə)dafɛʀ]	Umsatz
un recruteur [ɛ̃ʀ(ə)kʀytœʀ]	Personalchef
un stage [ɛ̃staʒ]	Praktikum; Kurs
une thèse de fin d'études [yntɛzdəfɛ̃detyd]	Doktorarbeit
dans le cadre de [dɑ̃ləkadʀ(ə)də]	im Rahmen von
se contenter de [s(ə)kɔ̃tɑ̃tedə]	sich zufrieden geben mit
un sigle [ɛ̃sigl]	Kürzel
expliciter qc [ɛksplisitekɛlkəʃoz]	etw klar ausdrücken, deutlich machen
signaler qc [siɲalekɛlkəʃoz]	*hier:* auf etw hinweisen, ankündigen
également *adv* [egalmɑ̃]	auch, ebenfalls
un logiciel informatique [ɛ̃lɔʒisjɛlɛ̃fɔʀmatik]	Computersoftware
bilingue [bilɛ̃g]	zweisprachig
tricher [tʀiʃe]	schummeln, betrügen
face à [fasa]	gegenüber, angesichts
pointu(e) [pwɛ̃ty]	*hier:* fundiert, gründlich
associatif (-ive) [asɔsjatif/iv]	Vereins-
un(e) trésorier (-ière) [ɛ̃tʀezɔʀje/yntʀezɔʀjɛʀ]	Schatzmeister(in), Kassenwart

S. 95

partir en guerre contre [paʀtiʀɑ̃gɛʀkɔ̃tʀ]	*hier:* kämpfen gegen
un cortège [ɛ̃kɔʀtɛʒ]	*hier:* Begleiterscheinungen, Gefolge
la nuisance [lanɥizɑ̃s]	Umweltbeeinträchtigung
un embouteillage [ɛ̃nɑ̃butɛjaʒ]	Stau
un(e) adjoint(e) [ɛ̃nadʒwɛ̃/ynadʒwɛ̃t]	Stellvertreter(in) des Bürgermeisters
un maire *m* [ɛ̃mɛʀ]	Bürgermeister
être chargé(e) de [ɛtʀ(ə)ʃaʀʒedə]	beauftragt sein mit
viser [vize]	planen, anvisieren
ainsi [ɛ̃si]	*hier:* so, auf diese Weise
les émissions polluantes *f (pl)* [lezemisjɔ̃pɔlɥɑ̃t]	umweltschädliche Abgase
la capitale [lakapital]	Hauptstadt
d'ici à [disia]	von...bis
décourager qn de faire qc [dekuʀaʒekɛlkɛ̃dəfɛʀ kɛlkəʃoz]	*hier:* jdm von etw abbringen
tandis que [tɑ̃dikə]	während
faire faire qc à qn [fɛʀfɛʀkɛlkəʃozakɛlkɛ̃]	jdn veranlassen etw zu tun
le stationnement [ləstasjɔnmɑ̃]	Parken
gratuit(e) [gʀatɥi/ɥit]	kostenlos
payant(e) [pɛjɑ̃/ɑ̃t]	*hier:* gebührenpflichtig
un riverain(e) [ɛ̃ʀivʀɛ̃/ynʀivʀɛn]	Anwohner(in)
abordable [abɔʀdabl]	erschwinglich
absorber [apsɔʀbe]	absorbieren
le trafic routier [lətʀafikʀutje]	Strassenverkehr
majeur(e) [maʒœʀ]	sehr groß, wichtig
au fil des ans [ofildezɑ̃]	im Lauf der Jahre
véritable [veʀitabl]	wahrhaftig, echt
urbain(e) [yʀbɛ̃/ɛn]	städtisch
endiguer qc [ɑ̃digekɛlkəʃoz]	eindämmen, unter Kontrolle bringen
un flot [ɛ̃flo]	Flut, Menge
incessant(e) [ɛ̃sesɑ̃/ɑ̃t]	unaufhörlich
une artère [ynaʀtɛʀ]	*hier:* (Verkehrs-) Ader
aménager qc [amenaʒekɛlkəʃoz]	etw einrichten
un(e) usager (-ère) [ɛ̃nyzaʒe/ynyzaʒɛʀ]	Benutzer(in)
un axe [ɛ̃naks]	Achse
la largeur [lalaʀʒœʀ]	Breite; Größe
une piste cyclable [ynpist(ə)siklabl]	Fahrradweg
la dissuasion [ladisɥazjɔ̃]	Abschreckung
un encouragement [ɛ̃nɑ̃kuʀaʒmɑ̃]	Ermutigung, Aufmunterung
la rapidité [laʀapidite]	Schnelligkeit
s'étoffer [setɔfe]	*hier:* sich vergrössern, sich ausweiten
remiser qc [ʀ(ə)mizekɛlkəʃoz]	etw wegräumen
le parent pauvre [ləpaʀɑ̃povʀ]	"Stiefkind" *(vernachlässigt)*
dense [dɑ̃s]	dicht
un réseau (*pl* -eaux) [ɛ̃/deʀezo]	Netz

S. 96

augmenter [ogmɑ̃te]	*hier:* erhöhen
un objectif [ɛ̃nɔbʒɛktif]	Ziel
agrandir qc [agʀɑ̃diʀkɛlkəʃoz]	etw vergrößern
désigner [deziɲe]	bezeichnen
prendre des mesures [pʀɑ̃dʀ(ə)deməzyʀ]	Maßnahmen ergreifen

S. 97

les charges *f (pl)* [leʃaʀʒ]	Nebenkosten

S. 98,1

a prendre un jour de congé [pʀɑ̃dʀ(ə)ɛ̃ʒuʀdəkɔ̃ʒe]	einen Tag Urlaub nehmen
emprunter qc à qn [ɑ̃pʀœ̃tekɛlkəʃozakɛlkɛ̃]	jdm etw ausleihen
un matelas pneumatique [ɛ̃matlapnømatik]	aufblasbare Matratze
un sac de couchage [ɛ̃sakdəkuʃaʒ]	Schlafsack
la cardiologie [lakaʀdjɔlɔʒi]	Kardiologie
vasculaire *adj* [vaskylɛʀ]	Gefäß-
b en vouloir à qn [ɑ̃vulwaʀakɛlkɛ̃]	jdm böse sein
exprès *adv* [ɛkspʀɛ]	absichtlich
se tromper [sətʀɔ̃pe]	sich irren
vérifier qc [veʀifjekɛlkəʃoz]	etw nachprüfen

S. 99, 1

une jupe [ynʒyp]	Rock
régner [ʀeɲe]	herrschen
insoutenable [ɛ̃sut(ə)nabl]	unerträglich
pour couronner le tout [puʀkuʀɔnel(ə)tu]	um dem Ganzen die Krone aufzusetzen
refuser qc à qn [ʀəfyzekɛlkəʃozakɛlkɛ̃]	jdm etw verbieten
aérer [aeʀe]	belüften
un mollet [ɛ̃mɔlɛ]	Wade
velu(e) [vəly]	haarig, behaart
une interdiction [ynɛ̃tɛʀdiksjɔ̃]	Verbot
la gent féminine [laʒɑ̃feminin]	das schöne Geschlecht
débarquer *fam* [debaʀke]	landen, ankommen
se dérouler [sədeʀule]	sich abspielen, sich ereignen
la Suède [lasɥɛd]	Schweden

2

un bateau (*pl* -eaux) [ɛ̃/debato]	Schiff
C'est dommage ! [sɛdɔmaʒ]	Das ist schade!
tarder [taʀde]	*hier:* zögern, zu lange warten

3

brésilien (-ienne) [bʀeziljɛ̃/jɛn]	brasilianisch
la faim [lafɛ̃]	Hunger
la misère [lamizɛʀ]	Not, Elend
un(e) réfugié(e) [ɛ̃/ynʀefyʒje]	Flüchtling
recueillir qc [ʀ(ə)kœjiʀkɛlkəʃoz]	etw sammeln
entraîner qc [ɑ̃tʀenekɛlkəʃoz]	etw verursachen, etw nach sich ziehen
la mondialisation [lamɔ̃djalizasjɔ̃]	Globalisierung
à l'occasion de [alɔkazjɔ̃də]	anlässlich
publier qc [pyblijekɛlkəʃoz]	etw veröffentlichen
indonésien (-ienne) [ɛ̃dɔnezjɛ̃/jɛn]	indonesisch
mexicain(e) [mɛksikɛ̃/ɛn]	mexikanisch

S. 100, 1

un loyer [ɛ̃lwaje]	Miete
dépasser [depase]	*hier:* überschreiten
admettre [admɛtʀ(ə)]	*hier:* erlauben
un placard [ɛ̃plakaʀ]	Wandschrank
récent(e) [ʀesɑ̃/ɑ̃t]	*hier:* neu

S 101, 2

l'arrière-pays *m* [laʀjɛʀpei]	Hinterland
un rempart [ɛ̃ʀɑ̃paʀ]	Befestigung(smauer)
une église [ynegliz]	Kirche

3

une absence [ynapsɑ̃s]	Abwesenheit

4

une gorge [yngɔʀʒ]	*hier:* Schlucht
un barrage régulateur [ɛ̃baʀaʒʀegylatœʀ]	regulierender Staudamm
débiter [debite]	*hier:* transportieren, durchlaufen lassen
prétendre faire qc [pʀetɑ̃dʀ(ə)fɛʀkɛlkəʃoz]	etw vorgeben zu tun
concurrencer qc/qn [kɔ̃kyʀɑ̃sekɛlkəʃoz/kɛlkɛ̃]	mit etw/jdm konkurrieren
une crue [ynkʀy]	Hochwasser
écraser qc [ekʀazekɛlkəʃoz]	etw erdrücken
vertigineux (-euse) [vɛʀtiʒinø/øz]	schwindelerregend
la hauteur [la'otœʀ]	Höhe
rocheux (-euse) [ʀɔʃø/øz]	felsig
concilier [kɔ̃silje]	miteinander vereinbaren
longer qc [lɔ̃ʒekɛlkəʃoz]	an etw entlanglaufen
s'aventurer dans [savɑ̃tyʀedɑ̃]	sich in…wagen
perché(e) [pɛʀʃe]	hochgelegen
une escapade [ynɛskapad]	*hier:* Ausflug
imprégné(e) de [ɛ̃pʀeɲedə]	gespickt mit
centenaire [sɑ̃t(ə)nɛʀ]	hundertjährig

Alphabetische Wortliste

Hier finden Sie die französischen Wörter, die in *Préférences* vorkommen, in alphabetischer Reihenfolge und mit der deutschen Entsprechung.
Bei Wörtern, die in unterschiedlichen Bedeutungen bzw. Wendungen vorkommen, sind mehrere Verweise angegeben.

- **Die Zahlen verweisen auf das erstmalige Vorkommen der Wörter, z.B. adorer qn/qc 1. 1** 1 = unité 1, leçon 1, Übung 1; **apprentissage B2** 4 = Bilan 2, Übung 4; **à l'occasion de D** 99 = DELF, Seite 99.
- **Nur eine Zahl hinter dem jeweiligen Wort verweist auf die Auftaktseite.**

Abkürzungen

Abk = Abkürzung	*m* = maskulin, männlich	*qn=quelqu'un*	= (jemand/en/em)
adj = Adjektiv	*inf* = Infinitiv	*qc=quelque chose*	= (etwas)
adv = Adverb	*pl* = Plural	*fam* = Umgangssprache	
f = feminin, weiblich	*prép* = Präposition	*vulg* = Vulgärsprache	

A

à	
~ côté (de) **2. 1** 5	nicht weit/in der Nähe (von)
~ l'époque **6. 3** 5	damals
~ maturité **6. 2** 6	reif
~ mon avis **1. 3** 1	meiner Meinung nach
~ pied **2. 2** 1	zu Fuß
~ pois **5. 3** 6	gepunktet
~ toute vitesse *adv* **1. 2** 2	mit Volldampf
~ ...heures de vol **2. 3** 1	...Flugstunden entfernt
~ ...km de **2. 3** 4	...km entfernt von
~ deux pas de **2. 1** 2	einen Katzensprung von
~ égale distance de **2. 1** 9	genauso weit entfernt von
~ force de **6. 2** 2	durch
~ l'occasion de **D** 99	anlässlich
~ la découverte de **2. 3** 1	auf Entdeckungstour von
~ la suite de **5. 1** 4	nach
~ partir de **2. 3** 4	von...an, ab
au moins **1. 2** 1	mindestens
au bord de **2. 1** 9	am Ufer von
au fil de **D** 95	im Laufe von
au lieu de **4. 3** 4	statt
aux portes de **2. 1** 2	vor den Toren von
abordable D 95	erschwinglich
aboyer 7. 3 5	bellen
abri *m* **7. 3** 2	Schutz
s'**abrutir 3. 3** 4	abstumpfen, verblöden
absence *f* **D** 101	Abwesenheit
absorber D 95	(in sich) aufnehmen, absorbieren
accabler qn 7. 3 2	jdn überhäufen
accent *m* chantant **2. 1** 9	ein melodischer Akzent
accompagner qc/qn 4. 3 2	etw/jdn begleiten
accorder qc à qn 7. 2 3	jdm etw gewähren
accueil *m* **2. 1** 2	Empfang
accueillir 2. 1 9	empfangen, beherbergen
acteur (-trice) 5. 2 1	Schauspieler(in)
actuellement 1. 3 4	zurzeit, momentan
addition *f* **6. 2** 11	Rechnung
adjoint(e) (au maire) D 95	Stellvertreter(in) des Bürgermeisters
admettre D 100	erlauben, zulassen
adorer qn/qc 1. 1 1	jdn/etw sehr gern mögen, anbeten
s'**adresser à qn 2. 2** 1	sich an jdn wenden
adultère *m* **7. 3** 2	Ehebruch
aérer D 99	belüften
affaire *f* **3. 2** 6	Angelegenheit; Sache
affaires *f (pl)* **4. 1** 2	Sachen, Hab und Gut
s'**affairer 6. 3** 2	sich beschäftigen mit
âge *m* **2. 2** 1	Alter
de tout ~ **2. 2** 1	jeden Alters
s'**agir de 2**	sich handeln um
agrandir qc D 96	etw vergrößern
agressif (-ive) 3. 3 4	aggressiv
aide-bibliothécaire *f* **5. 1** 9	Bibliotheksgehilfin
aider qn (à faire qc) 1. 2 5	jdm helfen (, etw zu tun)
aimer qc/qn 1. 1 1	etw/jdn lieben, mögen
aîné(e) 5. 1 4	älteste(r)
ainsi D 95	so, auf diese Weise
ajouter qc 1. 2 5	etw hinzufügen
ajuster B3	
alcool *m* **6. 1** 4	Alkohol
aliment *m* **6. 1** 5	Nahrungsmittel
alimentation *f* **6. 2** 1	Ernährung
aller	
~ en colo **1. 2** 8	ins Ferienlager fahren
~ prendre qn **7. 3** 9	jdn abholen
allumer qc 7. 2 3	etw einschalten
alpinisme *m* **1. 2** 2	Klettern, Bergsteigen
amateur (-trice) 2. 2 1	Liebhaber(in)
ambulance *f* **7. 3** 5	Krankenwagen
améliorer qc 2. 1 5	etw verbessern
aménager qc D 95	etw einrichten
amer (-ère) 6. 2 6	bitter
s'**américaniser 6. 2** 2	zunehmend amerikanisch werden
amitié *f* **3**	Freundschaft
amour *m* **3**	Liebe
amoureux (-euse) 2. 3 4	Verehrer(in), Liebhaber(in)
ancien (-ienne) 2. 1 9	alt; ehemalig
anniversaire *m* **3. 1** 8	Geburtstag
annonce *f* **2**	(Klein-) Anzeige, Annonce
annuler qc 4. 3 6	etw annulieren, für ungültig erklären, stornieren
anticiper 3. 3 4	vorgreifen, vorwegnehmen
appareil *m* **7. 3** 1	Gerät
apprécier qc/qn 3. 2 4	etw/jdn schätzen
apprentissage *m* **B2** 4	Lehre
argent *m* de poche **5. 1** 4	Taschengeld

arrière	
~ -pays *m* **D** 101	Hinterland
~ petits-enfants *m (pl)* **6. 3** 6	Urenkel
arrivée *f* **4. 1** 7	Ankunft
arriver en retard **4. 3** 5	mit Verspätung ankommen
arrondir 5. 1 4	aufbessern, aufrunden
artère *f* **D** 95	(Haupt-); (Verkehrs-) Ader
artiste *m/f* **2. 2** 1	Künstler(in)
ascenseur *m* **7. 3** 1	Fahrstuhl
aspect *m* convenable **7. 3** 2	anständiges Aussehen
s'asseoir 7. 1 6	sich hinsetzen
assiette *f* **6. 2** 5	Teller
associatif (-ive) D 94	Vereins-
attendre qn 1. 2 3	auf jdn warten
~ son tour **6. 3** 6	~ bis man an der Reihe ist
auditoire *m* **6. 3** 2	Zuhörerschaft
augmenter D 96	erhöhen
auréole *f* **4. 2** 1	Heiligenschein, Nimbus
aussi *adv* **2. 1** 2	auch
~ que **3. 2** 1	genauso...wie
auteur(e) 1. 1 1	Autor(in)
autonome 7. 2 5	selbständig
autrefois *adv* **6. 3** 2	früher
autrichien (-ienne) B2 2	österreichisch
avalanche *f* **7. 3** 2	Lawine
avantage *m* **5. 1** 9	Vorteil
avenir *m* **5. 2** 2	Zukunft
aventure *f* **1. 1** 1	Abenteuer
s'aventurer dans D 101	sich in...wagen
avocat *m* **6. 2** 6	Avokado
avoir	
~ bonne réputation **5. 3** 4	einen guten Ruf haben
~ rendez-vous avec qn **5. 1** 8	einen Termin mit jdm haben, mit jdm verabredet sein
~ tendance à **7. 3** 2	neigen zu
~ l'air de **7. 3** 9	den Anschein haben
~ l'esprit de décision **5. 2** 1	entschlussfreudig sein
~ la gorge en flammes **6. 2** 11	eine brennende Kehle haben
~ la tête en l'air **3. 3** 4	mit den Gedanken woanders sein
~ le cafard *fam* **3. 3** 4	Trübsal blasen
~ des économies **7. 1** 3	Ersparnisse haben
~ de l'estime pour qn **5. 1** 4	Achtung vor jdm haben
~ du piston *fam* **5. 2** 1	Beziehungen haben
~ besoin de qc/qn **2. 3** 7	etw/jdn brauchen
~ horreur de qc **3. 1** 8	etw nicht ausstehen können
~ affaire avec qn **5. 1** 9	mit jdm zu tun haben
~ envie de faire qc **1. 2** 1	Lust haben, etw zu tun
~ qc en commun **1. 1** 2	etw gemeinsam haben
~ qc à envier à qn **6. 2** 2	jdm in etw nachstehen
~ qc de prévu **1. 3** 3	etw vorhaben
ne pas ~ un radis **6. 2** 12	keinen Cent mehr in der Tasche haben
en ~ marre de **7. 2** 8	die Nase voll haben von
axe *f* **D** 95	Achse

B

bac *m* du chat **3. 3** 4	Katzenklo
baccalauréat *m* (*Abk* **bac**) **5. 3.** 2	Abitur
bagages *m (pl)* **4. 1** 9	(Reise-) Gepäck
bagnole *f fam* **7. 3** 2	Auto
baiser *m* **3. 1** 1	Kuss
balade *f* **2. 3** 5	Spaziergang
baladeur *m* **7. 1** 1	Walkman
balance *f* **7. 3** 1	Waage
bande *f* **7. 1** 3	Gruppe, Clique
barbant(e) *fam* **1. 3** 1	öde, langweilig
barrage *m* régulateur **D** 101	regulierender Staudamm
bateau *m* **D** 99	Boot; Schiff
battre 3. 1 8	schlagen
bavard(e) 6. 3 8	geschwätzig, redselig
beau, bel, belle 3. 1 3	schön
belle-mère *f* **7. 2** 5	Schwiegermutter
bibliothèque *f* **1. 2** 3	Bibliothek
bilan *m* **1. 3** 5	Bilanz
bilingue D 94	zweisprachig
billet *m* **4. 3** 4	(Fahr-) Schein
biniou *m* **2. 1** 9	(bretonischer) Dudelsack
blessure *f* **1. 2** 2	Verletzung, Wunde
bleu turquoise *m* **2. 3** 1	türkisblau
blond(e) 3. 1 6	blond
boisson *f* **6. 2** 8	Getränk
boîte *f fam* **1. 3** 3	Firma
bonheur *m* **1. 2** 2	Glück
border B1 4	säumen
bouger 1. 1 1	(sich) bewegen
bouillabaisse *f* **2. 1** 9	Bouillabaisse (*provenzalische Fischsuppe)*
bouillon *m* **6. 3** 2	Brühe, Bouillon
bouquin *m fam* **1. 2** 2	Buch, Schmöker
bourse *f* **7. 3** 7	Börse
brésilien (-ienne) D 99	brasilianisch
bricolage *m* **1. 2** 7	Basteln
briller 2. 3 1	scheinen, glänzen
broc *m* **B3** 5	Kanne
bruit *m* **3. 2** 6	Lärm
brun, brune 3. 1 6	braun
but *m* **2. 1** 5	Ziel
butte *f* **B1** 1	Hüge

C

Ça	
~ vous va ? **4. 3** 4	Ist Ihnen das recht?
~ pique. **6. 2** 6	Es ist scharf.
cabine *f* de bain(s) **2. 3** 7	Umkleidekabine
se cacher 2. 3 3	sich verstecken
cafard *m fam* **3. 3** 4	Trübsal, Weltschmerz
calme *m* **2. 2** 1	Ruhe
calorie *f* **6. 1** 4	Kalorie
campagne *f* **4. 3** 2	(Werbe-) Kampagne; Land
camper 7. 1 3	campen, zelten
canapé *m* **1. 2** 3	Couch, Sofa
candidat(e) 5. 1 8	Bewerber(in)
candidature *f* **2. 3** 5	Bewerbung

capitale *f* **D** 95	Hauptstadt
canyoning *m* **2. 3** 1	Wildwasserfahren
carafe *f* d'eau **6. 2** 11	eine Karaffe Wasser
cardiologie *f* **D** 98	Kardiologie
casque *m* **B3** 5	Helm
casser l'ambiance *f* **6. 2** 6	die Stimmung verderben
cassette *f* de relaxation **7. 2** 2	Meditationskassette
catastrophé(e) B3 7	entsetzt
catholique 6. 3 1	katholisch
ce	
c'est pas mon truc *fam* **4. 1** 13	das ist nicht mein Ding
~ n'est pas grave **3. 3** 6	das ist nicht schlimm
ce que 1. 1 3	das, was
ceinture *f*	
~ de sécurité **B3** 5	Sicherheitsgurt
~ noire **5. 3** 5	der schwarze Gürtel
célèbre 2. 1 9	berühmt, bekannt
celte 2. 1 9	keltisch
centenaire D 101	hundertjährig
cerné(e) 7. 3 2	umzingelt, umgeben
cesser de 7. 3 2	aufhören zu
chacun(e) 4. 1 6	jede(r, s)
chaleureux (-euse) 2. 1 2	herzlich, warmherzig
champ *m* **2. 1** 9	Feld
chance *f* **5. 1** 9	Glück
chanteur (-euse) 3. 3 1	Sänger(in)
chantier *m* **7. 3** 5	Baustelle
chapelure *f* **6. 2** 6	Paniermehl
chaque 1. 2 4	jede(r, s)
charcuterie *f* **6. 1** 1	Metzgerei; Wurstwaren
charges *f (pl)* **D** 97	Nebenkosten
château *m* (*pl* -eaux) **2. 2** 1	Schloss
~ d'eau **4. 2** 1	Wasserturm
chaudement *adv* **1. 3** 3	warm, heiß
chauffeur-livreur *m* de repas **5. 1** 9	Essenauslieferer
chaussette *f* **7. 3** 2	Kniestrumpf
chemise *f* **4. 2** 7	Hemd
cher, chère 6. 2 8	teuer; lieb
chinois(e) 2. 3 1	chinesisch
chirurgien (-ienne) 5. 2 1	Chirurg(in)
choisir qc/qn 1. 2 2	etw/jdn (aus)wählen
choix *m* **2**	Wahl; Auswahl
cicogne *f* **2. 1** 9	Storch
cigale *f* **2. 1** 9	Zikade
ciné *m* (*Abk von* cinéma) *fam* **7. 3** 9	Kino
cinéaste *m* **5. 3** 2	Filmemacher(in)
circuit *m* **2. 2** 1	Rundweg
cirque *m* **5. 2** 8	Zirkus
citadin(e) 7. 3 2	Stadtbewohner(in)
claquer la porte **3. 3** 11	die Tür zuknallen
clé/clef *f* **4. 2** 7	Schlüssel
cliché *m* **2. 3** 3	Klischee
client(e) 5. 1 8	Kunde, Kundin
club *m* de cyclisme **7. 1** 5	Radsportklub
coin *m* **2. 1** 1	Ecke, Gegend
collègue *m/f* **3. 2** 5	Kollege, Kollegin
colline *f* **2. 3** 1	Hügel
colombage *m* **2. 1** 9	Fachwerk
maison *f* à ~s **2. 1** 9	Fachwerkhaus
colonie *f* de vacances (*Abk* **colo**) **1. 2** 8	Ferienlager
combatif (-ive) 5. 2 1	kampflustig, kämpferisch
esprit ~ **5. 1** 9	Kampfgeist
commande *f* **5. 1** 9	Auftrag; Bestellung
commander qc 6	etw bestellen
commencer par 2. 3 5	beginnen mit
compartiment *m* **4. 2** 7	(Zug-)Abteil
compétition *f* **7. 1** 5	Wettbewerb
se **complaire** (à faire qc) **3. 3** 4	Gefallen daran finden, etw zu tun
complet (-ète) 4. 3 4	voll, besetzt
comptable *m/f* **5. 1** 2	Buchhalter(in)
compter 2. 3 4	zählen
concernant 2. 3 2	was...betrifft
concevoir 6. 2 6	ersinnen, konzipieren
concilier D 101	miteinander vereinbaren
concurrencer qc/qn D 101	mit etw/jdm konkurrieren
condition *f* **2. 2** 3	Bedingung
confort *m* **1. 2** 2	Komfort; Bequemlichkeit
confrère, consœur 5. 1 9	Kollege, Kollegin
connaissance *f* **1. 1** 1	Bekanntschaft; Kenntnis
connaître qc/qn 1. 1 3	etw/jdn kennen
conseil *m* **2. 2** 1	Rat, Ratschlag
conseiller *m* **municipal 5. 3** 2	Gemeinderat
constamment *adv* **D** 94	ständig
constituer 6. 2 2	bilden, darstellen; einrichten
content(e) 2. 1 7	zufrieden, froh
se **contenter de qc D** 94	sich mit etw zufrieden geben
contenu *m* **D** 94	Inhalt
contexte *m* **7. 3** 2	Situation, Kontext
contredire qn 3. 3 4	jdm widersprechen
contrôle *m* **6. 2** 6	Kontrolle; Klassenarbeit
contrôleur *m* **4. 3** 1	Schaffner, Kontrolleur
convaincre qn 2. 2 5	jdn überzeugen
convivialité *f* **6. 2** 2	Geselligkeit
coordonnées *f (pl)* **7. 3** 9	Adresse und Telefonnummer
copain, copine 1. 1 1	Kumpel, Freund(in)
corps *m* **1. 2** 1	Körper
correspondance *f* **4. 3** 6	Korrespondenz, Briefwechsel; Anschlusszug
cortège *m* **D** 95	Gefolge
costume *m* **5. 3** 6	Anzug
côte *f* **2. 1**	Küste
se **coucher 4. 1** 11	ins Bett gehen; untergehen *(Sonne)*
coucher *m* de soleil **7. 1** 6	Sonnenuntergang
couchette *f* **4. 3** 4	Liegeplatz, Klappbett
couiner *fam* **7. 3** 2	fiepen, quieken
couler 3. 1 1	fließen, rinnen
se la ~ douce *fam* **4. 1** 13	es sich gut gehen lassen
coup *m*	
~ de foudre **7. 1** 3	Liebe auf den ersten Blick
~ de téléphone **7. 2** 3	Anruf
couple *m* **3. 1** 7	Paar
courbatures *f (pl)* **1. 2** 2	Muskelkater
courir 1. 2 2	laufen, rennen
couronner D 99	die Krone aufsetzen; krönen

coussin *m* **1.** 2 2	Kissen
couture *f* **1.** 3 1	Nähen, Schneidern
couvrir qc **7.** 3 2	etw überdecken
crachouiller **7.** 3 2	(aus)spucken; rauschen
cravate *f* **5.** 3 6	Krawatte
crèche *f* **7.** 2 3	(Kinder-) Krippe
créole **2.** 3 1	kreolisch
Créole *m/f* **2.** 3 4	Kreole, Kreolin
cri *m* de douleur **3.** 3 5	Schmerzensschrei
criminalité *f* **4.** 3 2	Kriminalität
croisière *f* **4.** 1 6	Kreuzfahrt
crue *f* **D** 101	Hochwasser,
cuire **6.** 3 2	kochen
cuisiner qc **2.** 2 1	etw kochen
culpabiliser qn **6.** 2 2	bei jdm Schuldgefühle wecken
cure *f* de thalasso **2.** 2 1	Thalassotherapie
curriculum vitae *m* (*Abk* **CV**) **5**	Lebenslauf

D

de	
~ ici à **D** 95	von…bis
~ origine **2**	Ursprungs-
dangereux (-euse) **1.** 2 2	gefährlich
dans	
~ le cadre de **D** 94	im Rahmen von
~ les deux cas **3.** 2 1	in beiden Fällen
danse *f* **2.** 2 1	Tanz
~ folklorique **2.** 2 1	Volkstanz
dé *m* **3.** 3 9	Würfel
débarquer *fam* **D** 99	landen, ankommen
débiter **D** 101	transportieren, durchlaufen lassen
se **débrouiller** **5.** 3 4	zurechtkommen
décerner un prix à qn **7.** 3 10	jdm einen Preis verleihen
déclaration *f* **3.** 2 1	Aussage
déclic *m* **5.** 1 4	Schlüsselerlebnis
décontracté(e) **3.** 2 1	lässig, entspannt
décourager qn de faire qc **D** 95	jdm von etw abbringen
découvrir qc **2.** 1 2	etw entdecken
décrire qc/qn **1.** 3 5	etw/jdn beschreiben
défaut *m* **3.** 3 2	Fehler
défendre qc/qn **3.** 3 9	etw/jdn verteidigen
~ à qn de faire qc **3.** 3 9	jdm verbieten, etw zu tun
déguster qc **2.** 2 1	etw kosten, probieren
déjeuner **6.** 1 4	zu Mittag essen
délai *m* **5.** 1 9	Zeitspanne, Frist
délicat(e) **3.** 1 1	heikel
demander conseil à qn **3.** 1 8	jdn um Rat fragen
démarrer **4.** 1 2	an-, abfahren
dense **D** 95	dicht
dent *f* **3.** 1 2	Zahn
dentiste *m/f* **5.** 1 2	Zahnarzt, Zahnärztin
départ *m* **4.** 1 1	Abfahrt, Aufbruch
département *m* **2.** 3 1	Departement
dépasser **D** 100	überholen; überschreiten
dépendre de qc/qn **3.** 2 4	von etw/jdm abhängen
déprimé(e) **3.** 3 5	niedergeschlagen, deprimiert
député *m* **européen** **5.** 3 2	europäischer Abgeordneter
dérangeant(e) **7.** 3. 10	störend
dernier (-ière) **4.** 1 11	letzte(r, s)
se **dérouler** **D** 99	sich abspielen, sich ereignen
dès **3.** 2 1	von…an
descendre **4.** 1 8	hinuntergehen
~ les poubelles **6.** 3 7	den Müll runterbringen
description *f* **2**	Beschreibung
désert *m* **4.** 1 9	Wüste
désigner **D** 96	bezeichnen
désirer qc **2.** 2 3	etw wünschen, verlangen
se **détendre** **1.** 3 1	sich entspannen
détente *f* **2.** 2 1	Entspannung
détester qc/qn **1.** 1 1	etw verabscheuen, jdn hassen
détour *m* **3.** 3 4	Umweg
se **développer** **3.** 3 4	sich entwickeln
devenir **4.** 1 8	werden
devoir **3.** 1 1	müssen
dévorer qc **6.** 1 2	etw hinunterschlingen
diététique *f* **6**	Ernährungswissenschaft
dignité *f* **6.** 3 2	Würde
digue *f* **2.** 1 2	Deich
directeur *m* **commercial** **5.** 2 5	kaufmännischer Leiter
disparaître **4.** 1 2	verschwinden
dispute *f* **3.** 3 11	Streit
se **disputer** **4.** 1 11	sich streiten
dissuasion *f* **D** 95	Abschreckung
distributeur *m* **4.** 3 4	Automat, Verteiler
divertir qn **7.** 3 2	jdn unterhalten
divorce *m* **6.** 3 1	Scheidung
dizaine *f* **5.** 1 4	ungefähr zehn
domaine *m* **1.** 2 5	Bereich, Gebiet, Domäne
dominical(e) **6.** 1 1	Sonntags-
dommage **D** 99	schade
donner son avis *m* **1**	seine Meinung äußern
dos *m* **1.** 2 2	Rücken
doute *m* **6.** 3 1	Zweifel
dressage *m* **5.** 3 5	Dressur
drôle **3.** 2 1	eigenartig, seltsam; witzig
dromadaire *m* **4.** 1 6	Dromedar
dur(e) **4.** 3 6	hart, schwierig

E

échanger qc contre qc **4.** 2 8	etw gegen etw austauschen
école *f* **2.** 3 7	Schule
économiser **7.** 1 3	sparen
écraser **D** 101	erdrücken
écrivain *m* (femme écrivain) **2.** 2 1	Schriftsteller(in)
effectif *m* **D 94**	Zahl der Beschäftigten; Belegschaft
éducation *f* **6**	Erziehung
effort *m* **1.** 2 2	Anstrengung
également *adv* **D** 94	auch, ebenfalls

église *f* D 101	Kirche
éloquence *f* 5. 2 1	Eloquenz, Wortgewandtheit
embêtant(e) *fam* 5. 1 9	lästig
embouteillage *m* D 95	Stau
embrasser qn 3. 1 2	jdn küssen, umarmen
émission *f*	
~ télévisée 5. 3 2	Fernsehsendung
~ s polluantes *(pl)* D 95	umweltschädliche Abgase
emmener qc/qn 2. 2 3	etw/jdn mitnehmen
employé(e) 1. 3 3	Angestellte(r)
s'**emporter** 3. 3 4	sich erregen
emprunter qc à qn D 98	jdm etw ausleihen
en	
~ avoir assez 1. 2 3	genug haben
~ avoir plein le dos *fam* 1. 2 2	die Nase voll haben
~ plein air 1. 2 8	draußen, im Freien
~ tout cas 5. 1 2	auf jeden Fall
~ fonction de 5. 1 4	entsprechend
~ passant par 2. 3 1	bis hin zu
~ vouloir à qn D 98	jdm böse sein
~ avoir marre de 7. 2 8	es satt haben
enchanté(e) 1. 1 4	erfreut
encouragement *m* D 95	Ermutigung, Aufmunterung
endiguer qc D 95	eindämmen, unter Kontrolle bringen
s'**endormir** 4. 2 7	einschlafen
endroit *m* 2. 1 1	Ort
s'**énerver** 3. 2 6	sich aufregen
enfance *f* 6. 3 1	Jugend, Kindheit
enfoiré(e) *vulg* 7. 3 2	Schwein *(Schimpfwort)*
engueuler qn *fam* 7. 3 2	jdn anschnauzen
ennemi(e) 1. 2 2	Feind(in)
s'**ennuyer** 4. 1 11	sich langweilen
ennuyeux (-euse) 1. 3 1	langweilig
énormément 7. 3 8	riesig
enregistrement *m* vidéo 7. 2 8	Videoaufnahme
enregistrer qc B3 10	etw aufnehmen
enrichissement *m* 5. 1 9	Bereicherung
ensemble *adv* 2. 2 1	zusammen
s'**entendre avec qn** 3. 2 4	sich mit jdm verstehen
entourage *m* 6. 2 5	Umgebung
s'**entraîner** 5. 2 8	trainieren
entrée *f* 6. 2 6	Vorspeise; Eingang, Eintritt
entreprendre 3. 3 4	unternehmen
entreprise *f* 3. 1 7	Unternehmen
entretien *m* **d'embauche** 5	Vorstellungsgespräch
épicé(e) 6. 2 11	gewürzt, scharf
épinards *m (pl)* 6. 2 7	Spinat
époque *f* 7	Epoche
épouser qn 3. 3 4	jdn heiraten
équilibré(e) 6. 2 2	ausgeglichen; ausgewogen
équilibre *m* **nutritionnel** 6. 2 6	ausgewogene Ernährung
équipe *f* 1. 2 1	Mannschaft, Gruppe
équitation *f* 1. 2 7	Reiten
escapade *f* D 101	Ausflug
escargot *m* 4. 1 9	Schnecke
espérance *f* **de vie** 6. 2 2	Lebenserwartung
essayer qc 2. 1 5	etw versuchen

estime *f* 5. 1 5	Achtung
estimer qc/qn 4. 1 6	etw/jdn (ein)schätzen
s'**étendre** 3. 3 4	sich ausbreiten, entfalten
s'**éterniser** 3. 1 8	sich in die Länge ziehen
s'**étoffer** D 95	sich vergrössern, sich ausweiten
étrange 7. 1 6	merkwürdig, komisch
étranger (-ère) 2. 1 7	ausländisch, fremd
être	
~ coincé(e) 7. 3 2	feststecken
~ content(e) 2. 1 7	zufrieden/froh sein
~ crevé(e) *fam* 7. 2 7	müde, erschöpft sein
~ désolé(e) 4. 3 4	etw bedauern
~ pressé(e) 6. 2 10	es eilig haben
~ situé(e) 2. 1 2	sich befinden
~ situé(e) à deux pas de 2. 1 2	einen Katzensprung entfernt sein
~ tabou 6. 3 2	tabu sein
~ respectueux (-euse) de qc 6. 3 2	Wert auf etw legen, etw achten
~ question de 1. 2 4	die Rede sein von
~ en pleine expansion 5. 1 9	expandieren
~ sous pression 5. 1 9	unter Druck stehen
~ sur la bonne voie 5. 2 2	auf dem richtigen Weg sein
~ dans le sens de la marche 4. 3 4	in Fahrtrichtung sitzen
~ adapté(e) à 6. 2 1	angepasst sein an
~ allergique à 2. 2 3	allergisch sein auf
~ dû, due à qc 6. 2 2	bedingt sein durch
~ à égale distance de 2. 1 9	genau so weit entfernt
~ à l'abri de 7. 3 2	vor etw sicher sein
~ chargé(e) de D 95	beauftragt sein mit
~ respectueux (-euse) de qc 6. 3 2	Wert auf etw legen; etw achten
~ attiré(e) par 3. 2 1	angezogen werden von
~ célèbre pour 2. 1 9	berühmt sein für
~ doué(e) pour qc 5. 1 4	für etw begabt sein
~ d'accord avec qc/qn 1. 2 4	mit etw/jdm einverstanden sein
~ en rapport avec 2. 3 5	in Verbindung stehen mit
~ en train de faire qc 4. 2 5	dabei sein, etw zu tun
études *f (pl)* 2. 1 7	Studium
étudiant(e) 2. 1 7	Student(in)
étudier qc 2. 2 1	etw studieren
eurodéputé(e) 5. 3 2	europäische(r) Abgeordnete(r)
européen(-enne) 2. 3 1	europäisch
s'**évader** 4. 2 4	entfliehen, flüchten
évasion *f* 4. 2	Flucht
événement *m* 2. 3 7	Ereignis
évoluer 3. 3 4	sich weiterentwickeln
évoquer qc 2. 1 9	etw in Erinnerung rufen, wachrufen
exagérer 3. 3 6	übertreiben
excessif (-ive) 3. 3. 4	exzessiv, maßlos
excursion *f* 2. 1 5	Ausflug
exercer un métier 5. 1 9	einen Beruf ausüben
exotique 2. 3 1	exotisch

expérience *f* 3	Erfahrung
expérimenté(e) 2. 2 1	erfahren
expliciter qc D 94	etw klar ausdrücken, deutlich machen
exploit *m* B1 4	herausragende Leistung
explosion *f* **de l'offre** 6. 2 2	Überangebot
exposition *f* (*Abk* **expo**) 1. 3 1	Ausstellung
exprès *adv* D 98	absichtlich
expressif (-ive) 3. 2 1	ausdrucksvoll
exprimer qc 2	etw ausdrücken, äußern

F

face à D 94	gegenüber, angesichts
façon *f* 5. 1 4	Art
faculté (*Abk* **fac**) *f fam* 7. 3 7	Universität, Fachbereich
faim *f* D 99	Hunger
faire	
~ connaissance 1. 1 1	sich kennen lernen
~ grève 4. 3 6	streiken
~ la connaissance de qn 1	jds Bekanntschaft machen, jdn kennenlernen
~ la cuisine 6. 1 3	kochen
~ la fête 1. 3 1	feiern
~ la grasse matinée 6. 3 1	ausschlafen
~ la queue 1. 2 2	Schlange stehen
~ la saison 2 3 5	Saisonarbeit machen
~ la sieste 1. 2 2	Mittagsschlaf, Siesta machen
~ le ménage 7. 2 5	sauber machen
~ le poireau 6. 2 12	sich die Beine in den Bauch stehen
~ tout son possible 4. 3 2	sein Möglichstes tun
~ les courses 2. 2 1	einkaufen
~ les valises 4. 1 2	Koffer packen
~ des économies 6. 1 3	sparen
~ des observations *f* sur qn 2. 1 8	Bemerkungen über jdn machen
~ des progrès en 2. 1 5	in... Fortschritte machen
~ du bien 1. 1 1	gut tun
~ du lèche-vitrines 2. 1 2	einen Schaufensterbummel machen
~ du sport 1. 2 1	Sport treiben
~ de l'alpinisme 1. 2 2	klettern, bergsteigen
~ de la couture 1. 3 1	nähen, schneidern
~ rire qn 1. 1 1	jdn zum Lachen bringen
~ faire qc à qn D 95	jdm zu etw veranlassen
~ fuir qn 2. 2 2	jdn abschrecken, abstoßen
se ~ confiance 3. 3 2	sich gegenseitig vertrauen
falaise *f* 2. 1 9	Steilküste, Felsen
farniente *m* 2. 3 1	Nichtstun
faune *f* 2. 2 1	Fauna
faute *f* 2. 1 7	Fehler
fée *f* 7. 2 3	Fee
femme *f* **de ménage** 7. 2 3	Putzfrau
fer *m* (à repasser) 7. 2 3	Bügeleisen
ferme *f* 2. 2 1	Bauernhof
fermer un œil 3. 1 1	ein Auge zudrücken
feuilleté *m* 6. 2 11	Blätterteiggebäck
se **fiancer** 7. 1 3	sich verloben
fiche *f* 2. 2 3	Zettel
ficher la paix à qn *fam* 7. 3 2	jdn in Frieden lassen
fiction *f* 4. 2 4	Erfindung, Fiktion
fierté *f* 6. 2 2	Stolz
se **figurer qc** 7. 3 7	sich etw vorstellen
finir par 3. 3	enden mit
fixer qc 1. 3 4	etw festlegen
flagrant délit *m* 7. 3 2	Straftat, bei der der Täter auf frischer Tat ertappt wird
fleuriste *m/f* 5. 1 2	Blumenhändler(in)
flore *f* 2. 2 1	Flora
flot *m* D 95	Flut, Menge
flotter 2. 3 1	schweben
fonctionnaire *m/f* 5. 1 9	Beamte(r)
forêt *f* 1. 2 2	Wald
formation *f* 5	Ausbildung
fortifié(e) 2. 1 9	befestigt
fou, folle 3. 3 7	Verrückter, Verrückte
fou *m* **de sport** 6. 3 1	Sportbegeisterter
foudre *m* 7. 1 3	Blitz(schlag)
le coup de ~ 7. 1 3	Liebe auf den ersten Blick
fourrer *fam* 7. 3 2	hineinstecken
fracture *f* 1. 2 2	Knochenbruch
frais, fraîche 6. 2 8	frisch
franc (-che) 3. 1 4	offenherzig, natürlich
fréquent(e) 4. 3 2	häufig
frigo *m* 6. 2 2	Kühlschrank
fumer 3. 1 8	rauchen
fumeur *m* 4. 3 4	Raucher
non- ~ 4. 3 4	Nichtraucher

G

gagnant(e) *adj* 1. 2 5	Gewinner-
gagner qc 1. 2 5	etw gewinnen
~ sa vie 5. 1 7	seinen Lebensunterhalt verdienen
garde *m* **du corps** 5. 3 5	Leibwächter
garder qn/qc 3. 1 1	etw/jdn behalten
~ la ligne 6. 1 3	schlank bleiben
gare *f* 4. 2 1	Bahnhof
se **garer** 3. 3 4	parken
gâteau *m* 6. 1 1	Kuchen; Gebäck
gémir 3. 3 4	heulen, wimmern, stöhnen
gent *f* **féminine** D 99	das schöne Geschlecht
gérer qc 5. 1 9	leiten, verwalten
geste *m* 4. 1 2	Geste, Bewegung
gîte *m* **rural** 4. 1 6	Ferienhaus auf dem Land
glace *f* 6. 1 1	Eis
gorge *f* 6. 2 11; D 101	Hals; Schlucht
gosse *m/f fam* 7. 2 3	Kind
gourmet *m* 6. 2 10	Feinschmecker
goût *m* 1	Geschmack, Vorliebe
grâce à qc 2. 1 7	dank etw
grandir avec qn 5. 1 4	mit jdm aufwachsen
grands mots *m (pl)* 3. 1 1	große Worte, Versprechen
gras, grasse 6. 2 2	fett
gratifiant(e) 5. 1 9	einträglich
gratin *m* **dauphinois** 6. 2 5	*Kartoffelgratin mit Crème fraîche/Milch*

gratuit(e) D 95	kostenlos
grave 3. 3 6	schlimm
grimace *f* 1. 2 3	Grimasse
gros, grosse 3. 1 4	dick
~ mot *m* 3. 1 1	Schimpfwort
grossier (-ière) 7. 3 2	obszön, primitiv
guérir 5. 3 5	heilen
guide *m*	
~ expérimenté 2. 2 1	erfahrener (Reise-) Führer
~ gastronomique 5. 3 5	(Restaurant-) Führer
gym *f* 1. 2 7	Gymnastik
~ en salle 1. 2 8	Hallenturnen

H

habileté *f* **manuelle** 5. 2 1	handwerkliche Geschicklichkeit
s'**habiller** 1. 3 3	sich anziehen, sich kleiden
habitant(e) 2. 1 2	Einwohner(in)
habitude *f* 1. 2 1	(An-) Gewohnheit
~ alimentaire 6	Essensgewohnheit
habituer qn à qc 6. 2 6	jdn an etw gewöhnen
hall *m* **d'entrée** 7. 3 2	Eingangshalle
halte à 7. 3 2	Schluss mit
hara *m* 5. 3 5	Gestüt
haut lieu *m* **de** 2. 1 9	Hochburg, Zentrum für
hauteur *f* D 101	Höhe
hébergement *m* 2. 2 3	Unterkunft
hésiter 7. 3 2	zögern
historique 4. 2 4	historisch
hôpital *m* 5. 1 4	Krankenhaus
hospitalisé(e) 5. 1 4	im Krankenhaus liegen
hôtel *m* **4 étoiles** 4. 1 13	4-Sterne-Hotel
humain(e) 5. 1 9	menschlich
humeur *f* 2. 1 7	Laune
humour *m* 1.1 1	Humor
hurler 7. 3 2	brüllen
hystérique 3. 3 4	hysterisch

I

idyllique 2. 2 4	idyllisch
île *f* 2. 1 9	Insel
immédiatement *adv* 5. 1 8	sofort
impregné(e) de D 101	gespickt mit
impressionner qn 2. 3 1	jdn beeindrucken
impulsif (-ive) 3. 3 4	impulsiv
incessant(e) D 95	unaufhörlich
inconvénient *m* 5. 1 9	Nachteil
inculquer qc à qn 6. 3 2	jdm etw einprägen
indien (-ienne) 2. 3 1	indisch
indifférence *f* 4. 3 2	Gleichgültigkeit
indispensable 4. 1 6	unerlässlich
indonésien (-ienne) D 99	indonesisch
infarctus *m* 5. 1 4	Infarkt
infidélité *f* 7. 3 2	Untreue
infirmier (-ière) 5. 1 4	Krankenpfleger(in)
ingénieux (-euse) 7. 3 10	klug; gut ausgedacht; erfinderisch, findig
inoubliable 2. 3 1	unvergesslich
innover 7. 3 2	Neues entwickeln
s'**inquiéter de qc** 6. 2 2	sich über etw Sorgen machen
inscription *f* 2. 2 1	Einschreibung
insignifiant(e) 3. 3 6	unbedeutend
insoutenable D 99	unerträglich
inspecteur (-trice) 5. 3 5	Inspektor(in), Kontrollbeamte(r)
instant *m* B2 6	Moment
instituteur (-trice) 5. 3 2	(Grundschul-) Lehrer(in)
intellectuel (-elle) 5. 1 9	intellektuell
intense 2. 3 1	intensiv
intention *f* 2	Absicht
interdiction *f* D 99	Verbot
intérêt *m* 4. 1 13	Interesse
intriguer qn 7. 3 2	jdn neugierig machen
inutile 4. 1 6	unnütz, nutzlos
irrésistible 2. 3 1	unwiderstehlich
irréversible 6. 2 3	unwiderruflich, unaufhaltsam

J

jardinage *m* 1. 2 7	Gartenarbeit
jeter les dés 3. 3 9	würfeln
jeu *m* (*pl* jeux) 1. 2 7	Spiel
~ vidéo 1. 2 7	Computerspiel
jogging *m* 1. 2 1	Joggen
jouer	
~ aux dés 3. 3 9	würfeln
~ du saxo 7. 2 2	Saxophon spielen
jouets *m (pl)* 4. 1 2	Spielsachen
journal *m* (*pl* -aux) 2. 3 7	Tageszeitung
juger qc/qn 3	etw/jdn beurteilen
jungle *f* 4. 1 13	Dschungel
junior *m* 6. 2 1	Junior, Jugendlicher
jupe *f* D 99	Rock
justifier 2	rechtfertigen, begründen

K

kiosque *m* 2. 3 7	(Zeitungs-) Kiosk

L

là-bas 2. 3 1	dort
se **lâcher** *fam* 7. 3 2	sich gehen lassen
laisser qc à qn 1. 2 2	jdm etw überlassen
lapin(e) 6. 3 8	Kaninchen
largeur *f* D 95	Breite; Größe
larme *f* 3. 1 1	Träne
lavande *f* 2. 1 9	Lavendel
lave-vaisselle *m* 7. 1 1	Geschirrspüler
lécher 2. 1 2	ablecken
lecteur (-trice) 1. 2 4	Leser(in)
lecture *f* 1. 1 1	Lesen; Lektüre
légende *f* 2. 1 9	Legende; Sage
légume *m* 6. 1 1	Gemüse
se **lever** 3. 2 6	aufstehen
libraire *m/f* 5. 3 2	Buchhändler(in)
libre 4. 3 3	frei
lieu *m* 1. 2 4	Ort
limite *f* 1. 2 1	Grenze
linge *m* 7. 2 5	Wäsche
lire 4. 2 4	lesen

logiciel *m* **informatique** D 94	Computersoftware
loin 7. 1 3	weit entfernt
loisir *m* 1	Freizeit(beschäftigung)
longer qc D 101	an etw entlanglaufen
longévité *f* 6. 2 2	Langlebigkeit
loto *m* 4. 1 9	Lotto
louer qc 2. 2 3	etw mieten
loyer *m* D 100	Miete

M

magazine *m* 1. 2 4	Zeitschrift
~ spécialisé 6. 3 5	Fachzeitschrift
magnifique 3. 1 3	herrlich
maigrir 6. 1 4	abnehmen
main *f* 1. 2 2	Hand
maire *m* D 95	Bürgermeister
maison *f*	
~ à colombages 2. 1 9	Fachwerkhaus
~ de retraite *f* 7. 3 9	Altersheim
majeur(e) D 95	größer; wichtig; Haupt-
malgré 2. 2 1	trotz
malheureusement *adv* 4. 3 6	unglücklicherweise, leider
manière *f* 3. 1 1	Art
manque *m* **de** 5. 1 9	Mangel an
manuel *m* 1. 1 1	Lehrbuch
marié(e) 3. 2 6	verheiratet
se **marier avec qn** 7. 1 3	jdn heiraten
marmite *f* 6. 3 2	(Suppen-) Topf
masser qc/qn 3. 1 8	etw/jdn massieren
match *m* 3. 1 8	Spiel
matelas *m* **pneumatique** D 98	aufblasbare Matratze
maternelle *f* 5. 3 2	Vorschule
matheux (-euse) 5. 1 4	Matheexperte, -expertin
matière *f* **grasse** 7. 3 7	Fettgehalt
matin *m* 2. 2 1	Morgen; Vormittag
mauvais temps *m* 1. 1 1	schlechtes Wetter
mécanicien (-ienne) 5. 2 1	Mechaniker(in)
médias *m (pl)* 1. 3 1	Medien
nouveaux ~ 1. 3 1	neue Medien
méditation *f* 2. 2 1	Meditation
le/la meilleur(e) 2. 3 5	der/die/das Beste
mél *m* 6. 3 5	Mail
melon *m* 6. 2 6	Melone
même si 4. 3 7	selbst wenn
mémoriser qc 7. 3 2	etw (ab)speichern
ménage *m* 7. 2 5	Putzen; Haushalt
mentionner qc/qn 2. 1 2	etw/jdn nennen, erwähnen
mentir à qn 3. 3 2	jdn belügen
mépris *m* 5. 1 4	Verachtung
message *m* 4. 3 1	Nachricht; Botschaft
métier *m* 5	Beruf
mettre	
~ la main à la pâte 6. 2 6	mithelfen
~ qc en valeur D 94	etw zur Geltung bringen
se ~ au volant 4. 1 2	sich ans Steuer setzen
se ~ d'accord sur qc 2. 2 3	sich auf etw einigen
se ~ en colère 3. 3 5	wütend werden
mexicain(e) D 99	mexikanisch

mieux *adv* 2. 1 5	besser
mijoter 6. 3 2	köcheln
million *m* **de** 2. 3 4	eine Million
misère *f* D 99	Not, Elend
mixeur *m* 7. 3 5	Mixer
moins...que 3. 2 1	weniger...als
mollet *m* D 99	Wade
moment-clé *m* 5. 1 4	entscheidender Moment
monastère *m* 2. 2 1	Kloster
mondialisation *f* D 99	Globalisierung
montagne *f* 2. 1 9	Berg
montagneux (-euse) 2. 1 9	bergig
monter dans 4. 1 2	einsteigen in
montgolfière *f* 4. 1 9	Heißluftballon
moral *m* 1. 2 2	(seelische) Verfassung;Moral
mort *f* 1. 2 2	Tod
mot-clé *m* 4. 2 8	Schlüsselwort
motivation *f* 2. 1 6	Motivation
mourir 4. 1 8	sterben
moyen *m*	Mittel
~ de transport 4	Verkehrsmittel
mugir 3. 3 4	toben, brüllen
muscle *m* 1. 2 3	Muskel
musée *m* 2. 1 9	Museum
musculation *f* 1. 2 2	Krafttraining
mystère *m* 3. 2	Geheimnis

N

naître 4. 1 8	geboren werden; entstehen
natal(e) 1. 1 1	Geburts-, Heimat-
natation *f* 1. 2 4	Schwimmsport
naviguer sur Internet 1. 3 1	im Internet surfen
ne	
~ ...jamais 1. 2 1	nie
~ ...pas 3. 3 4	nicht
~ pas avoir un radis 6. 2 12	keinen Cent mehr haben; arm sein wie eine Kirchenmaus
~ ...pas du tout 2. 2 4	überhaupt nicht
~ ...personne *adv* 3. 2 6	niemand
~ ...rien *adv* 3. 2 1	nichts
nécessaire 1. 2 5	notwendig, nötig
négatif (-ive) 4. 3 2	negativ
neige *f* 2. 3 4	Schnee
nombre *m* 2	Zahl
nourrir qn 5. 1 4	jdn ernähren
nugget *m* de poulet 6. 2 5	Hähnchennugget
nuisance *f* D 95	Umweltbeeinträchtigung
nuit *f* 1. 2 4	Nacht
numéro *m* 7. 2 3	Nummer; Ausgabe
nutrition *f* B3 1	Ernährung
nutritionnel (-elle) 6. 2 6	Ernährungs-

O

objectif *m* D 96	Ziel
obligation *f* 7	Verpflichtung
obliger 6. 2 2	verpflichten
obtenir qc 1. 2 5	etw erhalten/bekommen
s'occuper de ses oignons 6. 2 12	sich um seinen Kram kümmern

odeur *f* 1	Geruch, Duft
œil *m* (*pl:* les yeux) **3. 1** 1	Auge
à mes yeux **3. 2** 1	meiner Meinung nach
office *m* de tourisme **2. 3** 7	Touristeninformation
offre *f* **2. 2** 1	Angebot
offrir un pot à qn **5. 3** 6	jdm einen ausgeben
oignon *m* **6. 2** 12	Zwiebel
oiseau *m* (*pl* -eaux) **7. 3** 5	Vogel
ordinaire 3. 1 1	gewöhnlich
ordinateur *m* **1. 2** 7	Computer
original(e) 4. 2 2	originell

P

pain complet *m* **6. 2** 2	Vollkornbrot
pancarte *f* **4. 3** 1	Plakat, Schild
pané 6. 2 5	paniert
panne *f* **4. 3** 5	Panne
papi *fam* **7. 3** 9	Opa
papilles gustatives *f (pl)* **6. 2** 2	Geschmacksnerven
paquebot *m* **4. 1** 6	Passagierdampfer
par	
~ hasard *m* **5. 1** 2	durch Zufall, zufällig
~ la suite **5. 1** 4	später
~ vocation *f* **5. 1** 2	aus Berufung
parcourir 4. 2 1	durchreisen,-queren
parcours *m* professionnel **5**	beruflicher Werdegang
parer qc 4. 2 1	etw schmücken
parent *m* **pauvre D** 95	Stiefkind
parfait(e) 3. 1 1	perfekt
parfois *adv* **3. 2** 6	manchmal
parier 6. 3 1	wetten
partenaire *m/f* **1. 1** 4	Partner(in)
participant(e) 2. 1 6	Teilnehmer(in)
participer à 6. 2 6	teilnehmen, teilhaben an
particulièrement *adv* **D** 94	besonders, insbesondere
partir 4. 1 8	losgehen, -fahren
~ en guerre contre **D** 95	kämpfen gegen
~ en vacances **4. 1** 4	in Urlaub fahren
~ en voyage **4. 1** 9	verreisen
pas tout à fait 2. 3 1	nicht ganz
passé *m* **3. 3** 4	Vergangenheit
passer 2. 1 7	verbringen
~ l'aspirateur **7. 2** 2	Staub saugen
~ un coup de fil **7. 3** 2	anrufen
~ chez qn **4. 2** 7	bei jdm vorbeigehen
~ chercher qn **1. 3** 8	jdn abholen
se ~ **4. 2** 3	geschehen, sich zutragen
passionné(e) 3. 2 1	begeistert, leidenschaftlich
pâté *m* **6. 1** 1	Pastete
pâtes *f (pl)* **6. 2** 5	Nudeln
pathétique 3. 3 4	pathetisch
patinage *m* **artistique 1. 3** 3	Eiskunstlauf
pâtisserie *f* **6. 3** 1	Konditorei
patrie *f* **2. 1** 9	Heimat
patron (-nne) 5. 2 5	Chef(in)
pauvre en calories 6. 1 4	kalorienarm
payant(e) D 95	kostenpflichtig
peintre *m* (femme -peintre *f*) **2. 2** 1	Maler(in)

peinture *f* **2. 1** 2	Gemälde; Malerei
galerie *f* de ~ **2. 1** 1	Kunstgalerie
penser à qc/qn 1. 1	an etw/jdn denken
perché(e) D 101	hochgelegen
perdre	
~ du poids **6. 1** 2	Gewicht verlieren
~ la tête **3. 3** 11	den Kopf verlieren
période *f* **de réflexion 2. 2** 1	Zeit zum Nachdenken
permettre à qn de faire qc 4. 2 4	jdm erlauben, etw zu tun
persévérance *f* **5. 2** 1	Ausdauer, Beharrlichkeit
personnel (-elle) 1. 3	persönlich
perte *f* **de temps 1. 3** 1	Zeitverschwendung
se **peser 6. 1** 4	sich wiegen
pétanque *f* **2**	*Boules-Spiel aus Südfrankreich*
petit	
~ pois *m* **6. 2** 6	Erbse
~ mot *m (pl)* **3. 1** 1	Kosewort
~ s-enfants *m (pl)* **6. 3** 6	Enkel
arrière- ~ -enfants *m (pl)* **6. 3** 6	Urenkel
peur *f* **5. 1** 4	Angst
~ phobique **5. 1** 4	panische Angst
photocopier qc 5. 3 6	etw kopieren
physique *m* **3. 2** 1	Aussehen
piège *f* **6. 2** 6	Falle
pire *m/f* **6. 2** 7	der/die/das Schlimmste
piscine *f* **1. 1** 2	Schwimmbad
piste *f* **cyclable D** 95	Fahrradweg
piton *m* **2. 3** 4	Bergspitze
placard *m* **D** 100	Wandschrank
plage *f* **2. 3** 7	Strand
se **plaindre 1. 3** 3	sich beklagen
plaire à qn 3. 3 5	jdm gefallen
plaisir *m* **1**	Freude; Vergnügen
planche *f* (à voile) **2. 1** 7	Surfen; Surfbrett
plantation *f* **2. 3** 7	Plantage
planter 7. 2 8	abstürzen *(bei Computer)*
plat *m* **2. 2** 1	Gericht, Speise
~ cuisiné **6. 2** 2	Fertiggericht
~ principal **6. 2** 10	Hauptgericht
plein de *fam* **1. 2** 3	viele
pleurer 3. 1 2	weinen
plongée *f* **sous-marine 4. 1** 9	(Sport-) Tauchen
plus...que 3. 2 1	mehr…als
plusieurs fois *adv* **1. 2** 1	mehrmals
plutôt que *adv* **1. 2** 1	lieber, vielmehr als
poème *m* **3. 1** 9	Gedicht
poils de chat *m (pl)* **2. 2** 3	Katzenhaare
point *m* **1. 2** 5	Punkt
~ de vue **3. 3** 12	Gesichtspunkt, Standpunkt
pointu(e) D 94	fundiert, gründlich
poireau *m* **6. 2** 12	Porree, Lauch
poisson *m* **6. 2** 5	Fisch
poli(e) 4. 3 1	höflich
pollution sonore *f* **7. 3** 2	Lärmbelästigung
pomme de terre *f* **6. 1** 4	Kartoffel
ponctualité *f* **5. 1** 9	Pünktlichkeit

ponctuel (-elle) 4. 2 5	pünktlich
port *m* **1. 1** 2	Hafen
portable *m* **4. 3** 5	Mobiltelefon, Handy
portière *f* **4. 1** 2	Wagentür
positif (-ive) 4. 3 2	positiv
possessif (-ive) 3. 3 4	besitzergreifend
poste *m* **5. 2** 6	Arbeitsstelle
pote *m fam* **3. 1** 8	Kumpel
poubelle *f* **6. 3** 7	Mülleimer
pour autant 6. 2 2	trotzdem
pratique 2. 2 4	praktisch, nützlich
précédé(e) de 2. 3 7	angeführt von
préciser que 2. 2 3	erklären, näher ausführen, dass
préférence *f* **1**	Vorliebe
préférer qc/qn 1. 1 1	etw/jdn bevorzugen
prendre	
~ position pour contre qc/qn **4**	Stellung für/gegen etw beziehen
~ un jour de congé **D** 98	einen Tag Urlaub nehmen
~ un risque **5. 2** 2	etw riskieren, ein Risiko auf sich nehmen
~ des mesures **D** 96	Maßnahmen ergreifen
préparer qc 2. 2 1	etw vor-/zubereiten
se ~ **4. 1** 10	sich zurechtmachen, sich vorbereiten
près de 2. 3 4	neben, in der Nähe von; fast
présentateur (-trice) 5. 3 2	Moderator(in)
présenter qn à qn 1	jdm jdn vorstellen
se ~ **1**	sich vorstellen
pression *f* **6. 2** 6	Druck
prétendre faire qc D 101	vorgeben etw zu tun
preuve *f* d'amour **3. 1** 8	Liebesbeweis
prévu(e) 6. 2 11	vorgesehen
prime *f* **5. 1** 9	Zulage, Prämie
~ de Noël *f* **5. 1** 9	Weihnachtsgeld
prix *m* **2. 2** 3	Preis
procéder 5. 3 4	verfahren, vorgehen
producteur 2. 2 1	Erzeuger
produire qc 5. 1 4	etw herstellen; verfassen
professionnel (-elle) 5	beruflich
profiter de qc 4. 1 13	profitieren von
progrès *m* **7**	Fortschritt
progresser 3. 3 4	vorankommen, Fortschritte machen
~ **de 6. 2** 2	steigen um
projet *m* **1. 1** 1	Plan, Vorhaben, Projekt
promenade *f* dominicale **6. 3** 1	Sonntagsspaziergang
se **promener 1. 2** 2	spazieren gehen, umhergehen
proposer qc 7. 2 7	etw anbieten; vorschlagen
proposition *f* **4. 3** 4	Vorschlag
prospectus *m* **2**	Prospekt
protection *f* rapprochée **5. 3** 5	verschärfte Schutzmaßnahme
prouver D 94	beweisen
provençal(e) 2. 2 4	provenzalisch
psychologue *m/f* **5. 1** 4	Psychologe, Psychologin
pub *f* **5. 1** 9	Werbung; Werbetext
publiciste *m* **5. 3** 2	Werbefachmann
publier qc D 99	etw veröffentlichen
puisque 6. 2 1	da
pull-over *m* **7. 3** 2	Pullover

Q

queue *f* **1. 2** 2	(Warte-) Schlange
quinze jours 4. 1 6	14 Tage
quitter qc/qn 2. 3 1	etw/jdn verlassen
quotidien (-ienne) 4. 2 5	alltäglich, gewöhnlich

R

raconter des salades **6. 2** 12	lügen; Geschichten erzählen
radis *m* **6. 2** 12	Radieschen
raffiné(e) 6. 2 8	erlesen, raffiniert
raffinement *m* gastronomique **6. 2** 2	gastronomische Feinheit, Erlesenheit
raison *f* **2. 1** 5	Grund
ralentir 3. 3 4	langsam werden, abschwächen
randonnée *f* pédestre **2. 2** 1	wandern
ranger qc 4. 1 2	etw aufräumen, ordnen
~ la voiture **3. 3** 5	das Auto parken
rapidité *f* **D** 95	Schnelligkeit
rapport *m* **2. 3** 5	Verbindung, Beziehung
rapporter qc 7	etw wiedergeben, berichten
rarement *adv* **1. 2** 3	selten
rassembler qc 4. 1 2	etw (ein) sammeln
raté(e) 7. 1 6	missglückt
rayon *m* **4. 2** 1	(Licht-) Strahl
rayon *m* **crémerie 7. 3** 2	Milch- und Käseabteilung
réactif (-ive) 7. 3 2	reaktiv
récent(e) D 100	neu, jüngst
recette *f* **6. 2** 8	(Koch-)Rezept
recevoir qc/qn 4. 3 3	etw erhalten, jdn empfangen
recommandation *f* **1. 3** 4	Empfehlung
recommander qc à qn 1. 3 4	jdm etw empfehlen
recruteur *m* **D** 94	Personalchef
recueillir qc D 99	etw sammeln
rédiger qc 2	etw verfassen
redoubler la classe **B3** 5	die Klasse wiederholen, sitzen bleiben
réduction *f* **4. 3** 4	Ermäßigung
réduire qc 4. 3 2	etw verringern, senken
refaçonner qn 3. 3 4	jdn umformen, verändern
références *f (pl)* **5. 3** 4	Referenzen
réfléchir à qc 3. 2 6	über etw nachdenken, überlegen
reflet *m* **D** 94	Spiegelbild
réflexion *f* **2. 2** 1	Nachdenken
réfrigérateur *m* (*Abk* frigo) **6. 2** 6	Kühlschrank
réfugié(e) D 99	Flüchtling
refuser qc à qn D 99	jdm etw verbieten
régime *m* **3. 1** 8	Diät
régional(e) (*pl* -aux) **2. 2** 1	regional
régler 4. 3 4	regeln; bezahlen
régner D 99	herrschen
regret *m* **2. 3** 1	Bedauern
regretter qc/qn **3. 3** 4	etw bedauern, jdn vermissen

se **réjouir de qc 7.** 3 8	sich auf/über etw freuen
relations *f (pl)* humaines **3**	zwischenmenschliche Beziehungen
relaxation *f* **1.** 2 2	Entspannung
remarquer qc 4. 1 13	etw bemerken
remiser qc D 95	etw wegräumen
remonter 1. 2 2	wieder hochgehen/laufen/fahren
rempart *m* **D** 101	Befestigung(smauer)
remplacer qc/qn 1. 2 4	etw/jdn ersetzen
remporter qc 7. 1 5	etw davontragen, gewinnen
rencontre *f* professionnelle **5**	Geschäftstermin/-treffen
rendre visite à qn 5. 2 5	jdn besuchen
renommé(e) 2. 1 7	berühmt, renommiert
renseignement *m* **2.** 2 3	Auskunft
se **renseigner 4**	sich erkundigen
rentrer 4. 1 8	zurückgehen, heimkehren
repas *m* **1.** 1 1	Mahlzeit, Essen
~ familial (*pl* -aux) **6.** 3 1	Mahlzeit in der Familie
~ sur mesure **6.** 2 10	auf jdn zugeschnittenes Essen
repasser 4. 2 7	bügeln
répondeur *m* **7.** 3 2	Anrufbeantworter
répondre à qn 3. 1 1	jdm antworten
repos *m* **1.** 1 1	Ruhepause, Erholung
reposant(e) 1. 3 1	beruhigend, entspannend, erholsam
se **reposer 1.** 2 3	sich ausruhen, sich erholen
se **reprendre 3.** 3 4	sich wieder fangen
reproche *m* **3.** 3 12	Vorwurf
reprocher qc à qn 3. 3 4	jdm etw vorwerfen
requin *m* **B2** 2	Hai
réseau *m* **D** 95	Netz
réservation *f* **4.** 3 4	Reservierung
respirer 3. 3 4	atmen
ressources *f (pl)* humaines **5.** 3 6	Personalwesen; menschliche Ressourcen
restauration *f* **2.** 3 5	Gaststättengewerbe
rester en forme 1. 2 1	fit, in Form bleiben
retour *m* **4.** 1 7	Rückkehr, Heimkehr
se **retrouver 4.** 2 7	sich wieder finden
réunion *f* **5.** 2 5	Versammlung
rêve *m* **2.** 3 7	Traum
rêver de qc/qn 4. 2 4	von etw/jdm träumen
révolu(e) 7	längst vergangen
revue *f* **4.** 2 4	Zeitschrift
ridicule 3. 3 4	lächerlich
rien 2. 1 1	nichts
rimer avec 3. 1 9	(sich) reimen auf
rire 1. 1 1	lachen
riverain(e) D 95	Anwohner(in)
rocheux (-euse) D 101	felsig
roman *m* **2.** 2 4	Roman
~ historique **4.** 2 4	historischer ~
~ policier **4.** 2 4	Krimi, Kriminalroman
~ d'amour **4.** 2 4	Liebes ~
~ de science-fiction **4.** 2 4	Science-fiction ~
ronflement *m* **7.** 3 5	Schnarchen
rouspéter 7. 3 2	meckern, schimpfen
russe 3. 1 8	russisch
rythme *m* **5.** 1 7	Rythmus

S

sac *m* **4.** 3 6	(Hand-)Tasche, Beutel
~ à dos **2.** 2 1	Rucksack
~ de couchage **D** 98	Schlafsack
sacré(e) 6. 3 1	heilig
sain(e) 6. 2 1	gesund
saint(e) 4. 2 2	Heilige(r)
saison *f* **2.** 2 2	Jahreszeit
salaire *m* **5.** 1 9	Gehalt
salle *f* **de sport 1.** 2 2	Sporthalle
salon de l'électronique *m* **4.** 3 6	Elektronikmesse
santé *f* **1.** 2 5	Gesundheit
sans arrêt 6. 1 4	ununterbrochen
satisfaction *f* **B2** 1	Befriedigung
sauf 4. 3 4	außer
sauter un repas **6.** 1 4	eine Mahlzeit ausfallen lassen, überspringen
sauvage 2. 1 9	wild
sauvegarder qc 7. 3 2	etw sichern
savoir-faire *m* **5.** 2 1	Know-how
saxophone *m* **7.** 2 2	Saxophon
jouer du ~ **7.** 2 2	Saxophon spielen
science fiction *f* **4.** 2 4	Science-fiction
sécher 3. 1 1	trocknen
se ~ les cheveux **7.** 2 2	sich die Haare föhnen
sécurité *f* de l'emploi **5.** 1 9	Sicherheit des Arbeitsplatzes
séduire qn 3. 1 6	jdn verführen, verleiten
séjour *m* **2**	Aufenthalt
semaine *f* **1.** 2 1	eine Woche
séminaire *m* **1.** 3 3	Seminar
sens *m* **2.** 2 1	Sinn
~ du mot **4.** 1 3	Wortbedeutung
sentier *m* de randonnée **2.** 3 4	Wanderweg
sérieux (-ieuse) 3. 2 1	ernst
serveur (-euse) 6. 2 11	Bedienung
service *m* comptabilité **5.** 3 6	Buchhaltungsabteilung
servir qn 4. 3 4	jdn bedienen
seul(e) 3. 1 8	allein, einsam
siècle *m* **2.** 1 2	Jahrhundert
sieste *f* **1.** 2 2	Mittagsschlaf, Siesta
sigle *m* **D** 94	Kürzel
signaler qc D 94	auf etw hinweisen, etw ankündigen
signifier qc 2. 1 3	etw bedeuten
similaire 3. 3 2	sehr ähnlich
simplification *f* **6.** 2 2	Vereinfachung
simultanéité *f* **6.** 1 3	Gleichzeitigkeit
situer qc 2. 1 1	etw platzieren
se ~ **2.** 1 1	sich befinden
social(e) 5. 1 4	sozial; Gesellschafts-
soirée *f* **3.** 1 7	Abend *(in seinem Verlauf)*; Abendveranstaltung
soit...soit 6. 2 6	sei es... sei es..., entweder...oder
soleil *m*	
~ couchant **4.** 2 2	untergehende Sonne
~ levant **4.** 2 1	aufgehende Sonne

solitaire **3. 3** 4 allein, einsam
solution *f* **4. 1** 13 Lösung
son *m* **7. 3** 2 Ton
sondage *m* **3. 2** 3 Umfrage
sonner la fin **6. 2** 2 das Ende einläuten
sonnerie *f* **7. 3** 5 Klingeln, Läuten
sortie *f* **1** Ausgang; Ausgehen, Ausflug
sortir **1. 3** 1 (hin)ausgehen
soudain *adv* **7. 1** 4 plötzlich
souhait *m* **2** Wunsch
sourire *m* **3. 2** 1 Lächeln
souvenir *m* **2. 1** 2 Erinnerung; Souvenir
spectacle *m* **1. 3** 3 Vorstellung, Spektakel
splendide **7. 1** 6 prachtvoll
sport *m*
~ en équipe **1. 2** 1 Mannschaftssport
~ de plein air **1. 2** 8 Sport im freien
sportif (-ive) **1. 2** 1 sportlich
stage *m* **D** 94 Praktikum; Kurs
stagiaire *m/f* **2. 3** 5 Praktikant(in)
station balnéaire *f* **2. 1** 2 Badeort
stationnement *m* **D** 95 Parken
stress *m* **1. 1** 1 Stress
stupide **3. 3** 5 dumm; sinnlos
sucré(e) **6. 2** 2 gesüßt
suffisamment *adv* **5. 1** 4 genug, ausreichend
suggérer qc **2. 1** 3 etw suggerieren
suisse **B2** 2 schweizerisch
suivant(e) **4. 1** 6 folgende(r)
suivre un cours **2. 1** 6 an einem Kurs teilnehmen
superbe **2. 3** 5 wundervoll
supérette *f* **6. 2** 2 kleiner Supermarkt
superflu(e) **4. 1** 6 überflüssig
supplément *m* **4. 3** 5 Zuschlag; Aufschlag
supplémentaire **1. 2** 5 zusätzlich, Zusatz-
supporter qc/qn **3. 2** 1 etw/jdn ertragen
supprimer qc **6. 1** 4 etw weglassen
sur
~ fond de **2. 3** 1 vor dem Hintergrund von
~ une longueur de **2. 3** 4 auf einer Länge von
sûr(e) **4. 2** 5 sicher
surgir **2. 3** 4 plötzlich auftauchen
surprendre qn **3. 3** 2 jdn überraschen
système de logiciel *m* **5. 1** 9 Softwaresystem

T

tableau *m* (*pl* -eaux) **1. 2** 1 Bild, Gemälde; Tabelle
tabou *m* **6. 3** 2 Tabu
tâche *f* **7** Arbeit
~ ménagère **7. 2** 1 Hausarbeit
tandis que **D** 95 während
tant de **4. 3** 6 so viele
tarder **D** 99 zu lange warten
téléphage **6. 2** 2 fernsehsüchtig
téléphérique *m* **1. 2** 2 Skilift, Seilschwebebahn
téléphoner à qn **5. 2** 5 mit jdm telefonieren, jdn anrufen
tenir compte de qc **5. 1** 9 etw berücksichtigen
tentation *f* **2. 1** 2 Versuchung
terrible **7. 2** 6 schrecklich
terrine *f* **de canard** **6. 2** 11 Entenpastete
test *m* **d'aptitude** **5. 3** 6 Eignungstest
tester qc/qn **5. 3** 4 etw/jdn testen, prüfen
tête *f* **1. 2** 2 Kopf
texte *m* **publicitaire** **4. 2** 1 Werbetext
texture *f* **6. 2** 6 Konsistenz, Beschaffenheit
thèse *f* **de fin d'études** **D** 94 Doktorarbeit
tiercé *m* **6. 3** 1 Dreierwette beim Pferderennen
timbre *m* **2** Briefmarke
timide **3. 2** 5 schüchtern
tirer au sort **2. 2** 5 (aus)losen
tomber **4. 1** 8 fallen
~ dans les pommes *fam* **6. 2** 12 ohnmächtig werden, umkippen
tondeuse *f* **à gazon** **7. 3** 5 Rasenmäher
torture *f* **1. 2** 2 Tortur, Qual
torturer qn **7. 3** 2 jdn quälen
tôt **1. 3** 3 früh; rechtzeitig
toucher qc/qn **4. 1** 9 etw/jdn berühren
tour *m* **en vélo** **2. 2** 1 Radtour
tout à coup *adv* **7. 1** 4 auf einmal
tout de suite *adv* **3. 2** 1 sofort
traducteur (-trice) **5. 1** 9 Übersetzer(in)
traduction *f* **5. 1** 9 Übersetzung
traduire qc **5. 1** 9 etw übersetzen
trafic *m* **routier** **D** 95 Strassenverkehr
train-train quotidien *m* **4. 2** 5 Alltagstrott
trait *m* **de caractère** **3. 2** 4 Charakterzug
tranquille **2. 2** 3 ruhig
transports *m (pl)* **en commun** **4. 3** 2 öffentliche Verkehrsmittel
travailler à domicile **5. 1** 9 zu Hause arbeiten
traversée *f* **4. 1** 6 Überquerung
trésorier *m* **D** 94 Schatzmeister, Kassenwart
tricher **D** 94 schummeln, betrügen
trilingue **5. 3** 5 dreisprachig
triste **3. 1** 3 traurig
se **tromper** **D** 98 sich irren
tropical (-aux) **2. 3** 1 tropisch
trottoir *m* **3. 3** 4 Bürgersteig
troubles *m (pl)* **5. 1** 4 Beschwerden
typique **3. 3** 12 typisch

U

unanime **6. 2** 2 einstimmig; einhellig
urbain(e) **D** 95 städtisch
usager (-ère) **D** 95 Benutzer(in)

V

vacances *f (pl)* **4** Ferien
vacancier (-ière) **2. 3** 1 Urlauber(in)
valable **4. 3** 1 gültig
valise *f* **3. 1** 7 Koffer
vandalisme *m* **4. 3** 2 Vandalismus
vanille *f* **2. 3** 1 Vanille
vanter qc/qn **4. 2** 2 etw/jdn anpreisen
vasculaire *adj* **D** 98 Gefäß-

végétarien (-ienne) 2. 2 3	Vegetarier(in)
véhicule *m* **5. 1** 9	Fahrzeug
veiller à qc D 94	auf etw achten
velu(e) D 99	haarig, behaart
vendeur (-euse) 5. 2 1	Verkäufer(in)
vendre qc 3. 3 9	etw verkaufen
vérifier D 98	nachprüfen
véritable D 95	wahrhaftig, echt
vérité *f* **3. 3** 2	Wahrheit
vert *m* **2. 3** 1	das Grün
Verts *m (pl)* **5. 3** 2	die Grünen
vertigineux (-euse) D 101	schwindelerregend
veste *f* **7. 3** 2	Jacke
vêtement *m* **7. 3** 2	Kleidungsstück
viande *f* **2. 2** 1	Fleisch
vieux, vieil, vieille 1. 2 4	alt
vif (-ve) 2. 3 1	lebendig; kräftig, leuchtend
vignoble *m* **2**	Weinberg
violence *f* **4. 3** 2	Gewalt
visa *m* **2. 3** 5	Visum
visage *m* **3. 2** 1	Gesicht
viser D 95	planen, anvisieren
vitesse *f* **1. 2** 2	Geschwindigkeit
vocation *f* **5. 1** 2	Berufung, Neigung
voie *f* **4. 3** 2	Gleis
voile *f* **2. 1** 2	Segel; Segeln
vol *m* **2. 3** 1	Flug; Diebstahl
volant *m* **4. 1** 2	Steuer *(Auto)*, Lenkrad
volcan *m* **2. 1** 9	Vulkan
voyage *m* **4**	Reise
voyageur (-euse) 2. 3 1	Reisende(r)
VTT *m* **1. 2** 7	Mountainbike

W-Z

week-end *m* **2. 1** 7	Wochenende
yaourt *m* **6. 2** 6	Joghurt

Geographische Namen

l'Afrique *f* **4. 1** 9	Afrika
les Alpes *f* **2. 3** 5	die Alpen
l'Amazonie *f* **4. 1** 13	Amazonien
l'Antarctique *m* **4. 1** 13	Antarktis
la Bavière 1. 2 8	Bayern
Boulogne-sur-Mer 2. 2 1	*Stadt in Nordfrankreich*
la Bourgogne 2. 2 1	Burgund
la Bretagne 6. 2 11	Bretagne
Bruxelles 2. 1 7	Brüssel
la Chine 4. 2 1	China
la Côte d'Opale 2. 1	*Name der Küste am Pas-de-Calais*
les DOM TOM *m (pl)* **2. 3** 4	überseeische Departements und Gebiete
l'Ecosse *f* **5. 3** 4	Schottland
la France métropolitaine	Mutterstaat Frankreich
Genève 2. 3 5	Genf
la Guadeloupe 6. 2 11	Guadeloupe
l'île Maurice *f* **4. 1** 13	Mauritius
la Loire 2. 2 1	Loire-Tal
Londres 2. 1 9	London
Majorque 4. 1 13	Mallorca
Montréal 5. 1 9	*Stadt in Quebec*
La Nouvelle-Zélande 2. 3 5	Neuseeland
l'océan Indien *m* **2. 3** 4	Indischer Ozean
la Polynésie 2. 3 5	Polynesien
la Provence 1. 1 1	Provence
les Pyrénées *m (pl)* **2. 2** 1	*Gebirgskette*
le Québec 2. 3 5	Quebec
la Réunion 2.3	*Insel im indischen Ozean*
le Rhône 2. 1 9	*frz Departement*
le Sahara 4. 1 6	die Sahara
Saint-Denis de la Réunion 2. 3 5	*Hauptstadt der Insel la Réunion*
Saint-Raphaël 4. 3 4	*Stadt in Südfrankreich*
la Suède D 99	Schweden
la Suisse 2. 3 5	Schweiz
Tahiti 2. 3 5	*Hauptinsel in Polynesien*
Thonon-les-Bains 2. 3 5	*Stadt in Savoyen*
la Touraine 2. 2 1	*Gegend um Tours*
Vichy 2. 1 9	*Stadt in Auvergne*
Wimereux 2. 1	*Badeort in Nordfrankreich*

Verschiedenes

la Chambre de Commerce et d'industrie 2. 3 5	die frz Industrie- und Handelskammer
la Coupe de France 3. 1 8	die französischen Meisterschaften
les Jeux Olympiques 2. 1 9	die Olympischen Spiele
ERASMUS 2. 1 7	*universitäres Austauschprogramm in Europa*
George Sand 6. 1 3	*frz Schriftstellerin (1804-1876)*
le roi Arthur 2. 1 9	König Arthus

1.3

3 : Une sortie

- ● Allô ?
- ◆ Salut Pascal, c'est Claire.
- ● Ah ! Bonjour. Ça va ?
- ◆ Bien et toi ?
- ● Oui, oui, je ne me plains pas.
- ◆ Dis, qu'est-ce que tu fais samedi soir ? Tu as quelque chose de prévu ?
- ● Ben, en principe je dois aller à un séminaire organisé par ma boîte… mais je n'ai vraiment pas envie d'y aller. Tu as quelque chose à proposer ?
- ◆ Oui, c'est pour ça que j'appelle. Il y a un spectacle de patinage artistique à Bercy. Moi, j'adore ! Et toi ?
- ● Humm !... Je crois que ça me plairait. En tout cas, c'est une bonne idée !
- ◆ Et ton séminaire ?
- ● Oh, je trouverai bien quelque chose à raconter. A quelle heure je passe te chercher ?
- ◆ Ecoute, ça commence à 20 h mais il faut y aller tôt pour avoir des places.
- ● 18 h, c'est bon ? Et on y va directement.
- ◆ D'accord, à samedi. Et…
- ● Oui ?
- ◆ Habille-toi chaudement… pour ne pas être malade lundi au bureau !
- ● Non, tu sais bien qu'un bon employé n'est malade que le week-end…

2.1

5 a : Au pair dans une famille de Wimereux

- ● Alors Mélanie, tu te plais ici ?
- ◆ Oui, c'est sympa !
- ● Oh, mais tu fais des progrès en français !
- ◆ Ça, c´est sûr, avec les petits, j'apprends tous les jours !
- ● Et tu veux toujours faire des études en France ?
- ◆ Oui, j'aimerais bien. Je vais essayer avec ERASMUS.
- ● Bonne idée… Au fait, tu aimerais faire une excursion avec nous ce week-end ?
- ◆ Oui, où ça ?
- ● Comme tu veux, en Belgique… ou même en Angleterre. Avec le tunnel, c'est vraiment à côté.
- ◆ En Belgique alors. J'ai bien envie de visiter Bruxelles. Et puis, je sais qu'il y a du bon chocolat !
- ● Alors, d'accord pour Bruxelles !
- ◆ Est-ce que mon amie Teresa peut venir aussi ?
- ● Mais bien sûr !

9 : Découvrez d'autres régions et villes de France.

1. C'est une région pleine de forêts, connue pour ses maisons à colombages, ses cigognes et son vin blanc.
2. Située dans une région montagneuse, cette ville a déjà accueilli les jeux Olympiques.
3. Des maisons à colombages, le bord de mer, le camembert. Où sommes-nous ?
4. La troisième ville de France et la patrie de la bouillabaisse.
5. Des champs de lavande, des cigales, un accent chantant. Dans quel coin de France sommes-nous ?
6. Cette grande ville porte le nom d'un vin.
7. Des forêts, les plus hautes montagnes de France, des fromages comme le reblochon ou la tomme. C'est quelle région ?
8. Cette grande ville du Nord possède le deuxième musée de France après le Louvre et est à égale distance de Londres et de Paris.
9. C'est le pays du roi Arthur, des légendes celtes, des îles sauvages et du biniou.
10. Cette ville, située au bord du Rhône, est la deuxième ville de France. Elle est connue comme un haut lieu de la gastronomie.
11. Cette région du centre de la France compte beaucoup de volcans. Elle est célèbre pour ses eaux minérales (Vichy entre autres).

2.3

5 b, 6 a : Conversation entre deux stagiaires

- ◆ Alors, c'est toi, Pascal, le nouveau stagiaire ? Moi, c'est Denis comme la « capitale ». Tu viens d'où ?
- ● De Thonon.
- ◆ C'est où ?
- ● Dans les Alpes, pas loin de la Suisse. Et toi ?
- ◆ Moi, je suis d'ici. Comment tu trouves l'hôtel ?
- ● Pas mal !
- ◆ Tu parles, c'est le meilleur de la Réunion ! Tu restes combien de temps ?
- ● Je fais la saison : trois mois. J'espère bien avoir le temps de faire des balades dans la montagne. Tout le monde dit que c'est superbe.
- ◆ Oui, c'est vrai que c'est beau, mais quand on est né ici, on trouve ça normal. Tiens, moi, j'aimerais aller au Québec, mais ce n'est pas facile d'obtenir un visa !
- ● Moi, je voudrais aller à Tahiti, mais je commence par faire l'école hôtelière de Genève.
- ◆ Tahiti ! C'est en Polynésie, du côté de la Nouvelle-Zélande, non ? Attention, voilà le chef ! Alors tu prends les verres et tu regardes s'ils brillent…

3.1

8 a : Preuves d'amour

Gilles : Je ne suis pas vraiment gros mais je fais le régime avec elle.
Loïc : Je préfère aller voir un film russe en version originale avec elle plutôt que de boire des bières avec mes potes devant un match de coupe de France.
Fabrice : Mon cœur bat tellement fort quand je suis avec elle que je n'entends pas ses fautes de français.
Paul : Je prends une douche tous les soirs avant d'aller au lit.

Denis : J'appelle toujours quand je vois qu'une réunion s'éternise et que je risque de rentrer tard.
Véronique : Je lui masse les pieds.
Audray : Je le laisse prendre des vacances seul.
Marina : Je ne fume plus.
Alice : Je ne mets plus de parfum alors que j'adore ça, mais lui, il en a horreur.
Laure : Je n'oublie jamais son anniversaire et pour le choix de son cadeau, je demande conseil à ses copains.

4.1

13 a, b : Projets de vacances

- ● Dis, où tu veux aller cet été ? Tu n'as pas envie d'aller en Amazonie ?
- ◆ En Amazonie ?!!! Ecoute, ces deux dernières années tu m'as déjà emmené en Afrique chez les Pygmées et faire du rafting dans le Colorado, et maintenant la jungle amazonienne…
  Pourquoi est-ce qu'on ne pourrait pas aller deux semaines à Majorque comme tout le monde ?
- ● Mais, les enfants sont grands, mon chéri, il faut en profiter.
- ◆ Eh ben moi, j'aimerais bien en profiter pour me reposer. Tu n'as pas encore remarqué que l'aventure, ce n'est pas mon truc ? Un hôtel 4 étoiles au bord de l'eau, tiens, à l'île Maurice, ça, ça serait sympa !
- ● Ça, c'est bien quand tu as 80 ans !
- ◆ Sauf que je n'aimerais pas attendre d'avoir 80 ans pour aller à l'île Maurice ! Et pourquoi on ne passerait pas nos vacances chacun de notre côté ? Tu vas étudier les problèmes écologiques de la jungle amazonienne pendant que je me la coule douce à l'île Maurice. Juste une fois !
- ● On pourrait essayer, c'est vrai, pourquoi pas… Mais, après on repartira ensemble. Tu sais que j'aimerais bien aller dans l'Antarctique.
- ◆ Ecoute, ma chérie, on ne va pas recommencer… Tu vas en Amazonie, je vais à l'île Maurice, et ensuite, on verra…

4.3

4 a : Une réservation téléphonique

- ◆ Réservations SNCF, bonjour, Gilles pour vous servir !
- ● Oui, bonjour, je voudrais réserver une place dans le TGV Saint-Raphaël - Paris pour vendredi prochain, vers 14 h.
- ◆ Un moment s'il vous plaît. Je suis désolé Madame : tous les trains sont complets ce jour-là.
- ● Mince alors !
- ◆ Eh oui, c'est le retour des grandes vacances !
- ● Bon, et si je pars jeudi, c'est mieux ?
- ◆ Je regarde… . Alors : jeudi 26… il me reste une place dans le TGV de 18 h 42. Ça vous va ?
- ● Pas vraiment, ça me fait arriver tard à Paris, ce n'est pas très pratique.
- ◆ Je vois mais je n'ai rien d'autre, sauf en 1re.
- ● Non, c'est trop cher.
- ◆ Vous pouvez partir plus tôt ? Mercredi, par exemple ?
- ● Ben oui, s'il le faut.
- ◆ Alors là, c'est possible. Et en plus, le billet est moins cher : 59 € au lieu de 89.
- ● Parfait !
- ◆ Alors mercredi 25, départ de Saint-Raphaël à 14 h 39, arrivée Paris - Gare de Lyon à 19 h 23, ça vous va ?
- ● Oui, c'est très bien. Je dois régler tout de suite ?
- ◆ Non, vous pouvez aussi retirer votre billet au distributeur. Voici votre code : P comme Pierre, V comme Véronique, N comme Nathalie, R comme Roland et M comme Marie.
- ● PVNRM, c'est ça ?
- ◆ Tout à fait !
- ● Eh bien, merci Monsieur, bonne fin de journée, au revoir !
- ◆ A vous de même, au revoir Madame !

5.1

9 a, b : Parler de son travail

Jean-Claude : Moi, j'ai 52 ans, je vis à Montréal et je suis traducteur français - anglais. J'exerce ce métier depuis 92. Je travaille à domicile aux heures que je veux, et comme j'ai souvent plusieurs grosses commandes en même temps, je suis souvent sous pression et travaille la nuit pour rendre les traductions dans les délais fixés. C'est un travail varié car je traduis aussi bien des documents ministériels que des pubs ou des systèmes de logiciel. Et dans l'ensemble, c'est bien payé. Ce que je regrette, c'est le manque de communication avec les confrères : on ne se voit pratiquement jamais.

Marie : Moi, je travaille comme chauffeur-livreur de repas à domicile. J'ai 39 ans et je fais ce travail depuis 99. C'est un service en pleine expansion, étant donné qu'il y a de plus en plus de personnes âgées qui vivent seules. Côté salaire, c'est juste un peu mieux que le SMIC, mais le contact humain est très gratifiant : les clients m'accueillent toujours chaleureusement.
Je travaille du lundi au vendredi, de 8 h 30 à 15 h 30, à 20 km maximum de chez moi. Je gère moi-même ma tournée et c'est très agréable. Bien sûr, il faut aimer conduire. Et par tous les temps ! Il faut aussi faire vite, surtout quand il fait chaud car le véhicule n'est pas climatisé.

Sylvie : Je suis aide-bibliothécaire, employée par la mairie, donc pratiquement fonctionnaire. Ma chance, c'est que mon lieu de travail est à deux minutes de chez moi. J'ai maintenant 38 ans. J'exerce cette activité seulement depuis novembre 2000 parce qu'avant, mes enfants étaient trop jeunes. Je ne gagne pas beaucoup plus que le SMIC, mais il faut tenir compte des nombreux avantages supplémentaires. Par exemple, des bons de réduction sur certains produits, des tickets resto et… la prime de Noël. C'est un travail qui me fait extrêmement plaisir car c'est un enrichissement intellectuel continu et puis, j'ai affaire à un public très agréable. Une chose un peu embêtante, c'est que je dois travailler le samedi jusqu'à 18 h.

5.3

4 : Entretien d'embauche

◆ Bonjour Monsieur, vous êtes M. Fabre, c'est bien ça ?
● Oui, c'est ça.
◆ Je vois que vous venez de Roubaix. Vous n'avez pas eu de problèmes sur les routes pour venir jusqu'ici ?
● Non, non, tout s'est bien passé et j'ai trouvé facilement grâce au plan que vous m'aviez envoyé.
◆ Parfait ! Eh bien, je vous explique un peu comment nous allons procéder. Je vais vous poser quelques questions à propos de votre CV. Et puis, nous testerons vos connaissances en anglais. D'accord ?
● Tout à fait.
◆ Bon, alors…vous avez 33 ans et vous êtes ingénieur en textile. Où est-ce que vous avez fait vos études ?
● J'ai fait mes études à Lille, à l'Ecole Supérieure Technique. Et après mes études, j'ai fait un stage de six mois en Ecosse.
◆ Ah, ça, c'est bien, comme ça vous avez aussi une bonne pratique de l'anglais.
● Oui, je me débrouille assez bien.
◆ Et après vos études, qu'est-ce que vous avez fait ?
● Eh bien, j'ai eu la chance de trouver rapidement du travail chez « Laines polaires » à Roubaix. J'y suis resté trois ans. Et après, je suis entré chez Textil-Sport où je travaille depuis 2001.
◆ Très bien, ils ont très bonne réputation. Et… pourquoi voulez-vous changer ?
● Pour des raisons familiales : ma femme est professeur et a obtenu un poste près d'ici, à Villeneuve.
◆ Ah, je comprends. J'ai lu vos références. Je les trouve excellentes. Comme vous le savez, nous cherchons quelqu'un pour le service distribution dirigé par Mme Chalon. Vous la connaissez, je crois ? Vous lui avez déjà parlé ?
● Oui, c'est une amie de la famille. C'est elle qui m'a conseillé votre entreprise.
◆ Une dernière question : Quand pourriez-vous commencer ?
● Le 1er mars.
◆ Bon, je ne peux pas vous donner de réponse tout de suite, j'ai encore deux candidats à voir. Je leur ai donné rendez-vous juste après vous. Mais vous pouvez déjà faire le test d'anglais dans le bureau d'à côté. En attendant, je vous remercie d'être venu de si loin et je vous informerai le plus tôt possible de notre décision.
● C'est moi qui vous remercie. Au revoir Monsieur.
◆ Au revoir.

6.2

5 b : Le hit-parade des aliments préférés de nos enfants

Leurs dix plats préférés
D'après une enquête menée auprès des enfants de 6 à 13 ans de notre entourage, leur assiette de rêve, c'est : nuggets de poulet, pâtes à la bolognaise ou à la *carbonara*, poisson pané, hamburger-frites, gratin dauphinois, pizza, hot-dog, chips, gâteaux apéritif et crème dessert au chocolat.

6 b : Conseils

1. Minimisez les pièges dans le réfrigérateur : plutôt des yaourts que des crèmes dessert, des jus de fruits 100 % naturels que des sodas. Et n'achetez plus de glace pour éviter les tentations à la première occasion.

2. Apprenez-leur la règle des « ou » et non des « et » : c'est soit un verre de soda, soit deux bonbons, mais pas les deux, le but n'étant pas d'interdire, mais de les amener à choisir. C'est la meilleure façon de les aider à acquérir un bon équilibre alimentaire.

3. Proposez-leur de vous accompagner au marché : ils verront que les petits pois ne sortent pas des boîtes et que le poisson ne naît pas avec de la chapelure. C'est l'occasion aussi de leur apprendre à reconnaître les différentes variétés de fruits et légumes, de leur apprendre à choisir un melon ou un avocat à maturité.

4. Invitez-les une fois par semaine à mettre la main à la pâte : une entrée, un gâteau, rien de mieux pour leur ouvrir l'appétit. Et puis c'est toujours meilleur quand on participe.

5. Faites des repas des moments privilégiés : surtout pas de télé ! Ne leur demandez pas s'ils ont réussi leur contrôle de géo dès l'entrée. Ça risquerait de casser l'ambiance.

6. Habituez-les à dire pourquoi ils aiment ou n'aiment pas un aliment, un plat : les goûts, les odeurs, les textures, etc. Apprenez-leur à dire : « Ça pique, c'est dur, c'est trop amer » plutôt que « j'aime » ou « j'aime pas ».

7. Résistez à leurs pressions : ce n'est pas à eux de concevoir le menu, mais à vous. Et sachez que l'équilibre nutritionnel ne se construit pas sur une journée, mais sur la semaine.

11 : Au resto

● Messieurs dames bonjour.
◆ Bonjour. J'ai réservé une table au nom de Lefèvre.
● Un moment, s'il vous plaît… Lefèvre… Oui, suivez-moi… Voilà. Voilà la carte. Vous désirez un apéritif ?

◆ Un Martini blanc, et toi, ma chérie ?
▲ Un kir, pour une fois...
● Très bien.
◆ Alors, voyons...
▲ Tiens, tu as vu ? Dans le menu, il y a du poulet créole.
◆ Ah oui, ça rappelle de bons souvenirs. Qu'est-ce qu'on était bien à La Guadeloupe... A part le poulet créole, tu te rappelles ? J'avais la gorge en flammes. J'ai dû boire dix litres d'eau après ça !
▲ Enfin, ici on est en Bretagne, il devrait être moins fort quand même.
● Et voici les apéritifs...
◆ Dites, votre poulet créole, il est très épicé ?
● Non, non. Avec deux carafes d'eau au lieu d'une, ça devrait aller.
◆ Eh bien, deux poulets créole pour aller avec les carafes d'eau. D'accord, ma chérie ?
▲ Oui.
● Et en entrée ?
▲ Je prendrais bien un feuilleté aux champignons...
◆ Et moi, une terrine de canard.
● Et comme boisson ?
◆ Attendez... Un côtes-du-Rhône, peut-être...
▲ Si tu veux.
◆ Alors, un côtes-du-Rhône.
● Très bien.
◆ Pour le dessert, on verra plus tard.

6.3

1 a: Un dimanche typique

Alexandre : Pour moi, il n'y a pas de doute, c'est l'apéritif du midi, que ce soit à la maison ou au café – ou les deux !
Bertrand : Ah moi, c'est la grasse matinée... et le petit-déjeuner au lit. Quel plaisir de savoir qu'on ne doit pas se lever !
Chloé : Eh bien moi, c'est les gâteaux qu'on va chercher à la pâtisserie. C'est certainement parce que ça me rappelle mon enfance.
Cyrille : Pour moi, c'est les courses de chevaux, le tiercé. Je vais au café et je parie sur les chevaux gagnants. J'en profite aussi pour prendre un verre avec les copains.
Marie : Moi, le repas familial du dimanche midi est sacré. C'est l'occasion de parler de tout, mais mon mari, Cyrille, rentre toujours trop tard du tiercé.
Virginie : Comme il y a une grande tradition catholique dans notre famille, le meilleur symbole du dimanche, c'est la messe avec nos quatre enfants.
Pierre : Comme je suis un fou de sport, je passe mon dimanche après-midi devant la télé : c'est pour ça que ma femme a demandé le divorce.
Agnès : Et pour nous, c'est la promenade dominicale. Tout simplement et presque par tous les temps.

7.2

2 b : Chaos ménager

1. Elle passait l'aspirateur quand on a sonné à la porte.
2. Elle faisait la cuisine quand les enfants ont commencé à se disputer.
3. Elle écrivait à l'ordinateur quand ils ont annoncé la nouvelle à la radio.
4. Elle était en train de téléphoner quand le bébé s'est mis à pleurer.
5. Elle était en train de repasser une chemise quand elle a entendu quelque chose tomber et se casser.
6. Elle écoutait une cassette de relaxation quand le voisin a commencé à jouer du saxo.

7 c : « Toujours la même chose ! »

● Bonsoir ma chérie.
◆ Bonsoir.
● J'ai une grande nouvelle à t'annoncer : mon patron nous invite au restaurant.
◆ Quand ? Pas ce week-end, j'espère !
● Si justement, il propose samedi. Pourquoi ?
◆ Ah non, pas question ! C'est le seul soir où je peux me reposer et tu voudrais qu'on sorte ?
● Ouais, mais tu dois voir que c'est important pour ma carrière.
◆ Ta carrière ! Toujours toi ! Tu ne vois pas tout ce que je fais, moi : mon boulot, les enfants, le ménage... Je suis crevée !
● Toujours la même chose avec toi : tu n'as jamais envie de sortir !

7.3

9 a : Messages

1. Salut, Estelle, c'est Florence. Dis, tu as vu le film qui a gagné le César ? Il a l'air super bien, alors je te propose d'aller le voir demain avec moi. Il passe au Rialto. Je t'attendrai devant l'entrée du ciné à 19 h 40.
2. Didier ? Bonjour, c'est maman. Ecoute, c'est terrible quand même : tu n'es jamais chez toi. Il faut absolument que je te parle pour l'anniversaire de Papi. Comme prévu, nous irons le prendre à la maison de retraite et nous l'emmènerons déjeuner dans le restaurant que tu nous as conseillé. Rappelle-moi vite pour me donner les coordonnées.
3. Monsieur Santini, bonjour. Ici Jacques Maurel, de l'agence Interim. J'ai peut-être quelque chose pour vous. Il s'agit d'une entreprise qui cherche un interprète expérimenté. Le contrat sera d'abord limité à six mois, mais il y a de grandes chances qu'il soit prolongé. Merci de me rappeler au plus vite.

DELF A4, S. 98, 99

1 a

1. Dis, t'as entendu ? A la radio, ils ont dit que demain il allait faire beau sur tout le pays. Depuis le temps qu'on veut emmener les enfants faire un pique-nique, tu pourrais pas prendre un jour de congé ?
2. Je me demande vraiment s'ils vont tous venir… On n'aura jamais assez de place pour coucher tout le monde. Il faut absolument emprunter des matelas pneumatiques et leur dire d'apporter des sacs de couchage.
3. Dans le cadre de notre émission « Santé pour tous », nous avons invité aujourd'hui le docteur Lepage. « Docteur Lepage, on dit de vous que vous êtes *la* spécialiste en cardiologie vasculaire… »
4. Ecoutez, je me suis renseignée et je me demande vraiment si on peut lui faire confiance. Peut-être qu'on ferait mieux de chercher ailleurs avant qu'il ne soit trop tard.
5. Mais enfin, tu vas pas lui en vouloir. D'abord, il l'a pas fait exprès et ensuite à 10 ans, un enfant sait pas toujours ce qu'il fait. Essaie de te souvenir quand t´étais p´tit !

1 b

1. Ma chérie, tu dois te tromper. Regarde encore.
2. Là, je ne pense pas que vous ayez raison. Nous allons vérifier.
3. Il a vraiment l'air sympa son nouveau copain, tu trouves pas ?
4. Qu'est-ce qu'il est cool, le mec. Et puis, t'as vu sa bagnole ?
5. Monsieur le Président, pourriez-vous nous donner votre avis sur cette question ?

2

Enregistrement 1 : « Tous en jupe ! »

Pour tous les travailleurs du mois d'août, la très grande chaleur qui règne actuellement est insoutenable. Et pour couronner le tout, nos employeurs s'amusent à interdire les shorts dans les bureaux. Un chauffeur de bus suédois en avait assez de porter un pantalon par cette chaleur. Son patron lui ayant refusé le port du short ou du bermuda, le chauffeur de bus en question ne trouva rien de mieux que de se mettre à la jupe – vêtement autorisé par le règlement de la compagnie de transports – afin d'aérer ses mollets velus. Bingo ! Le patron n'a rien trouvé à redire… Jamais vous ne trouverez dans le règlement intérieur d'une société l'interdiction du port de la jupe par les hommes… Après tout, pourquoi nos collègues de la gent féminine auraient-elles droit aux jambes à l'air… et pas les hommes ? Ne vous étonnez donc pas de voir débarquer demain au bureau des hommes en minijupe.

Enregistrement 2 : Week-end de Pâques

◆ Hoverspeed bonjour, vous parlez avec Michèle.
● Bonjour. Je voudrais des renseignements sur les tarifs. C'est combien la traversée de Calais à Douvres avec une voiture ?
◆ Tout dépend de la période où vous partez.
● Pour le week-end de Pâques. On voudrait partir le vendredi.
◆ A quelle heure ?
● A quelle heure part le premier bateau ?
◆ 8 h 30.
● Oui, ce serait bien.
◆ Qu'est-ce que vous avez comme voiture ?
● Une Clio.
◆ Et quand est-ce que vous voulez rentrer ?
● Le lundi de Pâques. On veut juste passer un long week-end à Londres. Le dernier bateau est à quelle heure ?
◆ Attendez, je regarde… 20 h 30.
● Ce serait parfait.
◆ Alors… pour une voiture avec quatre personnes, ça fait 159 €.
● Oui, mais on n'est que deux.
◆ C'est un prix spécial pour trois à cinq jours, c'est le même prix pour deux, trois ou quatre personnes. C'est la taille de la voiture qui compte.
● Ah bon !... Et il n'y a rien de moins cher ?
◆ Si. Si vous revenez un peu plus tôt, on a un tarif spécial 72 heures qui fait 129 €. Mais vous devez repartir le lundi matin.
● Pour les 30 € de différence, ce serait dommage de perdre une journée !
◆ C´est à vous de voir.
● Très bien, merci, je vais réfléchir et je vous rappelle.
◆ D'accord, mais ne tardez pas, c'est un week-end très chargé !
● Non, non. Je vous remercie. Au revoir.

Enregistrement 3 : Reportage radio

« Aujourd'hui je voudrais vous parler de la dernière exposition photographique de Sebastião Salgado. Pour ceux qui ne le connaissent pas, Sebastião Salgado est un photographe brésilien qui vit à Paris depuis 1974. Sa dernière exposition se nomme *Exodes* avec un « s » et a lieu en ce moment à Paris à la Maison Européenne de la Photographie. Pour nous livrer les photos de cette dernière exposition, il a mis six ans. Six ans pour parcourir tous ces endroits du monde où des milliers d'hommes, de femmes, d'enfants, qui fuient la faim, la guerre, la misère se retrouvent sur les routes ou dans des camps de réfugiés. C'est en Bosnie, au Kosovo, en Afrique, en Asie, au Mexique, en Afghanistan qu'il a recueilli ces témoignages. Sebastião Salgado est un photographe engagé. Il veut attirer l´attention du public sur les grandes inégalités entraînées notamment par la mondialisation et le libéralisme économique. A l'occasion de cette exposition, Sebastião Salgado publie deux livres : *Exodes* et *Les enfants de l'exode* dont je vous recommande vivement la lecture. »

1.1

2 a 1. J'aime ; 2. J'adore ; 3. Je déteste ; 4. Je préfère

2 b le sport ; **la** mer; **l'**aventure ; **les** discussions

1.2

3 b 1. Pour se reposer sur un canapé, on prend des coussins.
2. Si on fait rarement du sport, on a des courbatures.
3. Dans une bibliothèque, on trouve des bouquins.

3 c 1. en avoir plein le dos = en avoir assez ;
2. faire la queue = attendre son tour

4 b y remplace «dans une forêt ».

4 c 1. à la piscine/à la mer ; 2. au cinéma ; 3. au sauna ; 4. au lit/à la maison ; 5. dans les musées/au concert/à l'opéra/dans les stades/aux matches de foot ; 6. sur le pont d'Avignon ; 7. à l'université populaire/à la fac/à l'école de langues

5 a *groupe 1 :* le tennis, le jogging, le ski, la musculation, l'alpinisme, courir, descendre une piste, l'effort
groupe 2 : les blessures, les fractures, les courbatures, la relaxation, se promener, rire
groupe 3 : l'après-ski, la relaxation, les téléphériques, se promener, le confort, le bouquin, le coussin, un petit verre, le cinéma, la lecture, la sieste, rire

7 a Je préfère la relaxation à la musculation ; Je préfère l'après-ski au ski.

8 b 1. du ; 2. de la ; 3. la, le ; 4. du, de l' ; 5. de l', du ; 6. la, les ; 7. du

1.3

3 1. faux (C'est Claire.) ; 2. faux (Il n'a pas envie d'y aller.) ; 3. vrai ; 4. vrai ; 5. faux (Pascal passe chercher Claire chez elle.)

2

Auftaktseite: A 1 ; B 9 ; C 8 ; D 7 ; E 3 ; F 4 ; G 6 ; H 5 ; I 2

2.1

3 a la digue, balnéaire, aux portes de Boulogne-sur-Mer, voile, gastronomie de la mer

b On se promène en ville pour regarder les vitrines des boutiques.

c « tentation » suggère quelque chose de beau / qui fait envie / qu'on a envie de posséder / d'acheter.

5 b 1. Elle fait du baby-sitting / Elle garde des enfants pour améliorer ses connaissances en français. 2. Parce qu'elle parle avec les enfants toute la journée. 3. Elle voudrait faire ses études en France.
4. A Bruxelles ou à Londres. 5. Elle choisit Bruxelles parce qu'elle aime le bon chocolat.

7 a sa longue digue ; ses belles villas ; leur bonne humeur ; leur accueil

b 1. de sa famille française. 2. de leur fille au pair.
3. avec son amie Teresa. 4. pour son chocolat.
5. leur week-end à Wimereux. 6. pour faire de la planche avec ses copains. 7. leurs études en France grâce à ERASMUS.

2.2

1 1 f ; 2 a ; 3 c ; 4 h ; 5 b ; 6 e ; 7 d ; 8 g

2 a Les mois cités dans les annonces : avril, juin, novembre, mars, mai
Les mois qui manquent : janvier, février, juillet, août, septembre, octobre, décembre

4 a cette offre ; ce cours ; ces offres

b cette ; ce ; cet ; ces

2.3

2 a *le relief :* les volcans, les collines, la plage, une île
la végétation : les fleurs, les fruits tropicaux, la vanille
les couleurs : le bleu turquoise, le vert intense
les habitants : d'origine européenne (les Créoles), indienne, chinoise
le climat : le soleil brille douze heures par jour

4 a six ; sept ; douze ; seize ; cinquante ; soixante-dix ; deux mille

b 3 millions d'années ; 9 180 km ; 880 km ; 210 km ; XVIe siècle ; 1 663 ; 1 946 ; 685 000 habitants ; 24 villes ; 1 000 km ; 3 069 m ; 200 km ; 40 km

6 a espère ; aimerais ; voudrais

7 a qui ; que ; où ; dont

b qui ; que ; où ; dont

c *Lösungsvorschläge :* C'est un endroit où…
on loue une chambre (un hôtel) ; les rois et les princes habitent (un château) ; arrivent les bateaux de pêche ou les bateaux à voile (un port) ; on prend/suit des cours (l'école) ; les touristes demandent /reçoivent des informations sur une région (un office de tourisme) ; on cultive des plantes/fruits exotiques (une plantation) ; on va manger quand on ne veut pas faire la cuisine (un restaurant) ; on peut se baigner/nager ou se faire bronzer (une plage) ; on peut retirer de l'argent (la banque) ; on trouve une préfecture et des communes administratives (le département) ; on peut changer de vêtements et se mettre en maillot de bain (une cabine de bains) ; on peut voir des expositions d'art/de peinture (un musée)

3.1

2 a 1. œil pour œil ; 2. larmes ; 3. baiser

b 1. des grands mots = große Worte ; 2. des gros mots = Schimpfwörter ; 3. des petits mots = Koseworte

4 a délicat(e) ; grand(e) ; petit(e) ; parfait(e)
ordinaire ; extrême
ordinaire(s) ; extrême(s) ; délicat(s)(es) ; grand(s)(es) ; petit(s)(es) ; parfait(s)(es)

c franche ; active ; sérieuse

5 a grands ; gros ; petits

b petit(e) ≠ grand(e) ; jeune ≠ vieux (vieille) ;
bon (bonne) ≠ mauvais(e)

c ...sont le plus souvent placés **après** le nom.

6 1. Il sort avec une jolie femme blonde. 2. Son petit ami est très charmant. 3. Elle préfère les hommes bruns aux yeux bleus. 4. J'aime les soirées romantiques dans un bon restaurant. 5. C'est une grande histoire d'amour entre une vieille femme et un jeune homme. 6. Cet homme charmant et élégant séduit beaucoup les femmes.

3.2

1 a 1 c ; 2 f ; 3 b ; 4 e ; 5 a ; 6 d
2 a *physique :* des yeux, un visage, un sourire
caractère : j'aime rire, passionnées, décontractées, actives, sympa, sérieux

5 a 1. ... qui sont **moins** passionnés **que** moi ; 2. des personnes **plus** décontractées, **plus** actives **que** moi ; 3. l'amitié est **aussi** importante **que** l'amour

... on utilise **plus, moins** ou **aussi** devant l'adjectif et **que** devant l'élément comparé.

6 a je **n'**en sais vraiment **rien** ! ; que ça **ne** va **jamais** marcher...
ne se place **devant** la forme conjuguée du verbe. ; ...**ne** devient **n'.**
Pas, jamais et les autres négations se placent **après** la forme conjuguée du verbe

b 1. Non, ils ne sont pas mariés... 2. Non, ils ne sont plus ensemble... 3. Elle ne sort jamais avec lui.
4. Non, je ne connais pas encore sa nouvelle copine.
5. Non, je n'invite personne. 6. Non, je ne sais rien sur cette affaire.

3.3

5 a 1 = s'abrutir ; 2 = s'exprimer ; 3 = mentir ;
4 = sans détour ; 5 = se garer ; 6 = séduire ;
7 = refaçonner ; 8 = reprocher ; 9 = s'emporter ;
10 = ralentir ; 11 = anticiper ; 12 = gémir ;
13 = contradictoire ; 14 = se complaire.

b Avoir le cafard se dit quand on est déprimé ; Avoir la tête en l´air se dit de quelqu´un qui oublie beaucoup de choses.

8 1 a je ne **comprends** pas.

a apprendre, réapprendre, entreprendre, se reprendre, surprendre

2 a je me **détends ;** tu te **détends** ; il/elle/on se **détend**

10 a
Verbes comme *finir :* gémir, mugir, ralentir, s'abrutir
Verbes comme *sortir :* mentir

B1

1 a 1. (la) randonnée ; 2. (l')équitation *f* ;
3. (la) lecture ; 4. (la) musculation ; 5. (la) sieste ;
6. (l')alpinisme *m* ; 7. le jogging ; 8. (au) cinéma ;
mot caché : (la) natation

2 1. *Lösungsvorschläge :* Enchanté(e) ! Moi, je m'appelle/ je suis.... 2. Oui, j'adore les promenades ! 3. J'aime la regarder de temps en temps, mais sinon, je préfère aller au cinéma. 4. Moi, je n'aime pas le mois de novembre parce que le temps est triste : il fait froid et il pleut beaucoup. 5. J'aimerais passer mes prochaines vacances en Namibie parce que les paysages y sont magnifiques. 6. J'ai cours de français de 19 h 30 à 21 h.

3 1. fait une cure ; 2. faire un stage ; 3. faire du lèche-vitrines ; 4. ils font très souvent de la voile ensemble ; 5. faire une balade à pied ou un tour en vélo ; 6. font un séjour

4 a *noms féminins :* une montagne ; une colline ; une végétation ; une côte ; une falaise ; une île
noms masculins : un volcan ; un relief ; un océan
b 1. île ; 2. volcans ; 3. montagne ; 4. 3 120 km de côtes ; 5. falaises ; 6. L'océan ; 7. climat ; végétation ; 8. colline

5 1. ses ; 2. sa ; 3. cette ; ses ; 4. ce ; leurs ; 5. leur ; leurs ; 6. ses ; cet ; 7. son ; ces

6 *Lösungsvorschläge:* La lecture est une activité qui ne coûte pas cher. Un téléphérique est un moyen de transport qu'on utilise en montagne. L'Internet est un instrument que beaucoup de jeunes adorent utiliser / dont on a souvent besoin aujourd'hui. Un(e) stagiaire est une personne qui apprend un métier. La Réunion est une île où j'aimerais passer mes prochaines vacances / dont on parle beaucoup dans l'unité 2 / que je voudrais absolument visiter. La musculation est un sport qui se pratique en salle.

8 1. moderne / ancien (-ienne); 2. facile / difficile ; 3. bon, bonne / mauvais(e) ; 4. amusant(e) / sérieux (-ieuse) ; 5. vrai(e) / faux, fausse ; 6. positif (-ive) / négatif (-ive) ; 7. impulsif (-ive) / réfléchi(e) ; 8. intelligent(e) / bête

9

P	A	R	T	E	N	A	I	R	E	C
M	R	E	N	C	O	N	T	R	E	H
E	E	N	E	A	P	C	F	O	I	A
P	S	Y	M	P	A	T	H	I	E	R
O	P	P	I	H	S	E	R	G	R	M
U	E	V	T	B	S	Q	N	L	R	E
S	C	O	N	F	I	A	N	C	E	S
E	T	W	E	M	O	T	I	O	N	T
R	O	D	S	I	N	A	M	O	U	R

10 a 1. rencontre ; 2. se garer ; 3. agressif ; 4. reprocher

b 1. le nez ; 2. faire la sieste / dormir / se coucher ; 3. aimable ; 4. s'améliorer

11 *Lösungsvorschläge:* 1. J'attends depuis un quart d'heure. 2. Tu prends un petit apéritif ? 3. Notre chef descend toujours dans le même hôtel. 4. Les élèves ne comprennent pas cette phrase. 5. Vous vendez aussi des télécartes ? 6. Tu réponds au téléphone ?
7. Elle défend bien ses idées. 8. Tu perds vite patience.
9. Pourquoi est-ce que vous apprenez le français ?
10. Mes amis prennent l'avion.

4.1

2 a rassemblé ; rangé ; fait ; dit ; mis ; embrassé ; mis ; dit ; monté ; claqué ; démarré ; fait ; disparu ; resté

8 a On **a** rangé ; On **a** fait ; la voiture **a** démarré.
Le passé composé se forme avec **avoir** conjugué au présent et le participe passé du verbe.

b La tour Eiffel **est** née ; Gustave Eiffel **est** mort ; Ils sont arrivés ; Elle est entrée ; Elles est montée ; Il est resté ; Le chapeau est tombé ; Il est descendu ; Elles sont sorties ; Il est parti

10 On **s'est** embrassé(s) ; Papa **s'est** mis : les verbes pronominaux se conjuguent avec **être**

13 a 1. faux ; 2. faux ; 3. vrai ; 4. vrai ; 5. faux ; 6. faux.

4.2

1 b ma gare de l'Est

2 a 1. rayons ; 2. c'est le soleil levant ; 3. une auréole ; 4. parcouru

5 b 1. quotidien ; 2. ponctuel ; 3. sûr

6 a Transilien **est en train de** changer votre train quotidien. → **être en train de**

b 1. Il est en train de travailler sur son ordinateur portable. 2. Il est en train de fumer et de regarder une fille. 3. Elle est en train de boire. 4. Il est en train de téléphoner sur son portable. 5. Il est en train de manger un sandwich. 6. Il est en train de dormir. 7. Elles sont en train de bavarder. 8. Il est en train de lire le journal. 9. Elle est en train d'écouter de la musique sur son baladeur. 10. Il est en train d'écrire/de réfléchir/de s'énerver. 11. Elle est en train de donner le biberon à son bébé qui est en train de pleurer.

7 a 1. avant de partir ; 2. Après avoir parcouru ; 3. Après être arrivée

b 2. Après avoir repassé quelques chemises, il a fait sa valise. 3. Après avoir appelé un taxi, il a fermé la porte à clé. 4. Après être arrivé à la gare, il a bu une bière.
5. Après avoir trouvé son compartiment, il a ouvert son livre. 6. Après avoir lu quelques pages, il s'est endormi.
7. Après avoir fait un beau rêve, il s'est retrouvé à Nice au lieu de Marseille !

c 1. Avant de faire sa valise, il a repassé quelques chemises. 2. Avant de fermer la porte à clé, il a appelé un taxi. 3. Avant de s'endormir, il a lu quelques pages.
4. Avant de se retrouver à Nice, il a fait un beau rêve.

4.3

4 a Saint-Raphaël - Paris ; vendredi prochain ; jeudi 26 ; 18 h 42 ; mercredi (25) ; 14 h 39 – 19 h 23 ; 59 €

5 a 1. mais **tout** ; 2. On est **tous**

b 1 d ; 2 a ; 3 b ; 4 f ; 5 c ; 6 e

6 a 1. tous ; 2. toutes ; 3. tout ; 4. tous ; 5. toutes ; 6. tout ; 7. tout

5.1

2 b 1. une vocation ; 2. le hasard

4 b 1. écrivain ; littérature ; romans ; livres. 2. infirmière ; hospitalisé ; hôpital. 3. professeur ; mathématiques ; matheux ; cours ; enseigner.

5 a 1. la sociophobie ; 2. le mépris ; 3. les troubles ; 4. être hospitalisé ; 5. un déclic ; 6. réussir ; 7. les aînés ; 8. arrondir son argent de poche

7 a (2a) ...**vous**, vous êtes ; d'autres, **eux**
(4b) Pour **moi** ; parmi **elles**
Moi, je ; **Elle, elle ; Vous,** vous ; **Eux,** ils

8 1. elles ; 2. eux ; 3. elles ; 4. elle ; 5. toi ; 6. lui ; eux

9 a Jean-Claude : 52 ans, traducteur français-anglais, depuis (19)92, à Montréal, c'est bien payé, à domicile, aux heures que je veux, (aussi) la nuit ; **Marie :** 39 ans, chauffeur-livreur de repas à domicile, depuis 99, un peu mieux que le SMIC, à 20 km de chez moi, du lundi au vendredi, de 8 h 30 à 15 h 30 ; **Sylvie :** 38 ans, aide bibliothécaire, depuis novembre 2000, pas beaucoup plus que le SMIC, à 2 minutes de chez moi

b bons contacts avec les clients : **M+S** ; travail sous pression : **J-C+M** ; SMIC : **M+S** ; réductions : **S** ; pas de contact avec les collègues : **J-C** ; repas moins chers : **S** ; beaucoup conduire : **M** ; horaires flexibles : **J-C** ; primes : **S** ; éloignement minime : **J-C+S** ; sécurité de l'emploi : **M+S** ; autonomie : **J-C+M** ; enrichissement intellectuel : **S** ; bon salaire : **J-C** ; plaisir : **S**

5.2

2 b offres ; mondial ; rêves

4 a vous trouverez ; -rai, -ras, -ra, -rons, -rez, -ront

4 c faire, devoir ; être ; avoir ; falloir ; envoyer ; venir ; vouloir ; voir

5.3

2 a Daniel Cohn-Bendit

4 siehe Hörtexte, S. 165

6 a J'ai lu **vos références**. Je **les** trouve excellentes.
... dirigé par **Mme Chalon**. Vous **la** connaissez, je crois ?
Vous **lui** avez déjà parlé ?
... **deux candidats**. Je **leur** ai donné rendez-vous...

b 1 d ; 2 g ; 3 a ; 4 i ; 5 b ; 6 c ; 7 f ; 8 e ; 9 j ; 10 h

B2

2 se sont passées ; J'ai bien profité ; on est allé(s) ; a montré ; on a découvert ; J'ai mangé ; tu as rencontré ; je me suis bien entendu ; nous avons fait ; nous avons vu ; J'ai pris ; je me suis bien amusé ; j'ai pu ; tu m'as beaucoup manqué

3 1. est né ; 2. a vécu ; 3. est partie ; 4. est entré ; 5. a réussi ; a passé ; 6. a fait ; 7. est allé ; 8. a commencé ; 9. a rencontré ; 10. se sont mariés ; 11. est devenu.

4 a 1. VTT ; 2. ambulance ; 3. passivité ; 4. vacances

b formation = 4. ; métiers = 2. ; qualités professionnelles = 3. ; candidature = 1.

5 *Lösungsvorschläge*: 1. J'écris toutes les cartes postales / mes lettres *(féminin pluriel)* le dernier jour. 2. Elle va attendre ses ami(e)s *(masculin ou féminin pluriel)* / ses (grands-) parents à la gare. 3. Il faut absolument visiter la cathédrale de Chartres / la vieille ville de Rennes / la maison de George Sand *(féminin singulier)*. 4. On vient souvent ici, c´est pourquoi on connaît presque tous les autres campeurs *(masculin pluriel)*. 5. On a demandé la permission aux gardiens / propriétaires *(masculin ou féminin pluriel)*. 6. Tous les membres de la famille *(masculin pluriel)* sont présents. 7. Tu ne voudrais pas faire la vaisselle *(féminin singulier)*. 8. Elle a réussi à mettre tous ses vêtements / livres / CD préférés *(masculin pluriel)* dans sa valise.

6 *Lösungsvorschläge*: 1. nous partirons plutôt au mois de juin. 2. il faudra que tu travailles plus. 3. j'espère que pour mon mariage, il fera beau / le soleil brillera / nous aurons beau temps. 4. ils pourront partir avec leurs copains. 5. il l'accompagnera / il partira avec elle en Amazonie / il fera le tour du monde avec elle.

7
infinitif : être, croire, choisir, prendre, avoir, aller, venir
présent : nous sommes, je crois, vous choisissez, ils prennent, tu as, elle va, on vient
passé composé : nous avons été, j'ai cru, vous avez choisi, ils ont pris, tu as eu, elle est allée, on est venu(s)(es)
futur simple : nous serons, je croirai, vous choisirez, ils prendront, tu auras, elle ira, on viendra
conditionnel : nous serions, je croirais, vous choisiriez, ils prendraient, tu aurais, elle irait, on viendrait

6.1

3 b 1. Il fait la cuisine en écoutant la radio. 2. Elle mange en regardant la télé. 3. Ils rencontrent beaucoup de gens en faisant les courses.

c 1. en suivant; 2. en jouant ; 3. en lisant ; 4. en se préparant bien ; 5. en s'inscrivant ; 6. en ne regardant pas la télé ; 7. en n'achetant pas de voiture

d en ne mangeant plus... ; en se pesant ; en sautant un repas ; en supprimant ; en arrêtant ; en évitant ; en déjeunant ; en buvant ; en mangeant ; en ne prenant pas ; en faisant ; en pratiquant ; en nageant ; en lisant

6.2

1 1. mode de vie ; 2. dramatique ; 3. saine ; 4. se nourrir

3 a 1. supermarché ; 2. regardent / télé ; 3. avis ; 4. changer ; 5. mauvaise ; 6. goût

7 a meilleure ; les plus variés

b la / **les** suivi de **plus** ou **moins**
Le meilleur est le superlatif de **bon.**

11 a 1. faux ; 2. faux ; 3. vrai ; 4. faux ; 5. vrai ; 6. vrai ; 7. faux ; 8. faux

12 Ne pas dire la vérité ; Attendre longtemps qn qui ne vient pas ou est très en retard. ; Ne pas avoir un sou en poche / ne pas avoir d'argent ; S'évanouir / Se sentir mal ; S'occuper de ses affaires ; Lire pendant des heures sans pouvoir s'arrêter

6.3

1 a siehe Hörtexte, S. 166

2 b 1. s'affairer ; 2. mijoter ; 3. inculquer

5 a ma mère s'affairait et j'observais ; étaient l'occasion ; Aucun sujet n'était tabou.

b 1. on mangeait... ; 2. ils étaient réveillés par les cloches de l'église ou le coq de la ferme. ; 3. les enfants ne parlaient pas / on évitait de parler de sujets tabous à table ; 4. elle faisait de grandes balades avec son mari / son copain ; 5. la religion jouait un grand rôle ; 6. ma mère nous préparait de bons plats pendant des heures à la cuisine ; 9. je lisais tout ce que je trouvais ; 10. on le voyait tous les dimanches aux matches de foot ; 11. tous les membres de la famille se rencontraient régulièrement / vivaient sous le même toit ; 12. les jeunes aimaient faire la cuisine ; 13. il buvait du vin rouge / un apéritif tous les soirs ; 14. j'écrivais de longues lettres à mes amis

7 1. Si tu buvais moins de café,... ; 2. Si tu descendais les poubelles,... ; 3. Si tu passais moins de temps devant l´ordinateur,... ; 4. Si tu savais cuisiner comme ma mère,... ; 5. Si tu commençais à faire du sport,... ; 6. Si tu mangeais moins de chocolat,... ; 7. Si tu apprenais le français,... ; 8. Si tu appelais plus souvent tes amis,...

7.1

3 a 14 Juillet ; 14 juillet ; 30 juin ; 19 février

4 a Nous nous sommes rencontrés ; On s'est mariés ; Il était ; On habitait

5 Camille est née en août 1954. Il faisait très chaud. Pour ses dix ans, elle a reçu un vélo rouge. Ses amies étaient jalouses. Peu après, elle s´est inscrite dans un club de cyclisme. Elle s´entraînait trois fois par semaine. A quinze ans, elle a participé à ses premières compétitions. Elle remportait souvent / toujours le premier prix. En 1962, elle a eu son bac. Elle regrettait de ne pas avoir plus de temps pour ses amies. Quatre ans plus tard, elle est devenue championne olympique. Elle commençait à apprécier le succès.

6 a 1. j'habitais / me promenais ; 2. je pouvais ; 3. j'étais / j'ai vu ; 4. elle était / avait ; 5. elle est venue / s'est assise / a commencé ; 6. elle disait / je me suis réveillé

7.2

2 b siehe Hörtexte, S. 166

3 1. – Bonjour ; 2. Euh... ; 3. Nous... ; 4. Bon... ; 5. Pas de problème... ; 6. Attendez... ; 7. Merci... ; 8. Et moi...

5 b La réalité quotidienne : 1. lave et repasse ; 2. fasse ; 3. s'occupe ; 4. ait ; 5. soit
Le rêve de la belle vie : 1. aient ; 2. deviennent ; 3. répare ; 4. sorte ; 5. garde ; 6. puisse

7.3

2 b 1. une voiture ; 2. faire des petits bruits secs ; 3. ne plus se contrôler ; 4. laisser qn tranquille ; 5. être bloqué ; 6. protester ; 7. mettre ;
vulgaire = un enfoiré ; *standard* = un(e) idiot(e).

c 1. entourer ; 2. exciter la curiosité ; 3. crier très fort ; 4. une infidélité ; 5. une chute de neige

4 c ...la couleur de vos chaussettes.

7 a 1. qu'il était *(imparfait)* coincé ; 2. qu'il arriverait *(conditionnel)* ; 3. on avait pris, qu'on n'avait pas enregistré *(plus-que-parfait)*

7 c 1. qu'il était ; 2. s'il devait prendre ; 3. que le soleil brillerait ; 4. que le Dow Jones avait baissé ; 5. si elle avait revu ; 6. qu'ils ne viendraient pas

12 1. ... si elle avait vu le film qui avait gagné le César. / si elle avait envie d´aller voir un film / elle a ajouté qu'elle l´attendrait devant l'entrée du ciné ; 2. ...qu'il fallait qu'elle lui parle, qu'ils iraient prendre Papi à la maison de retraite et qu'ils l'emmèneraient déjeuner dans le restaurant qu'il leur avait conseillé. 3. ... pour lui dire qu'il avait peut-être trouvé quelque chose pour lui, qu'il s'agissait d'une entreprise qui cherche un interprète expérimenté, il a dit que le contrat serait d'abord limité à six mois, mais qu'il y avait de grandes chances qu'il soit prolongé. Il lui a demandé s'il pouvait le rappeler au plus vite.

B3

1 a 1. la satisfaction ; 2. la balance ; 3. poisson ; 4. léger ; 5. cuisiné

b a. léger ; b. cuisiné ; c. la balance ; d. le poisson ; e. la satisfaction

2 1. téléphage ; 2. équilibré ; 3. dramatique ; 4. simple ; 5. seul ; 6. convivial ; 7. adapté ; 8. varié ; 9. complet ; 10. sain ; 11. proche ; 12. unanime.
Mot caché : alimentation.

3 1. Les Ferrari sont les voitures les plus rapides. 2. Le mont Everest est la montagne la plus haute du monde. 3. Faire le ménage est la tâche la moins agréable des tâches ménagères. 4. Les tableaux de Picasso sont les tableaux les plus connus du monde. 5. L'Amazone est le fleuve le plus long du monde. 6. Les vêtements parlants sont l'invention la moins utile. 7. Faire du jogging est le sport le moins cher.

4 1. c ; 2. e ; 3. a ; 4. f ; 5. b ; 6. d

5 a étions ; nous nous promenions ; partions ; faisait ; allait ; transportait ; buvait ; mangeait ; n'étions ; jouions ; ne possédait pas ; avait ; voulait ; devait ; n'étaient pas ; devaient ; n'étaient pas ; étaient ; supportions

6 1. On peut se faire de nouveaux amis en s'inscrivant dans un club / une association. 2. On peut gagner beaucoup d'argent en jouant au loto. 3. On peut refuser poliment une invitation en racontant une histoire plausible. 4. On peut se relaxer après une journée de stress en écoutant de la musique. 5. On peut arriver à tout faire quand on a une famille et un travail prenant en s'organisant bien.

7 2. On était en train de – quand André a demandé – à quelle heure était ; 3. J'ai regardé – j'ai vu – était ; 4. Comme c'était – s'était occupée – n'avait pas eu ; 5. nous sommes arrivés ; 6. nous avons expliqué – avons demandé – pouvait ; 7. On nous a dit – ce n'était pas – étaient ; 8. il a donc fallu ; 9. n'avions ; 10. a conseillé

– devrait ; 11. a essayé ; 12. était parti ; 13. restait – devait ; 14. a sonné ; 15. j'allais – j'ai entendu

8 a 1. finisses ton travail ; 2. boives moins de soda ; 3. ailles te coucher

b 1. fassiez attention ; 2. mettiez vos ordures ; 3. laissiez votre voiture

9 1. C'est dommage qu'il ne vienne pas. 2. J'ai horreur d'être en retard. 3. Elle adore qu'on lui fasse des compliments. 4. Ils trouvent pratique d'avoir tous un portable. 5. Je regrette que Paul ne soit pas là. 6. Elle n'est pas contente d'avoir trop de travail.

10 1. le répondeur ; 2. le baladeur ; 3. l'ascenseur *m* ; 4. le porteur

11 b Je lui ai dit que ça faisait longtemps qu'on ne s'était pas vus. Je lui ai raconté que j'avais trouvé un nouvel appartement près de chez lui et que j'allais déménager bientôt. Je lui ai annoncé qu'on pourrait se voir plus souvent maintenant. Je lui ai demandé s'il faisait toujours du Tai-chi. Je lui ai raconté que moi, j'avais découvert le yoga. Je lui ai demandé s'il travaillait toujours dans la même boîte et s'il était toujours avec Corinne. Finalement, je lui ai demandé si ça lui dirait d'aller au cinéma avec nous la semaine prochaine.

DELF 1er degré

Unité A3 Ecrit 1

1. réduire la circulation automobile. ; 2. Vrai ; « Denis Baupin, adjoint au maire de Paris chargé des transports, vise ainsi à *«réduire de 50 % l'ensemble des émissions polluantes dans la capitale d'ici à 2010 »* » ;
3. Vrai ; « Toutefois, les nouvelles places payantes seront surtout créées à l'intention des riverains. Des tarifs très abordables (10 euros par mois) devraient encourager ces derniers à laisser leur voiture sur place. » ; 4. Faux ; « Afin d'endiguer le flot incessant des voitures, ces artères vont être aménagées en « espaces civilisés », c'est-à-dire partagés entre tous les usagers. » ; 5. Faux ; « On pense évidemment au métro, apprécié pour sa rapidité et son confort, mais dont le réseau souterrain ne peut plus s'étoffer. » ; 6. partagé justement entre piétons, cyclistes et bus.
7. a. Vrai ; b. Faux : c. Vrai ; d. Vrai ; e. ?; f. Vrai ; g. Faux.
8. 385 km ; 9. On va dissuader les automobilistes de rouler dans Paris en supprimant les places de stationnement gratuites. On va encourager l'utilisation des moyens de transport les moins polluants en aménageant la ville afin que les vélos, les bus et les piétons puissent circuler plus facilement. On va notamment créer plus de pistes cyclables et réinstaller des lignes de tramway dans la ville.

Ecrit 2
Lösungsvorschläge:

Objet : annonce location AP141

Message :
Madame, Monsieur,
Votre annonce, parue dans le journal *Les offres immo* du 15 juin 2004, pour la location d'un studio de 25 m² situé dans le Xe arrondissement a attiré mon attention. Je suis allemande et je vais étudier à Paris pendant six mois dans le cadre du programme ERASMUS. J'aimerais avoir quelques renseignements complémentaires concernant ce studio.
Tout d'abord, s'agit-il d'un immeuble récent ou plutôt ancien ? A quel étage le studio se situe-t-il ? Y a-t-il un ascenseur ? Ensuite, j'aimerais savoir si le prix mentionné dans l'annonce comprend les charges ? De quel type de chauffage s'agit-il ? Enfin, j'imagine que vous demandez également une caution, de combien est-elle ? Mes parents sont tous les deux enseignants et se proposent de payer le loyer. Quels documents devrais-je vous faire parvenir ?
Je vous remercie d'avance de l'attention que vous portez à ma requête et vous prie d'agréer, Madame, Monsieur, l'expression de mes sentiments distingués.
Natalie Morgen
Schiltacher Str. 51
70569 Stuttgart
Allemagne
Tél : 00 49 …………..

DELF 1er degré

Unité A4 Ecrit

1 a 1 : du beau temps ; 2 : de plusieurs personnes ; 3 : d'une femme ; 4 : On ne sait pas. ; 5 : d'un enfant

1 b 1 : langue standard ; 2 : langue soutenue ; 3 : langue familière ; 4 : langue familière ; 5 : langue soutenue.

2
Enregistrement 1
1. « Société » ; 2. en Suède ; 3. très chaud ; 4. pantalon ; 5. Vrai ; 6. une jupe.

Enregistrement 2
1. se renseigner ; 2. Non ; 3. 8 h 30 ; 4. 1 à 4 personnes ; 5. 129 € ; 6. Non.

Enregistrement 3
1. Le journaliste présente une exposition de photos. 2. brésilien ; 3. « Exodes » ; 4. six ans ; 5. Il a photographié des personnes qui sont obligées de fuir la faim, la guerre ou la misère. 6. Il veut attirer l´attention du public sur le sort terrible de ces personnes. 7. Sebastião Salgado présente deux de ses livres.

ORAL
1 a
Annonce A, convient : Près de la plage. Place de parking pour la voiture. Deux lits à deux personnes. Les animaux sont admis.

Annonce A, ne convient pas : La période proposée ne convient pas. Le prix du loyer est trop cher. Le coin cuisine est dans le séjour.

Annonce B, convient : La cuisine est indépendante. C'est proche du centre. Il y a une terrasse avec vue sur la mer. Il y a un lit pour Isabelle et son mari.

Annonce B, ne convient pas : Le prix du loyer est trop élevé (670 €). Les animaux ne sont pas admis. On ne sait pas s'il y a un parking.

Annonce C, convient : Il y a un balcon avec vue sur la mer. L'appartement est proche du centre. La cuisine est indépendante. Il y a un lit pour les invités. La période proposée convient et le loyer n'est pas trop élevé. Les animaux sont admis. Il y a un parking privé.

Annonce D, convient : Il y a une terrasse avec vue sur mer. C'est proche du centre. Le prix du loyer n'est pas trop élevé. Il y a un lit pour les invités.

Annonce D, ne convient pas : La cuisine est dans le séjour. Les animaux ne sont pas admis. On ne sait pas s'il y a un parking.

1 b
Chère Isabelle,
Le choix a été difficile, mais finalement je me suis décidée pour l'annonce de l'appartement à 560 € par semaine. Il faudra payer un supplément à cause du chien, mais ce n'est pas grave. Et puis, cet appartement semble vraiment bien situé. Enfin, la cuisine est indépendante du séjour, et tu sais comme Thomas déteste les odeurs de cuisine ! Et s'il fait trop chaud, on a même la clim !
Merci de ton aide !
Bises, et à bientôt,
Astrid.

2
J'ai passé un week-end excellent. Samedi, j'ai visité Saint-Paul-de-Vence. Comme c'est un peu loin de Nice, dans l'arrière-pays, j'ai loué une voiture pour y aller. Saint-Paul-de-Vence est un très beau village dont les remparts ont été construits sous François 1er. Tout autour, le paysage ressemble beaucoup à ceux que j'ai vus en Toscane. Je me suis promené dans les rues de la vieille ville qui date des XVIe et XVIIe siècles. Le problème, c'est qu'il y a beaucoup de boutiques d'artisanat et de souvenirs et cela gâche un peu le charme de la promenade. Je suis entré dans une très belle église dans laquelle on peut voir un tableau célèbre du Tintoret qui s'appelle *Sainte Catherine d'Alexandrie*. Je suis aussi passé devant La Colombe d'Or, un hôtel très discret mais très célèbre parce que des artistes français comme Simone Signoret et Yves Montand y ont résidé. Comme j'avais faim, j'ai mangé au restaurant de l'hôtel. C'était délicieux, mais très cher. En fait, il y avait beaucoup de touristes américains et japonais mais très peu de Français. Dimanche, je suis allé à la Fondation Maeght. C'est le deuxième musée d'Art moderne de France par sa fréquentation : 50% de ses visiteurs sont étrangers. On peut y admirer les œuvres d'artistes très célèbres comme Bonnard, Matisse et Léger. Le musée lui-même a été décoré avec des mosaïques de Chagall, des céramiques de Miró, des vitraux de Braque. C'était vraiment agréable de se promener dans les jardins du musée et d'admirer toutes ces œuvres. A tous les amoureux de la Provence et de l'art moderne, je recommande vivement ce petit tour dans l'arrière-pays niçois ! (265 mots)

3
1. Cher Monsieur,
Je voulais vous faire savoir que je serai absente du 1er au 15 juin inclus. Pendant mon absence, c'est Madame Giroud qui me remplace. Je l'ai déjà mise au courant des commandes que vous avez passées.
Cordialement,
Astrid Duvernier

2. Chère Isabelle,
Merci encore de nous avoir aidés à trouver cet appartement ! Il est vraiment très confortable et très bien situé. Et pour ne rien gâcher, le soleil est lui aussi au rendez-vous ! Nous avons passé l'après-midi d'hier à la plage : qu'est-ce que c'était agréable ! On serait très heureux si toi et Jacques veniez nous rendre visite.
J'attends ta réponse avec impatience,
Bises
Astrid

3. Chère Florence,
Quelques nouvelles de Cannes où je passe des vacances agréables et reposantes avec ma femme. Nous partageons notre temps entre farniente et visite des alentours. Je viens de finir un roman policier de Fred Vargas, je suis fier de moi ! J'espère que vous allez bien et que vos vacances en France se déroulent bien.
A bientôt !
Thomas

4 1. impressionnantes ; 2. frontière ; 3. entre ; 4. y ; 5. débitait ; 6. au ; 7. régulateurs ; 8. aux ; 9. qui ; 10. du ; 11. pour ; 12. exceptionnel ; 13. protection ; 14. sur ; 15. livrent ; 16. découverte ; 17. plusieurs.

Partnerarbeit, S. 89
Unité 7.3 Exercice 8 a

Partenaire B : Allô, Jean-François, c'est Catherine. J'espère que tu n'as pas oublié que nous passons la soirée ensemble ce soir. J'ai déjà tout préparé. Il y aura ton menu préféré. Je viendrai te prendre en voiture à ton bureau vers 19 h 30. Je te précise que j'ai annulé un rendez-vous d'affaires très important pour être libre ce soir… et que je me réjouis énormément de te revoir.

Abbildungen:

Alamy Images, Oxfordshire: 50,2 (Art Kowalsky); Les Amis de l'Orgue, Pontoise: 14,5; Avenue Images GmbH, Hamburg: 51,6 (Image Source RF); Alain Canevet, Rognac: 18,2; Cinetext, Frankfurt: 13,1,2; Cirque Pinder, Sucy en Brie: 58; Corbis, Düsseldorf: 7,4 (RF); 7,5 (Firefly Productions); 8,4 (RF); 11,1,3 (RF); 12 (RF); 15,6 (Georgina Bowater); 40 (RF); 41,2 (Yann Arthus-Bertrand); 47,2 (Rosemary Greenwood); 48 (Robert Holmes); 50,1 (Sygma/Philippe Caron); 52,4,6 (Hulton Deutsch Coll.); 52,5,7,8,9 (Bettmann); 59 (Ludovic Maisant); Annie Costantino, Rognac; 15,3; 18,1; 19,5; 20; 65,1,4,6; 68; 70; Andrée Costantino, Rognac: 78,2,4; Coupo Santo, Rognac: 19,4; 78,3; Régine Damais, Plan-de-Cuques: 79; Martine Delaud, München: 77,5,8; Jean-Pierre Deleuil, Rognac: 72; 78,1,5; devarrieuxvillaret, Paris: 47,1 (SNCF Mario Palmieri); Die Schweizerische Post, Bern: 15,l; © 2004 Les Editions Albert René/Goscinny-Uderzo. Extrait de l'album <<LE BOUCLIER ARVERNE>>, Goscinny, Uderzo 1ère publication 1968, éditeur actuel : HACHETTE: 30; Les Editions Métailié, Paris: 67 (Maitena, Les Déjantées 3); Elmar Feuerbach, Stuttgart: 26,1,4,5,6; 41,1; Formule Bretagne, Paris: 19,2; Französisches Fremdenverkehrsamt, Frankfurt: 21,2; 22,2; Getty Images, München: 8,3; 15,4; 19,1; 51,5 (Photodisc); Stéphane Goddard, Paris: 69; Herbert Gratzer, Stuttgart: 15,1,5; Martina Haberberg, Hemmingen: 7,3; Jilème, Nouméa: 86; Klett-Archiv, Stuttgart: 34; 44; Peter Kowallek, Frickenhausen: 51,3; Lancôme, Levallois-Perret: 28; Gabi Leist, Oberwolfach: 65,7; Peter Lippmann, Paris: 66; Jean-Michel Mazin, Rognac: 51,4; Marsu by Franquin, 2003-www.gastonlagaffe.com: 62; Mauritius, Mittenwald: 15,2 (Photo Bank); Caroline May, Roquebrune: 7,3; Henri May, Brignoles: 8,1; Mes Vacances, www.geant.fr: 11,2; MEV, Augsburg: 51,7; Charles Michon, Rognac: 77,2; G. Monnier, Prima, Paris: 27; Monster, Levallois-Perret: 56; Damien de Mulatier, Paris: 39; 44; Musée des Beaux Arts, Lyon: 14,2; Office du Tourisme de Château d'Œx, Château d'Œx: 41,3; Office du Tourisme, Menton: 14,1; Office du Tourisme, Wimereux: 16,3-5; Pacific Promotion Tahiti, Papeete: 23; Parc Aquatica, Fréjus: 14,7; Michèle Périgault, Stuttgart: 19,3; 51,1,2; 65,2; 77,1,3,4,6,7; Picard, Nemours: 65,8; Picture Alliance, Frankfurt: 15,7 (Jean-François Amelot); 52,1,3 (akg-images); 52,2 (Wiebke Langefeld);PTT France, Paris: 15,A-E, G-H; 24,1-3; Rire Médecin, Paris: 60; Studio Eram, Langenhagen: 8,2; Studio X, Limours: 47,3 (gamma/Bassignac Gilles); Jacqueline Sword, Hannover: 7,1; 15,8,9; 16,1,2; 18,4; 21,1; 22,1; 25; 26,6; Théâtre du Caramy, Brignoles: 14,6; Edith Volle, Stuttgart: 65,3; Frauke Voskuhl, Wennigsen: 26,2,3; Wolinski/Le Nouvel Observateur, Paris: 54; 57.
U1: Corbis: 2,4; Image Bank: 1; Picturemaxx: 3.

Texte:

S. 32: « Ne Pas», , Musik und Text: Clercq, Karin/Guillaume Jouan, © by Lec France SARL, Rechte für D/A/CH : Strictly Confidential Germany GmbH, Berlin
S. 40: Piem; Petits-enfants Grands-Parents Mode d'emploi © le cherche midi éditeur, Paris.
S. 44, 45, 47: Publicité, SNCF, Paris.
S. 52, 53 : © d'après Didier Levy, Biba, Septembre 1995, Paris.
S. 69, 70 : « Apprenons-leur la bonne bouffe », Extraits de ELLE du 15/4/02 © Sylvie Wolf et Isabelle Sansonetti.
S. 74 : © La Voix du Nord, 11.8.03.
S. 85 : « Halte à la pollution sonore », Cosmopolitan/Marie Ange Guillaume/Novembre 2000.
S. 94: © « Faites vous un CV tout neuf ! » © Thomas Helyett/Le Parisien, 02.06.2003.
S. 95 : « Paris part en guerre contre l'automobile » © Emmanuel Thévenon, Label France N° 52, 2003.
S. 101: « Les Gorges du Verdon », Guide du Routard Provence, © 1999, Hachette Livre (Hachette Tourisme), Paris.
S. 167 © Christophe Bouyssi

***Préférences* Lehr-und Arbeitsbuch**
Audio CD
Diese Audio-CD enthält alle Texte zu den Übungen, die mit dem Symbol 🎧 gekennzeichnet sind.

Track	Lerneinheit	Titel	Spielzeit
1 + 2	**1.1** Ex. 1	Martine et Jacqueline	0: 54
3	**1.2** Ex. 2	Le sport, c'est la mort !	1: 25
4	**1.3** Ex. 3	Une sortie	1: 12
5	**2.1** Ex. 5a	Au pair dans une famille de Wimereux	0: 55
6	**2.1** Ex. 9	Découvrez d'autres régions et villes de France.	2: 07
7	**2.3** Ex. 1	Connaissez-vous la Réunion, l'île à grand spectacle ?	1: 20
8	**2.3** Ex. 4b	La Réunion	1: 19
9	**2.3** Ex. 5 b + 6 a	Conversation entre deux stagiaires	1: 13
10	**3.1** Ex. 8 a	Preuves d'amour	1: 23
11	**3.2** Ex. 1 b	Les mystères de la sympathie	1: 19
12	**3.3** Ex. 3 a + c, 4 a	Lied: Ne pas	3: 02
13	**4.1** Ex. 2 b	Départ	0: 40
14	**4.1** Ex. 13 a + b	Projets de vacances	1: 16
15	**4.2** Ex. 2 c	Dans les rayons...	0: 35
16	**4.3** Ex. 4 a	Une réservation téléphonique	2: 00
17	**4.3** Ex. 6 c	A la gare	1: 31
18 - 20	**5.1** Ex. 4 c	Pourquoi ce métier ?	1: 50
21 - 23	**5.1** Ex. 9 a + b	Parler de son travail	2: 41
24	**5.2** Ex. 2 c	Publicité	0: 23
25	**5.3** Ex. 4	Entretien d'embauche	2: 25
26	**5.3** Ex. 6 a	Les pronoms compléments d'objet direct et indirect	0: 35
27 + 28	**6.2** Ex. 2 b	Le hit-parade des aliments préférés de nos enfants	1: 55
29	**6.2** Ex. 5 b	Leurs dix plats préférés	0: 28
30 + 31	**6.2** Ex. 6 b	Conseils	2: 09
32	**6.2** Ex. 11 a	Au resto	1: 38
33	**6.3** Ex. 1 a	Un dimanche typique	1: 39
34	**6.3** Ex. 2 a	Les repas familiaux du dimanche : tout un symbole !	0: 55
35	**7.1** Ex. 3 a	1. Rencontre	0: 32
36	**7.1** Ex. 3 a	2. Première voiture	0: 33
37 + 38	**7.2** Ex. 2 b	Chaos ménager	2: 50
39	**7.2** Ex. 3 a + c	Une enquête	1: 12
40	**7.2** Ex. 7 c	Toujours la même chose !	0: 51
41 + 42	**7.3** Ex. 4 c	Halte à la pollution sonore !	2: 54
43 - 45	**7.3** Ex. 9 a	Messages	1: 17
46	**DELF A4** Ex. 1 a		2: 38
47	**DELF A4** Ex. 1 b		0: 38
48	**DELF A4** Ex. 2, Doc 1	Tous en jupe !	1: 00
49	**DELF 4** Ex. 2, Doc 2	Week-end de Pâques	1: 48
50	**DELF A4** Ex. 2, Doc 3	Reportage radio	1: 24
		Gesamtzeit:	58: 16

Aufnahmeleitung : Ernst Klett Sprachen GmbH, Stuttgart
Sprecherinnen und Sprecher : Malefi Cicu, Béatrice de Vernisy, Gilles Floret, Marc Kiffer, Gabriele Leist, Marguerite Pélissier, Philippe Rebillaud, Marcel Schmidt, Christelle Souvras, Régis Titeca, Edith Volle, Manon Weibel
Lied : *Aus* FEMME X, Text: Karin Clercq

Tontechnik, Schnitt und Mischung: Ton in Ton Medienhaus, Stuttgart

Préférences

Französisch auffrischen

Préférences, das neue Lehrwerk für alle, die
- nach einer längeren Pause ihr Französisch wieder auffrischen wollen,
- nach drei, vier Semestern Französisch ihre Kenntnisse noch einmal festigen möchten,
- sich auf anregende und gleichzeitig effektive

Authentisches Material

aus Frankreich und der Frankophonie weckt die Neugier

Traumhafte Bildmotive

vermitteln Landeskunde und fordern auf, über eigene Erfahrungen zu sprechen

On parle français ! 2

- Regardez les timbres et associez-les aux régions représentées sur les photos. Dites de quelles régions il s'agit. Identifiez les lieux qui ne sont pas en France métropolitaine.
- Nommez des spécialités de certaines villes ou régions de France. Le reste de la classe devine la ville ou la région d'origine.

Communication
parler d'une ville, d'une région / dire pourquoi on apprend le français / s'informer sur un séjour / comprendre une description touristique / rédiger une annonce, une lettre, un prospectus / exprimer un souhait, une intention / justifier un choix

Grammaire
les nombres / les adjectifs possessifs *son, sa, ses, leur(s)*
les adjectifs démonstratifs *ce, cet, cette, ces*
les pronoms relatifs *qui, que, où, dont*

ehren und lernen

Weise auf die DELF-Prüfung A3 oder A4 vorbereiten wollen.

Préférences eignet sich für alle Einrichtungen der Aus- und Weiterbildung, unabhängig davon, mit welchem Lehrwerk zuvor gearbeitet wurde.

Préférences führt zum Niveau B1 des Europäischen Referenzrahmens.

Gemeinsamer europäischer Referenzrahmen B1

4.1 Départ

Entraînement

8

Le passé composé ▸ § 1.3, p. 104

a Complétez les phrases du poème et formulez la règle.

« On .... rang ... les affaires. »
« On .... fait les valises. »
« La voiture .... démarr .... . »

Le passé composé se forme avec .... conjugué au présent et le participe passé du verbe.

! Pour quinze verbes, le passé composé se forme avec *être*. Dans ce cas, le participe passé s'accorde avec le sujet.
Exemple : Les touristes **sont** allés à Paris.
Ils **sont** venus voir Effy.

b Retrouvez le verbe qui convient. Complétez les phrases avec un verbe au passé composé.

arriver ✦ descendre ✦ entrer ✦ monter ✦ mourir ✦ naître ✦ partir ✦ sortir ✦ tomber

Echte fanzösische Maskottchen,
liebevolle Illustrationen. So macht Grammatik Spaß!

! Les verbes *devenir, passer, rentrer, revenir* se conjuguent aussi avec *être*.

9

Posez-vous des questions avec :

◆ Est-ce que vous avez déjà... ?
◆ Est-ce que vous êtes déjà... ?

● Oui, j'ai déjà... / Non, je n'ai jamais...
● Oui, je suis déjà... / Non, je ne suis jamais...

- rencontrer une personne célèbre
- toucher un animal sauvage
- vivre dans un autre pays
- camper dans un désert
- monter dans une montgolfière
- manger des escargots
- faire de la plongée sous-marine
- aller en Afrique
- partir en voyage sans bagages / seul(e)
- gagner au loto

Ideenreich unterrichte

Préférences ist ein Lehr- und Arbeitsbuch, das sich in der Themenauswahl an Erwachsene und junge Erwachsene richtet.

Inspirierende Themenauswahl

aus dem Leben: Aktuell, ansprechend und mit Humor

Kreative Ideen

für unterhaltsame Kommunikation

3.1 Les grands mots d'amour

1

Lisez les citations et dites ce qu'elles vous inspirent.

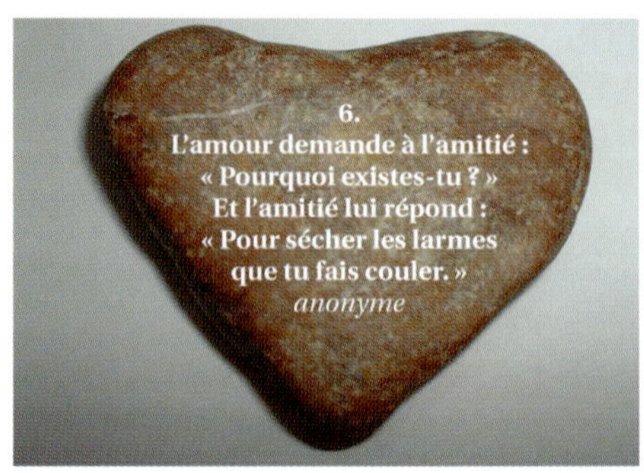

2

a Retrouvez dans les cœurs les mots qui manquent.

1. .... pour ...., dent pour dent. (*pl* : des yeux)
2. Quand on pleure, les .... coulent.
3. Quand on embrasse quelqu'un, on donne un ....

26 | vingt-six

ktiv kommunizieren

Préférences bietet ein umfangreiches Stoffangebot und vielfältige Möglichkeiten für 2 bis 4 Semester.

2.1 Wimereux sur la Côte d'Opale

1

a Imaginez que la classe est une carte de France. Sans rien dire, une personne après l'autre va se mettre dans une ville ou région de France qu'il/elle connaît. Le reste du groupe devine de quel endroit il s'agit.

b Regardez les photos de Wimereux et imaginez la région de France où se situe cette ville. Placez-vous dans cette région et expliquez pourquoi vous situez cette ville dans ce coin de France.

Le front de mer à Wimereux

La Côte d'Opale

2

Lisez le texte et regardez la carte de France sur la page de couverture au début de votre livre. Situez exactement Wimereux. Situez aussi les autres régions de France mentionnées p. 15.

Wimereux
TOUTE L'ANNEE

Tous les plaisirs vous attendent, toutes les tentations aussi : lèche-vitrines, galeries de peinture, boutiques de souvenirs… Venez découvrir cette petite ville avec ses belles villas du XIXe siècle et sa longue digue, ses habitants et leur accueil chaleureux.

Wimereux
LA TYPIQUE

Station balnéaire de 8 000 habitants aux portes de Boulogne-sur-Mer, Wimereux est située à deux pas de l'Angleterre et de la Belgique.

Wimereux
LA SPORTIVE

Tous les plaisirs vous y attendent : golf et voile, gastronomie de la mer, terrasses de cafés et restaurants, expositions, fêtes et festivals divers…

3

a Notez dans l'exercice 2 les mots qui montrent qu'il s'agit d'une station au bord de la mer.

b Que signifie « faire du lèche-vitrines » ?

c Que suggère le mot « tentation » ?

4

a Qu'est-ce qui vous donnerait envie d'aller à Wimereux ?

b Travaillez par paires. Imaginez votre week-end dans cette petite station balnéaire. Qu'est-ce que vous y faites ? Qu'est-ce que vous rapportez comme souvenir ?

Variantenreiche Übungen

für Partner- und Gruppenarbeit sowie Diskussionen

Préférences ist unabhängig und baut auf jedes beliebige Lehrwerk auf. Nach und nach finden die Lernenden über interessante Texte und kurzweilige Aktivitäten in die Sprache zurück, sie entdecken die Grammatik wieder und das freie Sprechen fällt ihnen immer leichter.

Klarer Aufbau

7 thematische Einheiten (unités) in insgesamt 21 Lektionen (leçons) unterteilt

Übersichtliches Layout

Einzigartiges Farbkennsystem

Lachsfarbene Kästchen bieten sprachliche Hilfen für konkrete kommunikative Übungen und Diskussionen.
Blaue Kästchen lenken den Blick auf grammatische Phänomene.
Grüne Kästchen rücken wichtige Redemittel und thematischen Wortschatz in den Mittelpunkt.
Gelbe Kästchen kennzeichnen den neuen „Input".

5.2 La méthode forte

6

Imaginez la vie professionnelle de la candidate de **2 a** quand elle aura ce poste. Parlez de ses pensées.
Exemple : Quand j'aurai ce poste, je gagnerai beaucoup d'argent.

voyager à l'étranger ✦ prendre des décisions importantes ✦ avoir des responsabilités ✦ être le chef, etc.

7

Le conditionnel présent ▸ § 1.8, p. 110, 111

Le conditionnel présent se forme comme le futur simple, avec les terminaisons suivantes :
-rais, **-rais**, **-rait**, **-rions**, **-riez**, **-raient**.

a Conjuguez les verbes *aimer* et *vouloir* au conditionnel présent.

b Retrouvez le conditionnel de ces verbes.
aller, avoir, être, devoir, envoyer, falloir, faire, venir, voir, vouloir

! Le conditionnel présent s'utilise pour exprimer un souhait ou une hypothèse.

8

a Faites quatre groupes. Chaque groupe choisit un des métiers suivants : acrobate, professeur, président de la République, écrivain.
Comment serait votre vie ?

Exemple :
acrobate
→ Je ferais un métier dangereux.
→ Je travaillerais dans un cirque.
→ Je voyagerais beaucoup.
→ Je devrais m'entraîner tous les jours.
→ Les gens viendraient m'admirer…

b Chaque groupe présente ses résultats.

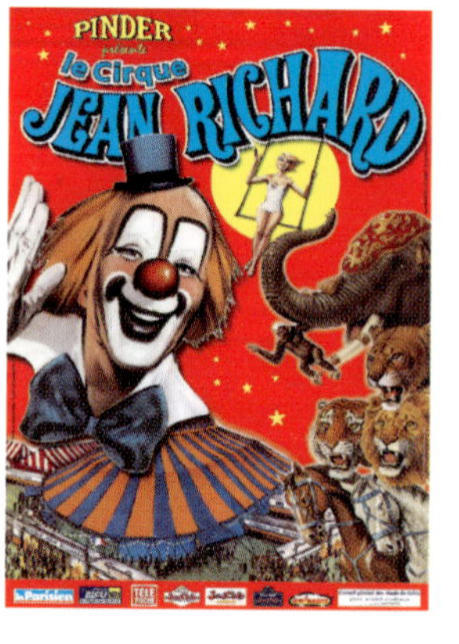

Pour le plaisir

9

Faites une publicité. Imaginez
- une scène dans le même esprit que la publicité de monster.fr, p. 56
- une version plus classique.

In drei kurzen Wiederholungslektionen (die *bilans* nach den *unités* 3, 5 und 7) können die Lernenden ihre aufgefrischten Kenntnisse noch einmal spielerisch testen.

Bilan 3

1
Trouvez l'intrus.

a Dans chaque série, trouvez le mot qui ne va pas avec les autres.

1. l'alimentation – la nutrition – la satisfaction – la nourriture
2. le serveur – la balance – l'addition – les clients
3. le pâté – le jambon – le poisson – le saucisson
4. gras – lourd – riche en calories – léger
5. cuisiné – sucré – salé – acide

b Retrouvez dans a l'intrus qui correspond à la définition et écrivez-le.

a. Qui ne pèse pas sur l'estomac : ....

b. Préparé selon les règles de la cuisine : ....

c. Un instrument qui sert à se peser : ....

d. Un animal vivant dans l'eau : ....

e. Sentiment de contentement : ....

2
Ecrivez dans la grille les adjectifs de l'exercice 2, p. 69 qui correspondent aux définitions. Retrouvez le mot caché.

1. Qui « consomme » trop d'images télé.
2. Qui contient un peu de tout, sans exagération.
3. Un synonyme de *grave*.
4. Le contraire de *compliqué*.
5. Quand on est sans compagnie, séparé des autres, on est. . .
6. Qui caractérise un moment de communication et de bonne humeur.
7. Qui correspond bien à une situation, un besoin.
8. Le contraire de *monotone*.
9. On caractérise ainsi un pain fait avec de la farine brute.
10. Qui est bon pour la santé.
11. Qui est près de nous.
12. Quand tout le monde exprime une même opinion.

Mon bilan personnel

Je sais maintenant

- comparer le passé et le présent ☐
- décrire des tâches quotidiennes ☐
- exprimer des souhaits et des obligations ☐
- commenter le rôle de la pub ☐
- exprimer ma colère, mon énervement ☐
- reconnaître les registres de langue ☐
- rapporter les paroles de quelqu'un ☐
- utiliser les temps du passé ☐
- employer le subjonctif ☐

"Bilan personnel"

ermöglicht es den Lernenden, nach jeder *unité* den eigenen Kenntnisstand zu überprüfen (entsprechend den Anforderungen des Europäischen Referenzrahmens)

Préférences
... aus Liebe zu Frankreich!

NEU

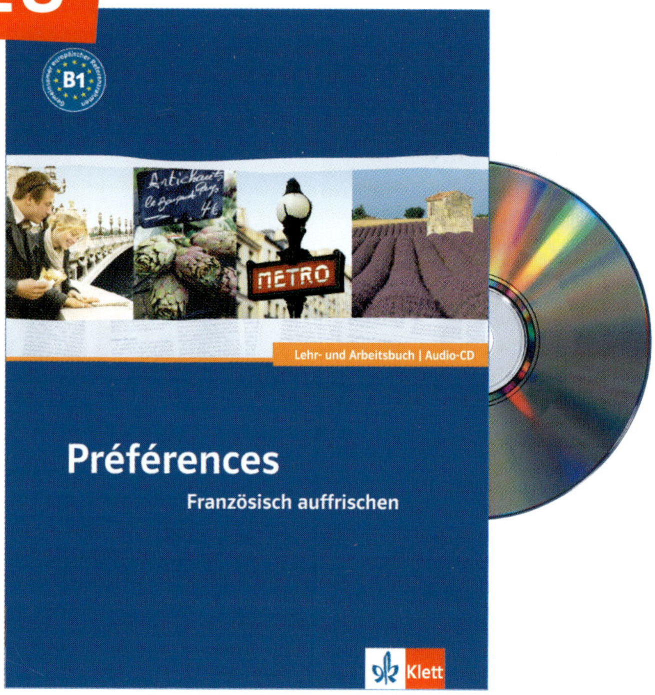

Alles in einem Band:
- Kurs- und Arbeitsbuch
- Audio-CD
- systematische Grammatik
- Glossar Französisch-Deutsch
- Lösungen

Die eingelegte CD enthält alle Texte mit dem Kopfhörer-Symbol.

Der Anhang bietet eine systematische Grammatik, ein Vokabular nach Lektionen, eine alphabetische französisch-deutsche Wortliste sowie die Lösungen zu den Übungen und die Transkriptionen der Hörtexte. Wer sich auf DELF A3 oder DELF A4 vorbereiten möchte, findet außerdem Modelltests im Anhang. So können Lerner selbstständig arbeiten und Gelerntes optimal nachbereiten.

Préférences Lehrbuch+Audio-CD
3-12-529191-7 | € 21,90

Préférences Guide pédagogique
erscheint im 2. Quartal 2005

W640002 (09/2004)

Ernst Klett Sprachen, Postfach 10 60 16, 70049 Stuttgart
Telefon 0711 · 6672-1010, Telefax 0711 · 6672-2080
www.klett.de